KB190644

기독교여성리더십연구원 편

장혜선

이일례

최영숙

남은경

박경옥

현영옥

21세기 기독교 여성리더십 연구

함께 오르는 길

위기의 시대 여성을 부르다

도서출판사 TOBIA

기독교여성리더십연구원은
Christian Women's Leadership Research Center

성결교회를 섬기고자하는 여성 전문인들이 모여 2019년에 개원하였습니다. 연구원은 현장의 실제적인 필요에 부응하고자 다양한 프로그램을 개발하고 있습니다. 연구원은 현재 온·오프라인 상담, 언택트 교육콘텐츠, 다문화권 전도 외 다양한 지도자 훈련을 운영하고 있습니다.

<연구진>
· 남은경(교회교육과정)
· 박경옥(목회상담)
· 이은경(선교학)
· 이일례(구약학)
· 임민자(영·유아 및 부모교육)
· 장혜선(조직신학)
· 최영숙(신약학)
· 현영옥(청소년 진로지도)

문의: TEL 070. 8836. 4621
이메일: kiyeori19@naver.com
주소: 서울 마포구 신촌로 4길 4(2층)

21세기 기독교 여성리더십연구

함께 오르는 길

위기의 시대 여성을 부르다

1판 1쇄: 2020년 11월 15일

저자_기독교여성리더십연구원 편
책임편집_강신덕
디자인_오인표
홍보/마케팅_지동혁
펴낸이_강신덕
펴낸곳_도서출판 토비아
등록_107-28-69342
주소_서울특별시 은평구 은평로21길 31-12, 4층(녹번동)
인쇄_삼영인쇄사 02-2273-3521

ISBN: 979-11-971316-3-9 03230

21세기 기독교 여성리더십연구

함께 오르는 길

위기의 시대 여성을 부르다

기독교여성리더십연구원 편

도서출판사 TOBIA

목차

교역의 패러다임을
재구성하다

　우리 서울신학대학교 출신 여동문들이 주축이 되어 '기독교여
성리더십연구회'가 설립되고, 전문분야 별 연구와 관련 프로그램
을 개발하여 그동안 아홉 차례의 학술발표회를 개최해 왔습니다.
추천인은 이 사역을 위해 수고하신 분들을 격려하며, 이 사업을
축하해 마지않습니다.

　이번에는 코로나19에 대한 방역 관계로 대면하여 모이지는 못
하지만, 여성지도력을 주제로 공저를 출판하게 되었답니다. 이 책
에는 조직신학, 구약학, 신약학, 기독교육학, 상담학, 윤리학 등 신
학 전반에 걸쳐 심도 깊은 연구물이 게재되어 있습니다. 내가 서
울신학대학의 학장으로 있던 1970년대와 비교해 보면 놀라운 성
과입니다. 그때만 해도 신학과와 신학대학원에 입학하는 여학생
이 거의 없었습니다. 여성은 목회보다는 교육이나 음악 분야가 적
합하다고 여겼던 시절입니다. 그러나 오늘날에는 많은 여학생들
이 재학하고 있고, 다수의 졸업생들이 전도사뿐만 아니라 목사와

선교사가 되어 현장에서 활발하게 일하고 있습니다. 그뿐 아니라 최고 학위 과정을 이수한 적지 않은 졸업생들이 우수한 논문을 발표하고, 이와 같은 저술을 발간하게 되니 참으로 엄청난 발전입니다.

추천인은 이 여섯 분의 주장들이 현대 사회가 요청하는 남녀 공동의 교회 사역 시대가 다가옴을 증언하고 있다고 생각합니다. 이 책을 통하여 모든 기독여성들이 용기를 얻고, 한국교회의 부흥과 세계선교와 신학계에 공헌하게 되길 바랍니다. 아직도 전통적인 관점에서 여성은 남성을 보조하는 역할이라고 오해하는 분들이 있습니까? 그렇다면 여성 특유의 시각으로 우리의 닫힌 세계를 열어주는 이 글들을 조망하는 가운데, 고정관념을 버리고 새로운 교역의 패러다임을 구상하기를 희망합니다. 아니, 남녀 교역자들이 함께 분발하는 계기가 되기를 소망합니다. 이런 면에서 나는 여성은 물론, 남성 성도와 모든 남녀 신학도가 큰 관심을 가지고 이 책을 읽을 것을 추천합니다.

마지막으로 나는 <기독교여성리더십연구원>의 계속되는 과업과 그 일에 관여하는 주의 종들에게 감사를 표하며, 하나님의 축복을 기원합니다.

조종남

서울신학대학교 명예총장, 최경애장학위원회 고문

교회 안 남녀의 경계를
허물어주는 길잡이

사람들은 저에게 예수님의 12명의 제자 가운데 여자가 한 명도 없는 것은 무슨 이유냐고 묻습니다. 저는 제자로서 남자보다는 여자가 차라리 더 나았을 거라고 생각합니다. 한 가지만 보더라도 그렇습니다. 예수님이 갈보리 십자가상에서 처참하게 고통당하고 있을 때, 남자들은 다 도망가고 그 주변에서 임종을 지킨 자들은 여자들이었습니다. 물론 주님이 여성 제자를 택하는 문제를 왜 고려하지 않았겠습니까? 그러나 제 나름의 소견으로는, 아마 당시 제자들 가운데 여자가 끼어있었다고 하면 더 큰 저항을 받았으리라 추측해 봅니다. 유대사회에서 여성은 사람으로 거의 취급받지 못했던 시대이고, 인구센서스를 해도 계수에 포함되지 않는, 그 무엇도 아니었기 때문입니다. 그러나 분명한 점은 예수님은 남녀를 차별하지 않았다는 사실입니다. 주님에게는 제자 구성에서 남녀의 성비(性比) 보다는 하나님 나라 선포가, 인류 구원이 더 중요한 쟁점이었습니다. 그래서 주님은 핵심적 가치를 실현하기 위해 여성을 제자로 포함하지 않았을 거라고 짐작합니다. 제가 이 말을 서두에 꺼내는 이유는 예수님에게 여성 제자가 왜 없느냐라는 질문도 어쩌면 현대의 시각에서 생긴 의문이라는 겁니다. 그것은 페미니스트의 입장에서, 또는 세상에 남녀 차별이 존재하는데 대한 불만에서 나온 외침일지도 모릅니다.

성경은 우리의 관점에 비해 전혀 다른 입장을 취하고 있습니다. '남편의 머리는 주님이시고, 그 몸은 아내의 마음대로 할 수 있다(고전 7:2하).' 당시로서는 파격적인 선언을 우리는 별스럽지 않게 봅니다. 여자를 도구처럼 생각하던 시대에 남자의 몸을 아내 마음대로 할 수 있다는 논리는 그야말로 여성의 위치와 자격이 어떠한지를 분명히 밝혀주는 대목입니다. 주님이 남녀 차별을 한 것이 아니라, 우리 인간들이 기득권 유지를 위해, 혹은 자신의 권력을 남용하는 일에 여성을 이용하고 착취의 대상으로 여겼다는 것이지요. 예수님이 여성을 여성답게 살도록 여러 가지 권한을 이미 주셨다는 사실을 우리는 잘 모르고 있습니다.

지금 세계는 급변하고 있습니다. 우리 내면의 굳어진 의식으로는 변화하는 세상을 도저히 따라갈 수 없습니다. 게다가 무엇이 어떻게 달라지고 있는지 종내 무감각한 처신을 보이는 곳이 바로 교회가 아닙니까? 세상을 이끌어야 하는 교회가 오히려 세상물정에 깜깜하고 답답하게 처져있습니다. 어쩌면 교회가 경직된 사고를 끝까지 유지하려는 교리적 공동체이기 때문일 것입니다. 이러한 교회를 깨우는 일 중 하나가 여성의 지위를 확보하여 원위치로 복원하는 사역입니다. 그래서 현재의 왜곡된 모습을 바로잡는 작업을 학자들은 해야 하고, 또 하고 있습니다. 이번에 여성신학자들이 뜻을 모아 책을 발간하고, 세미나를 열어서 여성의 시대적 사명과 명확한 정체성 정립을 위해 애쓴다는 이야기에 저는 감동받았습니다.

'시작은 아직 미약하지만 나중은 창대하리라.' 이 멋진 성구는 이 일을 추진하는 여성지도자들에게 적합한 말씀입니다. 그동안 한국교회가 여성의 교회와 사회에서의 기여도에 대해 인식이 부족했음을 미안하게 생각합니다. 이에, 추천인은 여성들의 고무적인 움직임에 박수를 쳐 드리고 싶습니다. 가장 활동적이며, 헌신적인 여성 성도에 대해서 도무지 무관심한 이기적인 교회가 되지 않기 위해서 지금, 여성리더십에 관한 논의가 활발하게 이루어져야 합니다. 남성과 여성은 동일하게 하나님의 나라의 일원이며, 동일한 방법으로 구원받습니다. 배타적이며, 논리적이고, 형식적인 면을 내세우는 남성 위주의 교회에서 정서적이고, 포용적이며, 이타적인 여성의 특성이 재조명되어야 합니다. 여성들이 모든 관계를 보다 유연하게 회복시킨다는 사실을 이제 좀 깨달아야 할 때입니다.

윤창용

한우리교회 담임목사, 서울신학대학교 이사

복음선교의 새물결에
합류하며

이 책을 읽으면서 여섯 분의 저자들이 내 마음을 대신하여 이야기를 하는 것 같아 고마웠습니다. 여성이라면 누구든 공감하지 않을 수 없는 내용이기 때문입니다.

추천인이 활동하고 있는 선교단체인 '국제기드온협회'의 비전 선언 중에 Striving Side by Side for the Faith of Gospel 이라는 내용이 있습니다. 복음을 위해 부부가 나란히 서서 함께 합력해야 함을 강조한 말입니다. 이 선교회는 120년이 넘도록 남성 중심으로 사역해 왔습니다. 여성에게는 단지 남편을 돕는 보조자로서의 역할만 허용되었습니다. 그런데 근간에 새로운 물결이 일고 있습니다. 그것은 여성이 남성의 보조자가 아니라 동역자로서, 복음선교에 더 많은 역할을 해야 한다는 정책입니다.

한편, 92년의 역사를 가진 출석교회의 변화를 봅니다. 지난 긴 세월 동안 남성 위주의 중진들이 우리 교회를 이끌어왔습니다. 하지만 시대적 흐름에 따라 교회에서 여성의 리더십이 그 어느 때보다 필요하게 되었습니다. 그 이유는 구성 인원의 반 이상이 여성 성도들이며, 그들이 주님의 일에 적극적으로 참여한 결과들이 가시적으로 나타나고 있기 때문입니다. 그래서 창립 90주년 되는 해에 처음으로 여성장로를 세우게 되었습니다. 외국이나 타교회에 비해 늦었지만 감사한 일이지요.

오늘날 한국은 전 세계로 많은 선교사를 파송하고 있습니다. 그런데 그 중 남녀의 차별이 심한 나라에서 활동하는 남성선교사가 현지인의 의식을 변화시키기는커녕 오히려 그곳의 풍토에 물들어 간다는 소리가 종종 들립니다. 주님이 전해 주신 귀한 복음이 부정적인 접촉점으로 인해 상황화 되지 않아야 함에도 말입니다. 한편에서 일방적으로 선포하던 선교전략은 이제 상대방과 대화하는, 소통의 방식으로 바뀌고 있습니다.

하나님나라의 관점에서 남성과 여성의 관계, 그 사회적 역할은 어떠한가? 현대를 살아가면서 여성, 특히 개신교 여성들이 이 질문을 자주 하게 됩니다. 왜냐하면 이 문제는 우리가 일상에서 실감하는 고민거리이기 때문입니다. 이 궁금증에 대한 해답이 이 책에 담겨있습니다. 여기 6인 6색의 대안들은 사회 환경과 가치관의 급격한 변화로 위기를 맞은 현 시대에 소중한 안내서가 되어 줄 것입니다. 바라기는 이 이론적 지침에 더하여 여성의 영성과 리더십을 고취하는 세미나와 훈련 프로그램이 체계화 되었으면 합니다. 지금까지는 교단에서 여교역자회, 여전도회, 권사회, 청년회로 분산하여 교육을 실시하였다면, 앞으로는 통합된 공동체로 연대하여 기독교 여성의 정체성을 확고히 하면 좋겠습니다. 더불어 살아가는 우리 가정과 사회에 여성이 선한 영향력을 끼칠 때 비로소 교회는 빛과 소금의 사명을 한층 더 많이 실현하게 될 것입니다. 우리 가운데 배출된 훌륭한 여성 목회자와 학자들이 가리키는 신앙의 푯대를 향해 함께 달려갑시다!

모쪼록 주변의 많은 남성과 여성, 특히 청년들이 이 책을 읽고 세속화 되어가는 이 세상과 교회를 바로 잡는 지도자로 귀하게 쓰임 받기를 바랍니다.

조혜숙
부평제일성결교회 장로
한국국제기드온협회부인회 전국회장

하나님은 이런 여성을
찾으신다

지금 세계인은 유례 없는 혼란과 불확실성 앞에 놓여있다. 보이지 않는 적에 둘러싸여 손발이 묶이고 생각도 멈추었다. 역사를 뒤돌아보면 위기 상황마다 하나님은 약한 자와 여성을 찾으셨다. 죽을 처지의 아기 모세의 생명을 누가 살렸는가? 구속사에는 어미와 누이는 물론 작은 직분에도 진부하게 살지 않은 두 산파의 신앙적 결단이 있었다. 마리아는 하나님이 보내신 천사의 고지를 믿었기에 혼인 전에 성령으로 잉태한 아기를 부끄러워하지 않았다. 그녀의 신앙심이 온 세상을 구원할 생명의 탄생을 가능하게 했다. 혼돈의 세계는 여성들을 필요로 한다. 이럴 때일수록 기독여성의 지혜와 지도력이 절실하다.

* * *

16세기 종교개혁 시대에 개혁자들과 여성지도자들은 중세사회의 가부장적 편견을 거둬내고 여성을 교육의 주체로 인정하기 시작했다. 그전까지 젊은이를 가르칠 수 있는 여자 교사의 자격은 나이 많고 못생긴 조건을 갖추어야 했다. 이후 여성이 가르치는 성경공부 그룹이 만들어지고 평범한 여성들도 남성의 전유물이었던 신학을 연구할 수 있었다. 18세기 감리교 운동에는 여성들이 영적 지도자로서 순회 설교자로, 소그룹 리더로, 상담사로 참여하였다. 19세기 미국에서 일어난 대각성운동 중 하나인 성결운동은 주의 일군으로서 여성의 권리와 역할을 부각했다. 구세군은 처음부터 여성사관을 임명하여 선교지에 파송하였다.

구한말에서 개화기에 이국 선교사들이 이 땅에 전한 복음은 한복차림에 고무신을 신은 전도부인들의 가가호호 방문으로 확산되었다. 이들은 성경학원에서 전문적으로 말씀과 품성교육을 받은 평신도 리더였다. 그중 한 사람인 문준경전도사는 일제의 강압과 이데올로기의 폭력에 굴하지 않았기에 신안에서 순교의 반열에 들었다. 선교 130여 년 동안 여러 격동기를 거치면서 수많은 여성들이 하나님의 부르심에 응답하여 지도자의 길에 합류하였다. 그들은 어려운 상황에도 신학교육을 받고 헌신적으로 활동하면서 우리 사회를 훌륭히 선도하고 있지 않은가?

여성교육이 선교의 동력이다. 그래서 그것은 단지 가정에서의 신앙교육 차원에 머물지 않고 다양한 영역으로 확대되어야 한다. 여성이라는 이유로 일정수준의 교육과정에 제한되어서는 안 된다. 과거에 비해 오늘날 신학대학생의 남·여 비율은 여성이 과반

수 이상을 차지한다. 많은 여학생들이 대학원으로 진학하고 교회 사역에 진입하고 있다. 개신교에서는 개인적 신앙고백을 그의 배경보다 우선시하고, 소명은 성별을 초월한다. 그럼에도 불구하고 90년대 이후 각 교단의 풍토에 따라 목사나 장로로 세우는 여성 안수의 문제가 쟁점이 되어왔다. 여성의 눈으로 성경을 읽고 해석할 수 있는가? 강대상에서 말씀을 선포할 수 있는가? 신학교에서 장래 목회자가 될 남학생을 가르칠 수 있는가? 당회장 혹은 당회의 일원으로 교회를 치리할 수 있는가? 남녀가 동등한 파트너로서 협력하는 목회가 가능한가? 왜 교회마다 주로 여성성도가 주방봉사를 맡아 하는가? 왜 여성은 다소곳해야 칭송받는가?

한국교회가 풀어야 할 수다한 과제 앞에 여성 당사자는 물론 남성의 책임도 크다. 신학계의 여성지도력 논쟁은 '평등주의적 관점'과 '상보주의적 관점'으로 대별된다. 그러나 제 3세대 페미니스트들은 '사회적 평등론' 혹은 '성 차이론' 중 어느 한 편에 편중됨을 극복하고 양쪽의 비전을 아우를 수 있어야 한다고 말한다. 굳이 우리가 여성주의자가 아니어도 상관없다. 한국교회가 건강한 교회로 발전하길 원한다면 힘을 합하여 그 중심축을 움직여야 한다. 왜냐하면 그리스도인에게는 이미 하나님으로부터 세상을 향한 리더십의 책무가 주어졌기 때문이다.

* * *

어언 7년이라는 시간이 흘렀다. 각자 삶의 무게를 감당하느라 곁눈질조차 하지 못할 그 때, 한 여인의 염원을 담은 발상에 우리는 가던 길을 멈추고 한 자리에 모였다. 그리고 서로의 눈을 쳐다보았다. 사역의 첫 걸음을 떼었지만 막상 지쳤을 때 격려해 줄 친구들이 아쉬웠던 차에 2013년 '기독교여성리더십연구회'의 창립은 모두에게 한 줄기 빛이었다. 우리들은 일 년에 두 세 차례 모여 신학뿐만 아니라 사회복지, 교회음악 등 다양한 분야에서 각자의 역량을 표출하며 열띤 토론을 벌였다. 그렇게 아홉 차례의 주제별 세미나가 이어졌고, 그 결과물로 탄생한 것이 이 책이다. 이 열 번째 공동작업은 2019년 6월, 연구원(Christian Women's Leadership Research Center)의 둥지를 서울 동교동에 마련한 기념이기도 하다. 하나님은 자칫 묻힐 뻔했던 여인들의 기도의 불씨를 결코 끄지 않으셨다.

이 책의 저자 여섯 분은 한국교회 여성들이 복음의 주체로 살도록 지원하기 위해 수년간 동고동락한 사이이다. 각자는 생의 여정이 다채로운 것만큼 글을 쓰게 된 동기나 여성을 바라보는 시각이 각별하다. 아마도 독자들은 각 장을 읽으면서 때론 처음 들어보는 학자의 이름이나 어려운 학문적 용어에 불편할 수 있다. 그럼에도 불구하고 한 줄 한 줄에 녹아든 지난한 노력의 흔적에 감탄하는 순간을 만날 것이다.

이 책은 두 영역으로 구성된다. 앞부분은 이론영역인 조직신학, 구약학, 신약학의 위치에서, 뒷부분은 실천영역인 기독교교육학, 상담학, 윤리학의 입장에서 관심주제별로 여성의 리더십을 조망한다. 각 집필자는 그 분야에서 오랫동안 연구하며 전문인으로 살아 온, 우리네 평범한 여인들이다.

장혜선은 목회자인 부모님을 존경하며 성장하였고, 하나님을 향한 갈망이 깊어지던 대학시절 영적 전환기를 맞았다. 이후 진학한 신학대학원 때부터 20여 년간 학업과 교회사역, 또한 초교파적인 여성사역을 경험하였다. 장혜선은 자신의 전부라고 할 수 있는 교회에 대한 관심에서 박사논문을 교회론으로 제출하였다. 여전히 그는 '공동체'와 '영적성장'의 문제에 집중하면서 강의와 연구소 활동을 병행하고 있다. 교회에서는 아시아권 여성들과 함께 예배하며 다문화가정의 생활정착을 돕고 있다.

연구자는 이 글에서 글로벌 시대에도 여전히 '거룩함의 추구'는 종교의 본질이며, 종교성 상실의 시대일수록 공동체적 영성이 요청된다고 말한다. 그래서 '거룩'이라는 말을 듣기 꺼려하는, 이기적인 성도와 세속화된 사회를 향해 과감하게 외친다. 함께 성화의 그 좁지만 높은 길을 걷자고!

기독교 역사에서 성화(聖化)에 대한 관심은 처음부터 있어왔다. 왜냐하면 그것은 '교회의 거룩성'에 대한 본질적 질문이므로. 그러나 이제 그 거룩함의 추구는 이전에 그랬듯이 개인적이고 내면적인 방식을 넘어, 관계중심적으로 변화되어야 한다. 이에 집필자는 존 웨슬리의 갱신운동에서 발견되는 공동체적 차원의 성결사상을 높이 평가한다. 또한 그는 몰트만으로 부터 공동체를 중심으로 한 거룩한 삶이 미치는 치유의 영향력이 '오늘날의 성화'에 얼마나 필요한지를 배운다. 왜냐하면 성화의 치유적 힘이 모든 생명을 포함하도록 그 관계망을 확대할뿐더러 여성이 주체적으로 발현하는 생명 창조력이 분리된 교회를 통합할 수 있기 때문이다. 장혜선은 특히 여성신학자들이 말하는 대로, 여성의 정체성과 자유를 얽매는 기독교전통에 대한 성찰을 바탕으로 교회에서 공정성과 환대가 실천되길 촉구한다. 구별 짓는 경계로 인해 상처받은 이들이 친밀하게 교제하며 연대함으로서 거룩한 신앙공동체가 세워지기를 희망하면서.

이일례는 십대에 생긴 삶에 대한 철학적 고민을 신앙생활을 통해 풀어낼 수 있었다. 신학대학 졸업 후에 남편과 세 자녀와 함께 한국을 떠나 독일에서 구약학을 공부했다. 귀국 후에는 2015년 6월에 경기도 부천 소사동에 '희망은(希 Joy, 뛜 Hope, 뚌 Grace) 교회'를 세우고 강단 있게 말씀을 선포한다. 교회 목장에 원어(히브리어, 헬라어) 성경통독반 또한 개설하고 있다. 목회와 학문을 병행하기란 쉽지 않음에도 한국연구재단으로부터 지속적으로 연구 과제를 선정받아 전공을 심화한다.

그가 체류했던 독일의 베텔(Bethel)이라는 지역은 사회로부터 버림받은 간질환자들이 모여 들면서 공동체의 모습을 형성한 곳이다. 뒤이어 찾아든 여러 등급의 장애인, 무주택자, 빈민이 함께 어울리면서 다양한 형태의 의료와 사회사업이 뿌리내렸다. 어느 날 시편 세미나에 초대된 한 의사는 자기 환자가 과거에 겪었던 고난의 트라우마를 그림과 언어로 표현함으로서 치료되는 과정을 소개하였다. 여기서 연구자는 개인 탄원시의 중요성을 피부로 느끼며 동시에 사회 구조 속에 억압받는 약자들에 대한 안타까움을 키우게 되었다.

이 글에서 소개하는 구약의 네 이야기들의 공통점은 위기의 상황에 대처하는 인간의 반응이다. 하와와 사라의 이야기는 그 배우자와의 관계 빈곤으로 인해 악화된 결과를 초래한 경우이다. 이들에 반해 히브리 두 산파는 하나님을 경외함으로 폭력에 저항하고, 구원의 확신을 이스라엘 공동체와 노래로 공유한다. 또한 술람미와 그의 연인은 사랑의 힘으로 서로를 막은 담을 허물고 자유하게 연합한다. 집필자는 독자들이 성경본문을 펼쳐놓고 각 케이스를 교차시키면서 꼼꼼히 살피도록 안내한다. 마침내 모두는 '소통하며 연대하는 관계형성'의 담론에 참여하게 된다.

이일례에게는 교회사역을 돕는 남편과, 독립적으로 자신의 길을 걷는 세 자녀가 함께하기에 그의 행복의 샘은 마르지 않는다.

최영숙은 한창 때에 건강이 악화되면서 주님의 옷자락에 매달려 성령의 치유하시는 은혜를 입었다. 이 일을 겪기 전까지 사실 그는 기독교와 무관하였다. 타고난 성격대로 성경말씀을 파고들다 보니 신학대학교로, 또 외국으로 나가 연구에 매진하였다. 돌아와서 단독목회 경험을 쌓은 후 목사안수를 받았다. 지금은 신학대학교에서 신약학 교수로 재직하면서 후학을 지도한다.

집필자가 국내에서 신학공부할 때 여성 교수를 거의 만나지 못했는데 독일학계에 여성 신학자가 많은 것을 보고 무척 부러웠다. 그뿐만 아니라 여성들이 아무런 고용의 차별 없이 전문분야에서 신뢰를 얻으며 활기차게 활동하고 있지 않은가? 그 한 에피소드를 전한다. 독일의 한 교회에서 목사 부부가 사역하고 있었는데 남편 목사님이 효과적인 사역을 하지 못하자 교회는 아내 목사님께 담임목회를 맡겼다. 여성 목사가 훌륭하게 목회를 수행한 결과는 놀라웠다. 그 지역 교회에 이런 사례가 여럿 있었다고 한다. 이 경험을 계기로 그는 자연스럽게 여성에 대한 관심을 키우게 되었고, 우리 사회에 하루빨리 기독여성들의 리더십이 뿌리내리기를 간절히 원하게 되었다.

연구자는 남성과 여성, 양자가 상호적 관계로 함께 어울릴 때 하나님의 성품이 드러나며, 그의 형상이 확실해 진다는 점을 강조한다. 그러나 인간의 역사에서 어느 한쪽이 다른 한쪽의 자유를 억압하게 되었고, 예수님은 이러한 뒤틀린 관계를 회복하기 위해 성육신하셨다. 주님은 창조질서에 따라 여성을 본래의 자리로 되돌려 놓았다. 더 나아가 그의 개혁적 사고가 잠자던 여인들을 일깨워 으뜸 제자로 세웠다. 바울도 우리가 잊지 말아야 할 여성들의 이름을 일일이 열거하지 않는가? 필자는 비록 불평등의 시대를 살았지만 훌륭한 리더십을 보인, 신약에 소개된 여성들의 정신이 한국교회로 이어져 세상의 편견을 극복하며 시대를 이끌기를 소망한다.

남은경은 청년시절에 하나님을 예배하게 되었다. 자기 신념으로 인생을 헤쳐 나가겠다는 의욕이 세상의 벽에 부딪히면서부터이다. 그러나 안타깝게도 그의 신앙생활은 교회라는 방주 안을 벗어나지 못했다. 내면을 충분히 돌아보지 않은 채, 또한 주변을 살필 여력 없이 신학과정을 밟았다. 졸업 후에 맞이한 여성 사역자의 역할은 남성 목회자를 돕는 심방전도사로 제한되었다. 고심 끝에 진로의 방향을 바꿔 찾은 곳이 프랑스였다. 기독교 문화가 스며든 땅이라지만 이질적인 가치관에 맞닥뜨려 좌충우돌 할 수밖에 없었다. 그럼에도 서양의 수평적 상호관계와 자발적인 사회봉사 정신은 그에게 깊은 인상을 남겼다. 제자리로 돌아온 지금, 그는 하나님 앞에 회개한다. 그동안 협소한 세계관과 메마른 심장으로 '이웃사랑'에 소홀했음을!

이 글에서 연구자의 관심은 나와 남의 차이를 차별로 대하느냐, 다름으로 분별하느냐에 있다. 그는 근대화가 남긴 폐단이 인간형성에 미친 영향을 반복적으로 언급한다. 그러면서 '차이'의 철학을 빌려 그것을 이웃사랑의 법과 연계하여 논지를 전개한다. 그리고 말미에 이 주제를 실제 삶의 현장에 적용해 보도록 성경학습을 덧붙인다.

우리가 일방적 시각으로 이웃을 바라본다면 그는 나에게 타인이 된다. 소통이 어려운 관계는 공감을 불러일으키지 못하기 때문이다. 기존의 자기를 반성하고 깨뜨려야 비로소 남이 보이고, 그를 통해 내가 명확해진다. 남의 남다른 점을 자각함으로서 마음이 통한 서로는 마침내 친구가 된다. 이때 여성들의 창발적 사유방식이 차이를 감지하고 접속하는데 유리하다. 여성은 '차이' 나기에 고유한, 그의 이웃들과 친밀하게 대화한다. 여성은 차이들의 사이를 왕래하지만 결코 단일한 동의를 이끌어내지 않는다. 거룩한 울림이 퍼지는 복합적인 세계를 즐겁게 엮어 낸다. 더 나아가 타자와 결속하여 공동체를 하나님의 비전에로 이끈다. 이렇게 필자는 이 '차이생성'의 자리로 독자를 초대한다.

박경옥은 전도부인이었던 친할머니와 목회자 부모님 슬하에서 사람을 따뜻하게 품는 마음훈련을 받았다. 결혼 후 평신도 남편과 함께 삼남매를 살뜰하게 키워냈고, 자녀들은 이제 모두 출가하여 아름다운 가정을 일구고 있다. 세월을 지나면서 그도 여느 집처럼 고난의 골짜기를 피할 수 없었다. 적지 않은 나이, 불혹에 소명을 받고 신학대학원의 문을 두드렸다. 상담학 박사과정을 밟으면서 부교역자로 성도의 가정에서 발생하는 다양한 가족관계의 문제들을 목격하게 되었다. 그의 전 인생이 영혼을 돌보는 밑거름이 되었기에 사역이 가능했다. 그 후 독립하여 2009년 서울 고척동에 '주우리교회'를 창립하고 목사로서 말씀을 선포한다. 아울러 부설 '주우리가정회복연구소'를 운영하며 현장의 생생한 소리에 귀 기울이고 있다.

목회상담사이기도 한 그에게 결혼에 대한 관점과 이해의 충돌로 혼란을 겪는 상담사례가 쌓여갔고 내담자를 위한 방향제시가 요구되었다. 배우자간 혹은 부모와 자녀간의 기본적인 가족관계가 오늘날 재혼이나 조손 가정으로 재구성되는 등 다변화되고 있다. 집필자는 특히 기독청년을 포함한 젊은이들이 결혼보다 비혼을 선택하는 사회적 현상에 주목한다.

결혼은 세상 가치관의 급물살에 신앙공동체가 떠밀리지 않도록 하나님이 엮어주신 안전장치일까? 그렇다. 홀로 있을 때보다 배우자와 어울려 살 때 사회적 관계성이 풍부해진다. 결혼생활을 겪으면서 하나님 사랑의 깊이와 넓이를 배운다. 그러면서 남녀는 하나님의 섭리를 깨닫기에 이른다. 결혼은 축복의 통로이다. 연구자는 교회가 재림하실 주님을 맞이하는 신부처럼 거룩해야 하듯, 결혼예비그룹이 상처를 치유하고 성경이 말하는 결혼관을 품도록 몇 단계의 훈련프로그램을 제안한다.

　박경옥은 오늘도 한 여성으로, 한 집안의 딸로 삼대를 잇는 목회사역을 감내한다. 그는 주님을 따르는 이 쉽지 않은 여정에 동행하자고 우리를 향해 손을 내민다.

　현영옥은 부모님으로부터 신앙과 베푸는 삶을 이어받아서인지 주위 사람들의 어려움을 보면 그냥 지나치지 못한다. 공부 잘하는 학생보다 앞으로 변화될 가능성이 있는 학생에게 더 마음이 간다. 그는 40여년간 공교육에서 또한 교회학교에서 교사직분에 헌신하면서 남편이 학자로, 두 딸이 음악가로 성장할 수 있도록 가정을 꾸려왔다. 열심히 살다보니 그간에 충분히 누리지 못한 여유로운 삶이 아쉽기도 하다. 그래서 한 때 예술가로서 재능과 창의력을 발휘하며 살고 싶었던 옛 꿈을 다시금 펼치려 한다. 이제 인생 후반부에 넉넉한 품과 긍휼한 마음으로 소외된 청소년을 위한 돌봄사역도 계획한다.

　집필자는 윤리교사답게 우리 사회와 교회에서 여성의 자리를 '정의'의 잣대로 가늠한다. 그는 이 세상의 남·여 구성비율이 가장 아름답게 보이는 미학적 지점을 표시한다. 그것은 움직이지만 안정감을 주는 황금비율이다. 어느 편에서 보더라도 크게 기울지 않는, 서로 배려하고 양보하는 천국 같은 사회이다. 공의는 적절한 비율의 적확성에서 나온다. 거기에는 왜곡된 관계 구조로 인한 세대간 갈등이나 배제와 차별이 끼어들 수 없다. 누군가와 경쟁하거나 다툴 필요가 없다. 하나님이 보시기에 참 좋은 풍경이다.

그런데 기독여성들은 아직도 아무 생각 없이 부조화에 순응하고 있지 않은가? 연구자는 여성성도들이 자신을 남들처럼 쉽게 일반화하는데 놀란다. 무사유는 무책임과 통한다. 그래서 경고한다. 만일 우리가 처한 상황을 해결하기 위해 슬로브핫의 딸들처럼 애쓰기를 게을리 한다면 본래의 자리를 찾을 수 없을 것이라고. 한편, 리더는 미래 세대에게서 보이는 낯선 현상들을 직시하여 바른 관계가 회복되도록 소통해야 한다. 그래야 희년을 앞당겨 다함께 축하할 수 있지 않은가? 그는 글을 정리하면서 독자들이 나름대로 성찰해야 할 문제를 과제로 남긴다.

* * *

위 여섯 글에서 공통되는 주제어를 정리해 볼 때(교회, 리더십, 균형, 함께, 공동체, 관계성, 소통, 사랑, 자유, 치유, 회복 등) 집필자 모두에게서 급진적 여성주의는 발견되지 않는다. 이들은 여성이 더 이상 누군가의 조력자가 아닌, '함께 어울려' 동역하는 진취적인 지도자이길 바란다. 그런데 우리가 당당하게 주의 일에 임하기 위해서는 삶의 스타일과 신앙생활에 새판을 짜야한다. 현 지형에 지각 변동이 일어나야 새 역사를 쓸 수 있기 때문이다.

남녀가 조화와 균형을 이루는 세상을 건설하기 위해서는 두 성

사이에 '틈', 즉 어느 정도의 간격이 필요하다. 이 간극은 타자와 여성을 인격적으로 존중하는 거리이다. 양측의 양해 하에 더 혹은 덜 양보할 수 있는 유연한 마음이다. 제 삼자인 그리스도를 그 자리에 모실 수 있는 신앙의 여백이다. 쌍방향의 교류로 오해를 바로 잡아 평화를 누리는 공동의 공간이다. 실로 아름다운 세상이다.

다양한 가치관과의 소통의 원형은 하나님이 몸소 인간이 되신, 예수 그리스도의 성육신적 삶에서 찾을 수 있다. 그것은 상호관계성이 시작되는 곳으로서 수직적 차원(하나님과 세상)과 수평적 차원(인간과 인간)이 씨줄과 날줄처럼 엮이고 섞이어, 촘촘하게 짜인 '삶의 자리'이다. 성경 저자들의 잉크가 이미 말랐지만 우리 여성들이 그 베틀을 계속 밟기에 새로운 이야기가 끊이지 않을 것이다.

* * *

이질적인 남을 용납하지 못하면 반목이 심해져 공동체가 분열될 수밖에 없다. 작금의 우리 사회의 현상을 보면, 이웃의 목을 조르는 모양새이다. 용서하는 연습이 전혀 안 돼 있다. 대립의 한 복판에서 누가 화해의 물고를 틀 것인가? 비록 작은 규모이지만 연대로 뭉친 <기독교여성리더십연구원>이 감히 그 역할을 맡고 싶다. 우리는 솔로몬의 재판에서 아이를 살리기 위해 자신을 희생한, 한 미천한 여인으로부터 '어리석은' 지혜를 배운다. 내 것 네 것을 정확하게 가르려는 죄인을 대신하여 아낌없이 자신을 비우신 예수 그리스도의 정신을 닮고자 한다. 그래서 현실에 낙담하고 헤매는 한 여인, 한 아이에게 복음의 씨앗을 심고, 큰 나무로 키우는데 열정을 쏟고자 한다. 우리는 앞으로 세미나 개최와 저술출판, 그리고 언택트 교육콘텐츠를 개발하여 여러분과 계속 만나려 한다. 본 연구원이 누구에게나 겸손히 다가가 역사를 바꾸는 견인차로, 축복의 통로로 쓰일 수 있게 기도로 힘주시길 독자들에게 요청 드린다.

끝으로 이 책이 출간되도록 기도와 재정으로 후원해 주신 장충단교회 당회장 박순영 목사님과 여교역자의 자질 향상에 앞장 서는 <최경애장학회>에 깊이 감사드린다. 그리고 기획과 편집, 출판의 전 과정을 인내로 이끌어주고, 세심하게 북디자인을 맡아준 도서출판 TOBIA의 강신덕 목사님과 오인표 팀장님에게 고마움을 표한다.

2020년 11월
엮은이 남 은 경

오늘날의 성화:
함께 오르는 거룩한 길

장혜선

오늘날의 성화:
함께 오르는 거룩한 길

현대를 '탈종교의 시대' 혹은 '종교 이후의 시대'라고 부르는 것
은 단순히 종교인의 숫자가 감소해가기 때문만은 아니다. 그것은
오히려 종교인 감소라는 현상을 가져오는 원인으로서 현대인의
세계관을 말하는 것이라 할 수 있다. 사실 종교 제도와 신자들에
대한 불신과 냉소는 너무나 커서 종교인임을 드러내는 것이 민망
스러울 때도 많다. 그런데 이보다 더 심각한 일은 종교에 전혀 관
심이 없는 세대들이 자라나고 있다는 것이다. 일찍이 독일의 신
학자 본회퍼는 이러한 '무신성'(無神性)의 상태를 꿰뚫어 보았다.[1]
사람들은 마치 하나님이 없는 것처럼 살아간다. 이제 신 없는 세
상이 작동하는 것이다. 이러한 무신성은 이미 현대인의 삶의 방식

과 세계관으로 자리 잡아가고 있다. 종교 생활이 개인의 사적 영역으로 전락한 지 이미 오래다. 종교 이야기는 정치에 대한 견해와 더불어 자칫 관계를 깨트리는 금기조항이 되었다. 정말 교회 생활은 그저 취미생활에 불과한 것일까?[2] 그렇다면 오늘날 우리는 어떻게 거룩한 삶에 대해 말할 수 있을까?

성경에서 그리스도인들은 성도(聖徒, saint)라 불린다.[3] 헬라어로는 '하기오스'로서 '하나님께 부름받은 구별된 사람'이라는 뜻이다. 즉, 성도란 '그리스도를 따르는 거룩한 사람'이다. 신약성경에 나타나는 성도라는 표현은 대체로 우주적 교회에 속한 그리스도인들(유 3; 계 11:18), 또는 특정 지역의 그리스도인들(행 9:32, 41; 롬 15:25, 31; 고전 16:15)을 가리킨다. 주로 바울이 교회에 보낸 서신의 서두에서 '성도들'에게 문안 인사를 할 때 쓰였다. 바울이 이렇게 지역의 그리스도인들을 '성도들', 즉 '거룩한 사람들'로 부른 것은 당시나 오늘날이나 가치 전복적이라 할 수 있을 만큼 놀라운 일이다. 이 '거룩한 사람들'은 '하나님 나라의 상속자들'이다(골 1:12). 사실 유대교에서는 구약의 '남은 자들'(미 2:12;5:3)과 의인들이 하나님 나라의 상속자들이었다. 여기에서 이방인들은 철저히 배제된다. 그러나 바울은 유대인들뿐만 아니라 이방인들도 '성도'라 칭한다. 유대인이나 헬라인이나 그리스도인들은 모두 하나님의 나라를 기업으로 받은 '거룩한 이들'로서, 성도의 존귀한 지위를 똑같이 부여하고 있다. 그럼에도 오늘날 성도라는 표현이 직분이 없는 일반 평신도를 일컫는 말로 쓰이는 것은 매우 안타까운 현실이다. 이는 성도의 가치를 손상하고 폄훼하는 일이다. 성도라는 말이 하나님 나라를 기업으로 받는 '거룩한 이들'이라면 그것은 직분자, 사역자를 구분하는 것이 아니라 모든 그리스도인들을 말한다. 국적이나 성별 혹은 직분의 유무와 상관이 없다. 모든 그리스도인은 '거룩한 이들', 곧 성도들이다.

거룩한 공동체?

초대교회는 교회의 특징을 일치성, 거룩성, 보편성, 사도성이라고 정리하였다.[4] "하나이고 거룩하고 보편되며 사도로부터 이어오는 교회를 믿나이다." 그렇다면 교회는 과연 거룩한가? 교회의 거룩성은 무엇을 말하는가? 이 질문은 사실 교회가 시작된 이래로 가장 중요한 문제 중 하나였다. 교회의 역사에서 가장 오래된 이단 중 하나인 몬타누스파(Montanism)[5]는 그리스도의 재림 교리에 위배된 가르침과 카리스마적인 성령 운동을 일으킨 열광주의자들로 알려져 있다. 그런데 몬타누스파가 그토록 영향력이 컸던 이유는 이들이 교회갱신 운동의 한 형태였다는 점이다. 그리스도의 승천 이후 백여 년을 넘어가면서 교회는 점차 세속화되어갔다. 이들은 교회가 너무 이완된 삶을 살아가는 것에 불만을 품고,

더 금욕적인 규정들을 세워 거룩한 삶을 추구하고자 하였다. 2세기 중엽 이들은 빠르게 성장하며 강력한 영향을 미쳤는데, 심지어 북아프리카 카르타고의 교부로서 존경받던 터툴리안 조차 몬타누스주의로 개종하였다. 이들은 결국 시한부 종말론 등으로 정죄받아서 사라지게 되었다. 그러나 이들이 제기했던 문제는 결단코 간과되지 않았는데, 이는 그것이 교회의 거룩함이라는 본질에 대한 질문이었기 때문이다.

이후로도 거룩한 공동체를 향한 열망은 세속화된 교회를 경계하며 꾸준히 일어났다. 4, 5세기에는 도나투스주의(Donatism)가 일어나 제도권의 권위와 충돌하였고, 이들은 하나의 그리스도의 몸을 나눈다는 의미의 '분파주의자'들로 정죄 받았다. 이들은 배교한 사제가 베푼 세례의 무효를 주장하며, 배교자들의 성례전의 유효성에 대해 문제를 제기했다. 또한 박해 시에 배교했던 자들에 대한 교회의 관용적 태도에 불만을 품고, 죄인들에 대한 엄격한 권징을 요구했다. 이에 대해 아우구스티누스(St. Aurelius Augustinus Hipponensis, 354-430)는 성례전의 효력은 성례전 자체에 있거나 집행자에게 있는 것이 아니라 그리스도로부터 임한다는 것을 분명히 하며 논박하였다. 아우구스티누스는 이들이 오히려 하나인 그리스도의 몸을 나누는 분파주의자라고 정죄하였다.[6] 이와 같은 해결로 교회는 그리스도교의 보편성을 확보하고, 교회의 분열을 막을 수 있었다. 그러나 여기에서 제기된 문제는 바로 교회의 본질에 관련된 것으로서 '교회가 거룩하다는 것은 무엇인가?'를 묻는, 곧 성결의 속성에 대한 것이다.[7] 도나투스주의자들은 교회를 중생한 자들의 거룩한 배타적인 공동체로 이해하였다. 이들은 교회가 '성결을 배우는 학교'라기보다는 이미 거룩한 사람들 혹은 적어도 그렇게 보이는 사람들이 모인 공동체로 보았다. 따라서 교회가 죄인임이 명백한 사람들에게 관용적인 태도를 취한다면 교회의 거룩성이 상실되어 더는 교회로서 존립할 수 없게 될까 우려했던 것이다. 그러나 아우구스티누스는 교회의 현실을 있는 그대로 보았고, 거룩한 공동체만은 아니라는 점을 받아들였다. 교회에는 의인들만이 아닌 죄인들도 함께 포함되어 있지만, 그들로 인해 교회의 거룩성이 부인되는 것은 아니다. 가라지의 비유처럼 교회 안에도 거룩하지 못한 자들이 있으나 마지막 때에 그리스도께서 심판하시고 분리하실 것이다. 그는 교회의 거룩성을 현재의 교인들의 도덕성에서 찾은 것이 아니라 종말론적으로 파악하였다. 교회는 일차적으로 예배와 성례전을 통해 거룩하고 경건하게 모인 구원받은 자들의 모임이다. 아우구스티누스는 교회의 거룩성은 죄인을 의롭다하시는 그리스도에게 있음을 확고히 한다.[8]

한편, 초대교회 공동체가 국가교회 제도로 바뀐 후에는 국가교회와 소종파 간의 문제가 발생한다. 마찬가지로 종교개혁 이후에도 지역을 기반으로 한 개신교와 소종파 운동과 경건주의 운동들이 지속적으로 일어났다. 이러한 현상의 주된 원인은 '제도적 교회의 세속성'과 '교회의 공동체성의 상실'로 볼 수 있다.[9] 이렇듯 거룩한 교회를 추구하고자 하는 노력은 기독교가 시작된 이래 계속되는 본질적인 차원의 이슈라고 할 수 있다.

그렇다면 교회의 거룩함의 본질은 어떻게 드러나야 할까? 교회의 거룩함의 근거는 그리스도의 의로움에 있음이 분명하다. 따라서 그리스도의 의로움을 입은 성도들을 통해서 교회의 거룩함이 자연스럽게 드러나야 한다. 교회의 거룩함은 결과적으로 성도들의 거룩한 삶으로 드러나야 한다. 결국 그리스도께서 부르신 성도들의 공동체가 거룩한 공동체로 세워져야 하는 것이다. 그럼에도 교회의 역사에서 보듯이, 교회의 거룩함을 추구하는 운동들은 배타적인 분파주의자라거나 열광주의자로 단죄되는 경우가 다반사였다. 그럼에도 이 운동들이 가진 영향력은 결코 작지 않았다. 이들은 거룩함을 포기한 세속화된 교회를 그때마다 각성시키고, 새롭게 하는 역할을 하였기 때문이다.

오늘날 우리는 어떻게 거룩한 공동체를 추구할 수 있을까? 우리는 이제 거룩함을 향한 열망이 가진 배타주의적 태도를 경계하면서, 공동체를 깨는 방향이 아니라 공동체적인 성화를 향해 나아갈 방법을 모색해야 할 것이다. 그것은 공동체 안에서 성도들이 함께 성화를 이루어가도록 하는 일이다. 이런 면에서 주목할 만한 사람은 존 웨슬리(J. Wesley, 1703-1791)이다. 기독교 역사에서 웨슬리는 누구보다도 성결의 중요성을 강조했을 뿐 아니라, 공동체적인 차원의 성결사상을 체계화한 실천가이자 신학자이기 때문이다.[10] 웨슬리가 이끈 메소디스트 운동(Methodist movement)은 성결함을 추구한 강력한 공동체였으며, 당시의 영국교회를 갱신하는데 성공적이었다는 평가를 받는다. 특히 이러한 웨슬리의 운동이 가진 '치유의 힘'에 주목한 이는 현 시대 가장 영향력 있는 신학자 위르겐 몰트만(J. Moltmann, 1926-현)이다. 그는 오늘날의 성화를 '치유와 회복'이라는 새로운 시각으로 통찰한다. 몰트만은 창조세계의 생명 가치를 거룩한 차원으로 설정하고, 특히 여성들에게 자신의 생명을 존중할 것을 요청한다. 더 나아가 주체적인 결단을 내리는 존재로 회복하여 참된 성화의 길을 함께 걷자고 촉구한다. 본 연구는 웨슬리와 몰트만의 주장에 기초하여 현대 그리스도인의 성화의 방향을 모색하고자 한다. 이에 앞서 비교하는 교파별 입장들은 성화에 대한 우리의 이해를 확장할 것이다. 마지막으로 오늘날 거룩한 공동체를 세워가는 주역인 여성들이 가져야할 자세에 대해 전망하고자 한다.

성화의 길

거룩한 삶이란 하나님이 창조하신 인간으로의 회복이다. 하나님처럼 되고자 하는 것이 아니라, 하나님이 만드신 대로 온전한 인간으로 돌아가는 것이다. 이는 창조된 세계와 생명존중, 그리고 상호교제와 연합의 공동체를 지향하는 과정이다. 신앙생활에서 거룩의 체험과 거룩함의 추구는 종교의 본질에 해당하는 부분이다.[11] '성화'란 신자들이 하나님의 자녀가 된 후에 그리스도를 본받는 삶으로 성장하는 것을 말한다. 그리스도인은 성도(聖徒, saint)로서 죄인이면서 동시에 의인이라는 역설 가운데[12] 거룩함을 이루어가는 사람들이다. 신앙인에게 이러한 여정이 있다는 사실과 그 여정의 과정을 성화라고 부른다는 점에는 모두가 동의한다. 그러나 정작 성화를 이루는 방법과 그 내용에서는 교파별로 차이를 갖는다. 각 주장들이 형성된 배경과 성화가 무엇인지에 대한 통찰이 흥미롭다.

전통적으로 성화는 가톨릭 신비주의 영성의 중심 주제였다. 그러나 이러한 신비주의적 영성에 반하여 루터는 행위가 아닌 은총으로 말미암은 의로움을 강조하였다. 이렇게 그는 개신교 칭의의 원리를 세운 것이다. 하지만, 그 후 교회는 칭의를 교리적인 원리로 세우고, 신자의 법적이며 객관적인 차원만을 강조하는 개신교 정통주의로 나아간다. 이것은 결국 말씀에 대한 삶의 순종과 체험을 강조하는, 주관적인 경건주의 운동을 불러들인다. 또한 칼뱅은 성화에 율법의 제3의 사용을 통한 훈련의 차원을 강조한다. 그는 규율과 기준을 세워 자기 억제라는 성화의 이상을 그렸지만, 실상 예정론에 밀려 신자들은 구원받기로 예정된 자에만 관심을 두게 되었고, 거룩한 삶에 대한 열망은 소수의 청교도적 공동체가 간직하게 된다.

그 후 영국의 웨슬리는 '기독자 완전'이라는 성화의 교리를 확립한다. 웨슬리의 성화는 루터의 은총으로 인한 칭의 교리와 경건주의자들의 믿음의 확신을 종합한다. 또한 칼뱅의 훈련과 성장이라는 부분도 놓지 않고, 그 성화의 내용이 하나님의 사랑임을 보여준다. 그러나 이는 신비주의적 합일의 방향이 아니라, 관계적이며 사회적 삶을 향한 하나님 사랑, 이웃사랑으로 규정된다. 이러한 사랑은 결국 소외된 이들을 위한, 주변부에 관심을 두는 삶이다. 웨슬리는 거룩한 삶에 대한 교리를 복음적으로 통합해내고, 성도들을 성령충만과 성령세례라는 새로운 차원으로 안내하였다.

위와 같은 대략의 지형도를 염두에 두면서 성화에 대한 루터, 칼뱅 그리고 신비주의의 입장을 구체적으로 살펴보기로 하자. 특히 여러 관점들을 총체적으로 내포하면서도 그것을 넘어서는 웨슬리의 '완전성화' 신학에 주목하자.[13]

칭의가 곧 성화이다

루터주의에서는 칭의(justification)와 성화(sanctification)를 구분하지 않는다. 심지어 성화에 대한 논의를 부정적으로 생각하는데,

그것은 성화가 하나님의 은혜를 드러내는 칭의를 약화시킨다고 이해하기 때문이다. 만일 성화를 추구하는 인간의 의도를 자신의 거룩함을 세워가는 것으로 간주한다면, 이는 다시 율법으로 돌아가 은혜를 무효화할 수 있다. 루터주의에서는 다른 교파들이 칭의와 성화를 구별하려는 이유를 신자들이 선행을 포기할 것을 염려해서 덧붙인 것으로 본다.

루터에게 있어서 성화란 칭의의 자연스러운 결과이다. 즉, 성화란 칭의에 익숙해지는 기술일 뿐이라는 것이다. 성화는 추구하는 것이 아니라 성령의 사역으로 주어지는 것이다. 믿음이 들음에서 온 선물이듯이 성화 역시 은혜의 말씀을 통해 주어진다. 따라서 오직 믿음으로 말미암는 칭의가 가장 중요하다. 예수 그리스도 안에서 하나님의 구원 행동은 무조건적인 약속이다. 예수님은 세상의 모든 적을 이기고 부활하셨기에 하나님은 우리를 의롭다고 선언하신다. 아무런 조건 없이 의롭다고 하시는 이러한 약속은 인간으로서는 쉽게 이해되거나 감당할 수 없다. 이 무조건적 약속은 옛사람에게 주어진 것이 아니라 새사람에게 주어진 것이다. 조건적 은혜를 붙잡고자 하는 옛사람에게는 사망이 따른다. 따라서 옛사람에게 경건하고 선한 의도가 있더라도 실제로는 그렇게 할 수 없다.

성화되기 위한 첫 번째 단계는, 십자가에 못 박히셨다가 부활하신 예수님을 통해 심판이 이루어지기 때문에 하나님의 심판 앞에서 우리는 총체적으로 죄인으로 드러나는 동시에 총체적으로 의롭다고 여겨진다는 사실을 아는 것이다. 따라서 성화는 총체적인 상태로서 칭의에 포함되어 있다. 진정한 성화는 처음부터 하나님이 성화의 문제를 책임지신다는 것을 단순하게 믿는데 있다.

한편, 죄의 문제는 어떠한가? 죄를 끝내려면 율법준수나 도덕적 진보를 통해서도 아니고 성화를 통해서도 아닌, 사망을 통해 이루어진다. 바울은 로마서에서 지금 죽으라고 하지 않는다. 오히려 이미 죽었다는 놀랍고 무조건적인 사실을 알려준다.

성화는 하나님의 무조건적 은혜에 사로잡혀 이제는 은혜의 빛 안에서 살아야 한다는 것에 대한 문제다. 칭의에 익숙해져 가는 것에 대한 문제인 것이다.

우리를 의롭다고 선언하신다는 것은 우리가 죄인이라는 사실이 드러나는 것이다. 이렇게 죄인됨이 드러나는 것은 구원을 위해 필수적인 일이다. 따라서 우리는 의인이면서 죄인이다. 우리는 하나님의 무조건적인 은혜 때문에 의인이 되었으며, 또한 성화되었다. 따라서 이런 무조건적인 칭의는 성화를 조건적으로 이해하는 체계와는 양립할 수 없다. 만일 성화가 조건에 따라 이루어진다고 생각한다면, 거룩하지 못한 삶의 책임은 우리가 조건을 제대로 이행하지 못한 결과일 것이다. 그렇다면 무조건적인 은혜도 설 자리가 없다. 따라서 진정한 성화는 처음부터 성화의 문제를 하나님이 책임지신다는 것으로 단순히 믿는 데 있다. 죄인에게는 선행이냐 악행이냐, 도덕적이냐 비도덕적이냐의 문제가 아니라, 오직 새로 지으심을 받는 것만이 중요하다.

이러한 성화는 일상의 삶 속에서 이루어진다. 일반적으로 성화를 경건한 행위를 수행하고 금기를 범하지 않는 것이라고 생각하기 쉽지만, 성화는 기본적인 일상생활과 업무 중에 이루어진다. 루터는 이것을 성직과 평신도의 이분법적 구별을 없앤 만인 제사장직의 원리를 적용하여 소명이라고 불렀다. 그는 성화를 철저히 하나님과의 관계 속에서 이루어져가는 것으로 이해하면서, 구원의 주도권이 전적으로 하나님의 은혜에 있음을 드러낸다. 또 인간은 철저하게 자신이 거룩한 존재가 아니라는 자각으로만 거룩에 접근해 갈 수 있다고 강조한다. 이는 루터 자신이 수도사로서 하나님 앞에 거룩함을 이루려는 처절한 노력을 기울였으나 결국 그분의 은혜의 말씀을 받아들이는 것으로 결론 났던 바 특별한 체험으로부터 비롯된 것이리라.

우리는 루터의 성화에 대한 사상에서 중요한 두 가지 측면을 엿볼 수 있다. 첫째, 성화는 행위가 아니라 오직 하나님의 은혜의 선물이다. 둘째, 거룩함은 일상 속에 존재하는 것이다. 루터를 통해서 우리는 성·속(聖俗)의 이원론을 극복하고 우리의 삶의 거룩함, 의롭다고 인정된 자들이 하나님과의 관계 속에서 살아가는 삶 자체의 거룩함을 수용하게 된다. 더 나아가 성화를 전적으로 하나님과의 관계 안에 놓음으로써 성화의 핵심을 발견하게 된다.

성화는 그리스도와의 연합이다
개혁주의에서 성화는 특별히 강조하는 주제이다. 루터와 달리 칼뱅에게 칭의와 성화는 동등한 중요성을 갖는다. 개혁주의는 그리스도 중심적인 성화, 그리스도와의 연합을 강조한다. '예수 그리스도 스스로 우리의 성화 또는 거룩함이 되었다'(고전 1:30)는 것과 '그리스도와의 연합을 통해 우리 안에서 성화가 이루어진다'는 것이다.

그리스도는 우리의 성화이시다. 그리스도 안에서 처음으로 성화가 성취되고 완성된다. 십자가를 지시기 전 예수님은 제자들이 진리로 거룩해질 것을 기도하셨다. 이는 거룩하게 하는 이와 거룩하게 된 사람들 모두가 한 가족이 되게 해달라는 것으로 예수님은 육신 안에서의 삶 자체도 거룩하게 하셨고, 십자가에서 다 이루셨다. 이런 일은 성령을 통해 우리 안에서도 일어날 수 있다. 우리 안에 그리스도만 계신다면 삶에서 성화가 진전될 수 있는 것이다. 그리스도와의 연합은 첫째, 성령의 역사로 둘째, 신자의 믿음이 있을 때 가능하다. 그리스도와의 연합은 우리 자신이 십자가에 못 박히시고 다시 사신 그리스도에 함께 참여하는 것으로 죄에 대해 죽고, 부활하여 새로운 삶을 사는 것이다. 죄에 대해 죽고 하나님에 대하여 살았다는 것이 성경의 가르침의 핵심이다. 그러나 이 죽음은 우리가 더 이상 범죄를 저지를 수 없다는 것이 아니라 '죄로부터 해방됨'을 뜻한다. 이는 죄의 통치로부터 구원받은 것으로서, 남은 죄에 대해 저항할 위치에 있음을 의미한다. 그래서 바울은 "죄가 너희를 주장하지 못하리니"(롬 6:14)라고 한 것이다. 다시 말해서 성화는 주님과의 연합으로 인해 새로운 피조물이 되는 것이다. 퍼거슨은 "성화란 자신이 그리스도 안에서 창조된 새로운 피조물이라는 사실을 몸소 보여 주는 것이다"라고 선언한다.[14] 즉, 성화의 근거는 그리스도의 사역에 있으며 성화는 그리스도를 본받는 것이다. 이러한 과정에서 순례와 갈등의 상황이 발생하는데, 그 이유는 그리스도 안에 거하는 우리가 세상 안에 살기 때문이다. 따라서 성화의 과정에는 세상과의 충돌과 사탄의 방해도 존재한다. 결국 육체 가운데 사는 인간에게 이러한 도전이 필연적이라는 것이다. 그러므로 개혁주의는 최종적인 성화인, 영화(glorification)에 이르기 전 '고행'의 필요성을 제기한다. 이는 율법주의적인 형태라기보다는 하나님이 주시는 복으로서, 죄를 엄격하게 다루면서 유혹의 근원을 잘라내는 것이다. 그리스도와 연합된 사람은 땅에 속한 모든 것을 '죽여야' 한다. 왜냐하면 고행이 그리스도와 연합된 결과이기 때문이다. 그리스도와의 연합은 내적 신비주의가 아니라, 전인적으로 영향을 미치기에 그분의 삶의 자취가 그리스도인의 삶에 실제적으로 드러나게 되는 것이다.

은혜는 고행을 필요로 한다. 고행 없이는 거룩함도 없다.

그렇다면 성화의 목적은 무엇일까? 그것은 그리스도를 통해 '참사람'으로 회복되는 것이다. 성화는 그리스도를 본받는 것이며 결국 참사람으로 회복되어 철저하게 '인간화'되는 것임을 강조한다. 이것은 하나님 형상의 회복과 같은 말이다. 하나님의 형상으로서의 진정한 모범이며 원천은 바로 예수 그리스도의 인성(人性)이기 때문이다. 개혁주의는 인간의 노력이 없는 성화를 말하지 않는다. 우리는 하나님이 성도를 성화시켜 나가는 과정에 기꺼이 가담해야 한다. 이들은 성화의 은혜와 의무가 공존하는 네 가지 분야를 성화의 수단으로 보는데, 그것은 첫째로 말씀이며, 둘째는 시련과 고통을 포함한 하나님의 섭리이고, 셋째는 교회의 교제, 그리고 넷째는 성찬이다. 개혁주의적 성화의 모델을 통해서 우리는 그리스도 중심적인 성화, 새로운 피조물이 된다는 인식, 즉 그리스도를 통해 '참인간'이 되는 길을 발견한다. 또한 은혜 받은 자가 수행해야 하는 율법적 기능의 필요성을 긍정하게 된다.

성령세례 통한 체험적 신앙으로 성장한다

그렇다면 최근의 오순절주의자들은 성화에 대해 어떻게 이해하고 있을까? 오순절주의의 성화에 대한 관점은 방언을 성령체험의 필요한 것으로 받아들인다는 점을 제외하고는 웨슬리안 성결 전통과 동일하다. 실제로 오순절주의는 성화에 대한 관심보다는 성령의 능력과 은사, 그리고 그 체험에 집중한다. 오순절주의에서 개인적 체험의 위치는 매우 중요하다. 그래서 오순절주의는 개인적인 신앙의 결단만큼이나 성령세례를 구하도록 권고한다. 또한 개인의 체험과 그에 대한 나눔은 다른 이들의 영적체험을 고조시키는 사역으로도 쓰인다. 이렇게 체험을 강조하다보니 단점도 따른다. 예를 들어, 구제를 등한시하는 점과 영적인 나르시즘을 지적할 수 있을 것이다. 심지어는 영적 엘리트주의가 초래되기도 하는데, 이것은 가톨릭의 신비 전통과는 다른 차원이다. 이들에게 교회는 성령의 교제가 일어나는 곳이다. 간증, 공동기도, 종교적 감성과 같은 체험에 대한 집중된 관심과 정서주의가 오순절 영성을 구성한다. 여기서 기도는 매우 중요하며, 특별히 개인기도 시에 방언을 활용한다. 종종 거룩한 웃음도 체험한다.

오순절 영성 중 특징적인 것은 '만유 악령론'이다. 이 관점에서는 일탈 행동이나 바람직하지 않은 많은 행동들의 원인이 악마로부터 유래한다고 본다. 따라서 이를 치료하는 것은 악한 영을 추방하는 축사 사역이다. 이러한 개인 체험이 개인의 영적 성장에 큰 역할을 한다. 그러나 체험이 신앙생활에 큰 도움이 된다고 할지라도 신앙의 성장을 판단할 수 있는 확실한 수단은 복음의 중요한 덕목인 믿음, 소망, 사랑이 아닐까? 은사를 나타내야만 신앙의 여정에서 성숙이 이루어지는 것은 아니라는 뜻이다. 그럼에도 불구하고 이러한 개인적 체험을 강조하는 오순절주의는 성령 안에서 기도하는 능력을 강화시키며 하나님을 사랑하며 즐거워하도록 안내한다. 오순절의 체험에 대한 강조와 간증과 기도를 통한 성령의 교제는 거룩한 삶을 함께 추구하는데 있어 중요한 요소가 되는데, 이는 웨슬리안 성결운동이 갖는 특징이기도 하다.

사랑 안에서 일치를 추구하는 것이다

신비주의 관점에서는 영적 성장을 이루는데 있어 하나님의 사랑 안에 일치를 이루는 관상기도가 필수적이다. 우리는 외적 활동과 내면적 삶의 두 가지 수준의 삶을 살아간다. 그런데 하나님과의 관계가 긴밀해지면 이 두 가지 활동을 동시에 할 수 있다. 즉 하나님과 교제하고 소통하고 대화한다. 보이지 않지만 항상 임재하는 하나님과 어떻게 사랑에 빠질 수 있는가? 로렌스 수사(Brother Lawrence, 1614-1691)는 진정한 사랑이 자동적으로 일어나지 않음을 알려준다, 사랑하기 전에 상대를 알아야 한다. 하나님을 사랑하기 위해서는 자주 하나님을 생각해야 한다. 우리가 사랑하게 되면 더욱 그분을 그리워하게 될 것이다. 보물이 있는 곳에 우리의 마음이 있기 때문이다.

관상기도는 하나님을 사랑하는 마음으로 경청하는 것이다. 관상기도는 하나님이 창조된 질서 안에, 특히 인간질서 안에 내재한다는 전제에 근거한다. 그렇다면 관상의 방법은 무엇인가? 신비주의자들의 목표는 하나님과의 연합이다. 하나님은 생명이므로 생명에 참여하는 것이다. 그리고 현재 상태로 살면서도 하나님을 볼 수 있거나 연합할 수 있다는 근본 신념을 갖는다. 이 목표를 달성하는 방법이 바로 '마음의 청결'이다. 이는 순전히 선해질 수 있도록 성격을 변화시키는 것이다. 하나님이 원하시는 선함만을 바라는 것이다. 마음의 청결을 위해 우리가 할 수 있는 것은 자신을 버리고, 복종하고, 굴복하고, 겸손해져서 자신을 하나님께 드리는 것이다. 그러면 하나님의 사랑이 들어와 청결케 하신다. 우리가 하나님을 보고자 할 때 그 영적 통로로 여겨지는 관문은 겸손과 온유함이다. 그런데 이것은 현대 문화에서 귀중히 여겨지지 않는 가치이다. 그렇지만 우리 자신을 부인하게 되면 하나님의 사랑이 우리 가운데 들어와 우리를 정화하고, 하나님의 형상대로 재창조하신다. 하나님은 사랑 가운데 온유하게 일하시지만 그럼에도 모든 성장이 고통스러운 것처럼 정화와 회복의 과정도 그럴 것이다. 신비주의자들은 이 고통을 '정련사의 불'이라고 말한다.

한편, 관상기도를 단순히 하나님 앞에서 고요한 삶을 추구하는 것으로 여긴다면 그것은 오해다. 관상기도는 행동과 상호적으로 연관되기 때문이다. 오히려 신비주의자들은 압박과 투쟁이 편만한 이 세상으로 들어감으로 깨우친 인식을 통해 영성이 성숙하게 된다고 말한다. 관상기도는 우리의 의도를 정화하여 어려운 과업에 직면할 수 있도록 내적 재원을 집중시켜 준다. 관상기도를 수행함으로서 세계에 대한 우리의 비전이 변화되는 것이다. 이렇게 관상기도에서 얻는 영적 성숙은 성도를 세상 속에서 하나님의 뜻을 추구하는 사람으로 행동하게 한다.

이렇게 신비주의적인 성화는 깊은 기도와 영성의 본질이 하나님을 사랑하는 것임을 밝혀준다. 또한 거룩한 삶의 초점이 외면적인 도덕과 선한 행실이 아니라 내면의 정결함, 의도의 순전함에 있음을 보여준다. 그러나 이들은 신비적 연합을 추구하는 길이 자칫 영적 엘리트주의를 형성한다는 자성과 함께, 오늘날에는 일상의 삶 가운데 누구나 경험할 수 있는 영성적 차원을 드러내야 한다는데 초점을 맞춘다.[15]

성결은 온전한 사랑

앞에서 살펴본 교파들은 성화에 대한 관점들을 다양한 각도로 제시해 준다. 루터주의 전통은 사실상 성화를 칭의와는 반대로 생각하는 반면, 신비주의자들은 소수의 사람에게 나타나는 신비한 내면성으로 설명하며, 그 본질은 하나님의 사랑 안에 일치함으로 설명한다. 개혁주의 전통은 성화를 일종의 점진적 구원의 과정으로 보며, 그리스도와 연합된 새로운 인간이다. 오순절주의는 성령세례를 갈구한다. 그렇지만 이들 모두는 공통적으로 그리스도인의 성품과 가치관에 있어서 성장이 필요함을 강조한다.

한편, 웨슬리의 성화론의 중요성은 그것이 위에서 언급한 성화에 대한 통찰들을 통합적으로 담아내고 있다는 데 있다. 더 나아가 웨슬리는 '완전 성화', '온전한 그리스도인'이라는 이상(ideal)을 설정함과 동시에, 성결한 삶을 실현하는 공동체를 구현함으로서 그 시대를 선도하였다. 그의 성화관은 새로운 인간 이해를 바탕으로 일반 대중의 삶에 구체적인 변화를 초래하였다. 특히 웨슬리의 메소디스트 운동은 사회적으로 두 가지 부분에서 효과적이었다. 첫째는 공동체적으로 성결한 삶을 추구한 것이며, 둘째는 이웃사랑의 방향이 구체적으로 주변부인 가난한 사람들을 향한 것이었다.

온전한 사랑의 삶

웨슬리는 신자가 '거듭나는 것'과 '성화'는 구별된다고 보았다. 그는 성경이 의롭다 여김을 받은 모든 신자들에게 성화될 것을 가르친다고 주장한다. 성화는 거듭나는 순간에 시작되지만, 온전한 성화와는 구별된다. 온전한 성화는 사랑의 온전함을 체험하는 것이다. 사랑이 온전해지는 체험은 인간적으로 성취할 수 없으며, 오직 하나님의 은혜의 선물인 믿음을 통해서만 이를 수 있다. 이러한 체험과 간증은 웨슬리의 일기에 가득 차 있다. 그는 많은 사람들이 온전한 사랑의 선물을 받았다고 고백하였다. 웨슬리는 이를 '제2의 축복'이라 불렀으며, 하나님에 대한 온전한 사랑은 '순간적'으로 체험될 수 있다고 보았다. 그렇다면 성결은 언제 체험되는 것인가? 웨슬리의 말을 직접 들어보자.

그러니 매일 매시 매순간 그것을 구하십시오! 어찌하여 이 시간 이 순간에 찾지 않으십니까? 분명히 여러분이 믿음으로 그렇다고 믿을진대, 지금 이것을 찾을 수 있습니다.[16]

중요한 것은 현재 삶 속에서 사랑이 온전해지리라 기대하는 것이다. 기대하면 받게 되는 것이다. 그러나 이러한 완전이 인간적인 요소를 없애버리는 것은 아니어서 우리가 완전히 죄에서 자유로울 수는 없다. 즉, 마음은 그리스도에게 완전히 헌신하지만 행동에는 결점이 있기에 성도에게는 매일의 범죄에 대한 그리스도의 속죄가 필요하다. 따라서 온전한 사랑의 교리는 죄 없는 완전을 뜻하는 것이 아니다. 이런 의미에서 '그리스도인의 완전'이란 성령을 통해서 그리스도와 정직하고 진솔한 관계를 진정으로 맺게 해 줄 수 있는, 사랑의 완전을 말한다. 이로써 성도는 은혜 안에서 성장하며, 하나님의 사랑 가운데 용납되고 용서받는다. 그리스도의 사랑에 대한 확신은 그리스도 안에서 완전히 용납되었다는 성령의 내적 증언을 통해 획득될 수 있다. 이러한 용납은 성령을 통한 진정한 그리스도와의 연합을 의미한다.

'온전한 성화'는 웨슬리가 처음 창안한 용어가 아니다. 이는 "평강의 하나님이 친히 너희를 온전히 거룩하게 하시고 또 너희의 온 영과 혼과 몸이 우리 주 예수 그리스도께서 강림하실 때에 흠 없게 보전되기를 원하노라"(살전 5:23)에서도 사용된다. 완전한 사랑은 사랑의 추구라는 속성 또는 순수성과 관련이 있다.[17] 웨슬리가 온전한 사랑의 본질을 설명하기 위해 사용한 다른 용어는 '가나안 땅', '마음의 할례', 그리고 '성령충만'이다. 이 중 '성령충만'이란 회심의 중요성을 견지하면서 그리스도인의 더 깊어진 삶을 설명한다. 그리스도인의 삶은 여러 단계가 있을 수 있는데 그것은 순전한 아이, 청소년, 부모의 삶으로 구분될 수 있다. 웨슬리는 "그리스도인의 완전한 성화에 대한 평이한 해설"[18]에서 온전한 사랑을 성령충만과 같은 것으로 간주한다. 또한 성령의 열매 전체를 그리스도인의 완전과 같다고 보았다.

또한 웨슬리는 그리스도인의 완전을 '마음의 할례'(롬 2:29)로 설명한다.[19] 이것은 '성결'이라는 용어로도 쓰이면서 죄에서 깨끗해짐, 육체와 영혼의 모든 더러움에서 깨끗해짐을 표현한다. 할례는 하나님의 임재 안에서 살아가는 삶을 상징한다. 이때 죄란 윤리적인 죄와 법률적인 개념의 죄로 구분할 수 있는데, 웨슬리는 이를 의식적인 죄와 무의식적인 죄라고 명명했다. 성경에 나오는 범죄의 개념은 주로 의식적으로 하나님의 뜻을 범하는 것이다. 그래야만 죄를 범하는 자마다 마귀에게 속한다는 요한일서 3장 8절의 말씀이 이해될 수 있다. 또한 레위기에서는 의식적으로 지은 죄와 부지불식간에 지은 죄를 구분 짓고 있다(레 4:13-15, 16). 따라서 마음의 모든 죄를 정결하게 한다는 말은 '윤리적-관계적 차원'이다. 그렇다면 죄로부터의 정결은 관계적인 차원에서 "하나님과 다른 사람에게 온 마음으로 관심을 가짐으로서 적절한 방향성을 갖는다는 것을 의미한다."[20] 처음 할례는 죄를 초월하는 수준의 의식적인 삶이었다면, 하나님이 아브라함에게 완전하라고 명령하신 것이 또 다른 의미의 할례이다(창 17:1). 여기서 '완전'이란 결함 없음이 아니라, 마음의 완전한 의도를 가리킨다. 아브라함의 할례는 마음의 완전함과 모형론적으로 일치한다. 이러한 할례는 성령충만을 통해 성도가 주님 앞에서 흠 없이 행할 수 있도록 해 준다. 이는 마치 고넬료와 제자들이 성령충만을 받고 모든 죄에서 깨끗해지는 것을 체험한 것과 같다. 온전한 성화는 '모든 타고난 죄'에서 마음을 깨끗하게 하는 것, 그리고 모든 죄에서 구원받는 것이다. 웨슬리는 원죄를 악의 뿌리 또는 육욕적 마음으로 설명한다. 그렇다면 그리스도인의 완전은 하나님에 대한 순전한 사랑이다. 죄란 하나님과 사람들을 멀어지게 만드는 자만하는 태도이다.

성화는 하나님과 다른 사람들에 대한 사랑이다. 영적 할례와 비슷한 언약개념은 '약속의 성령으로 인치심'을 받는다는 바울의 사상에 나타난다. 만일 성도가 성령으로 충만하게 되면 온 마음으로 하나님을 사랑할 수 있게 된다. 결국 '마음의 할례'와 '온전한 사랑'과 '성령충만'은 같은 것이다. '그리스도인의 완전'이란 성화의 지향점이며, '성결(holiness)'과 동의어로 사용될 수 있다. 웨슬리의 성결은 하나님 형상의 회복으로 이루어지는 거룩함과 사랑이다.[21]

웨슬리는 거듭난 신자가 성화의 삶을 추구할 것을 강하게 요청한다. 온전한 성화에 대한 그의 사상은 루터나 칼뱅보다 인간의 응답으로서의 책임을 더욱 강조한다. 비록 인간이 총체적으로 죄에 빠졌을지라도 하나님의 은총을 받은 존재이기에 우리는 모든 삶 가운데 하나님의 은혜를 입는다. 왜냐하면 어떤 죄된 인간일지라도 먼저 사랑하신 하나님의 은혜로부터 제외되지 않기 때문이다.

공동체적 성결한 삶의 추구

'온전한 그리스도인' 혹은 '기독자 완전'(Christian perfection)으로 명제화하며 신앙의 목적을 삼은 웨슬리는 성령론과 성화론에 새로운 차원을 열었다는 평가를 받을 만하다. 웨슬리는 자신이 믿는 것을 함께 실천해가는 메소디스트 공동체를 만들어 실제로 거룩한 삶을 드러내었다. 특히 그는 구체적인 삶의 지침을 마련하여 훈련하였고, 이것이 공동체적 훈련이 되도록 하였다. 이는 콘퍼런스(conference)라 불리는 네 종류의 모임을 통해 구현된다. 그것은 '연합신도회'(society), '속회'(class meeting), '신도반'(band), 그리고 '선발 신도반'(select society)이다.

'연합신도회'는 죄를 깨닫고 구원 얻기를 갈망하는 사람들에게 조언을 하고 기도로 돕는 모임이다. 매주 모이는 소그룹 모임은 '속회'로서 자신의 삶과 영적 상태를 나눈다. 여기서는 자신이 받은 죄의 유혹을 이긴 경험과 죄를 숨김없이 고백하고, 서로를 위해 기도하면서 그리스도인의 완덕에 이르도록 돕는다. 한편, 더 깊은 영적 성숙을 위한 모임도 구성하였는데, 그것이 바로 '신도반'과 '선발 신도반'이다. '신도반'에서 모임의 진행은 '속회'와 유사하나 이 구성원들은 자원자로 이루어진다. '속회'는 모이기 편리한 지역을 중심으로 편성되고, 모든 회원이 반드시 소속된다. 그러나 '신도반'은 성별, 결혼여부, 나이 등으로 구분하여 동일한 집단으로 구성되는 것이 특징이다. 따라서 '신도반'은 더욱 친밀한 유대감을 갖게 되는데, 웨슬리는 이러한 공동체적인 친밀함이 그리스도인의 완전을 추구하는데 도움이 된다는 사실을 확인하였다.

믿는 사람들 사이에 형성되는 이처럼 친밀한 유대감은 크고 위대한 유익을 가져왔다. 그들은 상한 마음이 고침을 받고 죄악이 더 이상 그들을 지배하지 못하도록 서로를 위해 기도하였다. 이로써, 많은 사람들이 탈출구를 찾을 수 없었던 죄의 유혹으로부터 구원을 받았다. 그들은 가장 거룩한 믿음 위에 세워졌으며, 주님 안에서 풍성한 기쁨을 누렸다. 그들은 사랑 안에서 강건해졌으며 모든 선한 일을 풍성하게 하는 사역에 효과적으로 고무되었다.[22]

더구나 '선발 신도반'은 웨슬리가 직접 지명하여 조직하였다. 그는 이들이 높은 수준으로 성장하였고, 사랑으로 역사하는 믿음 안에서 주의 깊고 겸손하며 강한 자들이라고 평가하였다. 이들은 감리교 운동이나 사역에 대한 의견을 개진할 수 있었다. 무엇보다 웨슬리 자신이 '선발 신도회'의 회원으로서 이들과 자신의 감정과 생각을 나누었다. 이렇게 다층적인 모임을 구성함으로써 웨슬리는 신앙 성장의 길을 함께 나아가도록 하였다. 이 모임들을 통해 신자들은 훈련되고, 사랑의 교제 가운데 성장할 수 있었다. 웨슬리는 탁월한 지도력으로 공동체를 조직하여, 성도들이 성결한 삶을 추구하도록 이끌었다. 결과적으로 이렇게 훈련받고 성장한 수많은 메소디스트들은 자신의 삶 속에서 사랑으로 역사하는 믿음을 굳건히 할 수 있었다.

웨슬리의 공동체적 성결을 향한 추구는 신비주의를 배경으로

하는 경건주의적 영성과는 구별된다. 기독교 신앙은 은둔하여 거룩한 영성을 추구하는 것이 아니라고 생각한 웨슬리는 거룩한 고독자들을 반대한다. "그리스도의 복음은 사회적인 종교 외에는 어떠한 종교도 알지 못한다. 사회적 성결(social holiness) 외에는 성경을 모른다."[23] 여기에서 말하는 '사회적'이란 일반적으로 이해하는 사회가 아니라, 종교공동체를 의미하는데, 이는 웨슬리가 연합신도회를 '소사이어티'라고 명명한 것과 같다.[24] 이것은 공동체적이고 관계적인 모임 안에서 내면의 덕을 함양할 뿐 아니라 겸손, 기도, 성경묵상, 금식, 성찬을 함께 나누고, 일치된 마음으로 선행을 다짐하면서 훈련하는 신앙공동체이다. 이렇게 서로에 대해 책임적인 공동체가 지향한 목적은 '진정으로 거룩한 삶을 배양하는 것'이었다.[25]

공동체 회복과 가난한 이들에 대한 소명

웨슬리는 인간이 적극적으로 하나님 앞에 응답한다는 사실을 강조함으로 새로운 인간이해를 제시한다. 인간은 비록 타락했으나 하나님 편의 '선행적 은총'을 통해 그분께 응답할 수 있다는 것이다. 그는 인간에게서 하나님의 은혜로 원래의 형상을 회복하여 '온전한 그리스도인'의 삶을 살 수 있다는 가능성을 본 것이다. 온전한 성화에 이른 자들은 하나님을 온전히 사랑하게 되는데, 이는 이웃에게 주님의 사랑을 값없이 실천할 때 드러난다. 웨슬리는 메소디트스 운동 초창기부터 가난한 사람들과 감옥에 갇힌 자, 고아나 과부처럼 소외된 사람들을 보살피는 일이 경건한 삶에 필수 요소임을 알고 있었다. 따라서 신도들은 매일 성경연구 모임을 진행하면서 넉넉지 못한 형편 속에서도 매주 구제사업 등의 봉사활동을 하였다. 특히 웨슬리는 가난한 이들을 방문하는 것을 성결의 기본적인 면이라고 간주하였고, 그리스도의 명령에 철저하게 순종하는 모습임을 강조하였다.

> 18세기 당시의 영국교회는 도덕적, 영적으로 무능했다. 사회의 고위층은 종교에 대해 냉소적이었으며, 대중은 교회의 영향권 밖에 있었다. 또한 국가의 지도층은 부패했다. 각종 사회적 범죄가 성행했고 백성들은 난폭했다. 감옥은 늘 만원이었다.[26]

산업혁명 시대의 영국은 부를 축적하는 자본가들이 있는 반면, 대다수의 사람들은 엄청난 고통과 가난 속에 허덕이며 공장 노동자로서 살아갔다. 웨슬리는 이 노동자들에게 설교하고, 그들을 훈련할 뿐 아니라 리더로 세우며, 이들이 하나님의 사랑 안에서 '온전한 그리스도인'이 되도록 자신의 삶을 헌신하였다. 그는 암울한 시대에 필요한 성화의 이상을 제시했을 뿐만 아니라 또한 그렇게 살아간 인물이었다. 웨슬리는 당시 독신 남자가 혼자 생활할 정도의 금액인 30파운드 정도로 평생을 살았으며, 그 이상의 수입이 있어도 지출을 늘리지 않았다. 그는 단지 청빈한 삶을 산 것만이 아니라, 돈에 대한 태도와 경제 관념을 분명히 하고 실천했던 사람이다. 웨슬리는 그 시대의 자본주의가 갖는 그림자를 분별하였고, 아무리 열심히 일해도 가난할 수밖에 없는 노동자들의 삶을 개선하는 일에도 관심을 가졌다. 그래서 이자를 받지 않고 소액을 대출하는 신용협동조합을 세우고, 기금을 마련하며, 의료사업, 구직 등의 사업을 실행하기도 하였다. 그의 이러한 가난한 자들에 대한 삶의 태도는 단순한 동정심이 아니라 성결한 삶의 소명에서 나왔다. 실제로 그는 메소디스트 안에서 초대교회의 '소유 공동체'를 실현하기를 희망하였다.

웨슬리는 성화에 대한 교리를 체계화시키는데 그치지 않았다. 그는 성화의 삶이 구체화 되도록 모임을 조직하고 훈련하여 하나님 사랑, 이웃 사랑을 이 세상에서 실천하고자 노력하였다. 웨슬리는 갖은 핍박과 박해에도 불구하고 성공회 내에서 교회 안의 작은 교회 운동으로 이 메토디스트 훈련을 지속하였다. 그는 성공회가 거룩한 교회로의 생명력을 갖게 된다면, 결국 영국사회도 거룩한 사회로 회복될 것이라 기대했던 것이다. 실제로 웨슬리 신도회는 대안공동체로서 당시 사회에 생명력을 발휘하였다.[27] 이렇게 시작된 운동은 마침내 감리교회라는 하나의 교파로 자리 잡게 되었다.

오늘날의 성화, 치유

이제, 현대사회를 사는 우리에게 성결한 삶은 무엇일까? '온전한 그리스도인'이 담아야 하는 새로운 인간이해와 세계이해는 무엇일까? 오늘날의 성화를 어떤 차원에서 접근해야 할까? 이 문제는 현대인의 질병과 밀접한 관련을 갖는다. 현대 신학자 몰트만은 웨슬리와 감리교들이 살았던 성화의 삶이 영국 산업사회의 병을 치유한 점을 부각시킨다. 그가 주목한 것은 거룩한 삶의 '치유적 능력'이다. 인류는 현대의 생산과잉과 소비과잉의 삶 속에서 생명의 희생과 환경파괴의 문제에 직면하였다. 근대화를 이끌었던 주체로서, 모두가 그러리라고 믿어왔던 인류 진보에 대한 믿음은 붕괴 되었다. 이 상황에서 오히려 인간은 주체성을 상실하고 비인간화되었다. 결과적으로 인간의 내면에는 현대의 문화적인 병과 신경의학적인 불안정감이 자리 잡았다. 몰트만은 이러한 사회 속에서 신앙인의 삶, 즉 거룩한 삶에 '치유의 힘'이 작동되도록 해야 한다고 역설한다.[28] 이러한 치유는 공동체적인 차원에서 이루어지며, 생명자체의 거룩함과 더불어 주체성을 회복하게 한다. 그렇게 될 때 치유의 거룩한 삶을 살게 된다.

생명의 성화: 관계적, 공동체적 치유의 힘
거룩한 삶은 어떻게 치유의 힘을 드러낼 수 있는가? 몰트만이 제

시하는 네 가지 방향을 살펴보자.

첫째, '생명의 거룩함'이다. 이는 창조의 신성함을 회복하고, 더불어 생명을 보호하는 것이다. 생명은 하나님께 속하며, 땅은 하나님의 창조물이기에 하나님의 사랑으로 받아들이며 경외감을 가져야 한다. 현대사회의 병은 생명을 위협하는 것과 주체성이 상실된 것이다. 따라서 거룩함을 드러내는 삶에는 무엇보다 생명의 거룩함과 주권의 회복이 필수적이다. 하나님이 창조하신 자연에 대한 존중심을 회복하고 생명계의 파괴에 맞서야 한다. 또한 인간 자신을 생명계에서 분리시키는 병적인 상황을 극복하고 생명계 속에 통합되어야 한다. 이것이 오늘날의 거룩한 삶이며 거룩한 창조와 생명체계 안에 통합된 인간의 모습이다.

둘째, '생명에 대한 경외'라는 삶의 윤리가 따라야 한다. 창조의 영성은 생명을 경외하게 한다. 또한 사랑의 이중 계명을 인간에 국한하지 않고 창조에까지 확대해야 한다. 특히 생명을 경외함은 연약하고 상처받기 쉬운 생명으로부터 시작해야 한다. 왜냐하면 가난하고 병들어 자기방어를 할 수 없는 이들에 대한 경외가 마땅하기 때문이다. 오늘날의 성화는 인간의 공격, 착취, 그리고 파괴에 대항하여 하나님의 창조를 지키는 일이다. 여기에는 인격적 차원, 사회적 차원, 그리고 정치적 차원까지 포함된다.

셋째, 생명에 대한 '폭력의 포기'이다. 몰트만은 감리교 신자들이 술과 담배와 노예제도를 멀리한 것처럼, 생명의 성화를 이루기 위해서는 폭력 없이 생명을 위하여 봉사해야 한다고 강조한다. 생명을 경외함을 배우기 위해서는 힘과 에너지를 써야 한다. 성령 안에서 산다는 것은 단지 도덕적인 행위만이 아니라, 창조성을 발휘하는 것과도 관련된다. 인간이 거룩하게 되면, 자신이 원하는 창조성을 발휘하는 일이 결국 거룩함을 드러내는 것이 된다.

  넷째, 오늘날의 성화는 '생명의 일치와 조화'이다. 지난날 근대 사회가 인간과 자연을 주객 분리 도식으로 이원화했던, 그 분열을 폐기하고 다시 생동하도록 하는 것이다. 즉, 신체 안의 영혼, 공동체 안의 인격, 시대적으로 지속되는 공동체, 인류 공동의 집으로서의 땅을 되찾는 일이다. 그래서 다른 이들의 희생으로 삶을 영위하는 것이 아니라, '다른 사람들을 위한 삶'이 권장된다. 이러한 맥락 속에서 오늘의 성화는 생명의 치유를 포함할 뿐 아니라 인간 생명의 자연적 연약성과 사멸성을 인정한다. 다시 말해서 죽음을 삶의 한 부분으로 받아들이는 것이다.

하나님의 소유로서 거룩함과 주체성의 회복

오늘날 성화의 삶은 생명의 성화이며, 이것을 이루는 성화의 영은 성령이다. 성화의 근거는 하나님 자신의 '거룩하심'에 있다. 하나님만이 본질적으로 거룩하다. 따라서 '성화'라는 표현은 하나님이 자기를 위하여 선택하며 자기의 소유로 삼고, 그를 자신의 존재에 참여케 하는 하나님의 행위를 나타낸다. 하나님께 속한 것은 하나님 자신처럼 거룩하다. 하나님은 의롭게 하신 자들을 또한 거룩하게 하신다(롬 8:30).

여기서 몰트만은 중요한 사실을 지적한다. "인간에 대한 하나님의 행위로서의 성화는 하나의 관계와 소속성을 나타내는 것이지 인간 자신의 상태(Zustand)를 나타내는 말이 아니다."[29] 하나님이 사랑하는 것은 그 자체의 상태 여부와 관계없이 거룩하다. 즉, 우리는 하나님이 거룩하다고 선언하는 것을 거룩하다고 여겨야 한다. 종교개혁은 하나님이 거룩하다고 선언하신 것을 '칭의'로 받아들였다. 그런데 이 칭의에 근거해서 성화를 새로운 삶을 영위하는 것으로 파악할 경우, 성화가 마치 도덕적인 상태를 뜻하는 것으로 오해될 수 있다. 하지만 하나님이 이미 거룩하게 하신 것을 우리도 거룩하게 받아들인다면 그 오해는 사라질 것이다.

몰트만은 성화의 양면성을 정확하게 짚어내고 있다. 한 편은 하나님과 관계된 것으로 소유적 측면이며, 다른 편은 하나님의 성화의 대상인 신자들이 자신의 삶에서 새로운 '주체'가 된다는 것이다. 신자는 하나님과의 관계 안에서 그들 자신의 삶의 주체로서 새롭게 시작된 삶을 진지하게 영위한다. 그는 오성에 눈을 떠서 자유하게 된 의지의 힘으로 마음의 확신을 사용한다. 이러한 자들은 이제 특별한 삶을 살게 된다. 더 이상은 사회적 통념을 답습하지 않고 언제나 하나님의 법을 따른다. 이때 거룩한 특징은 그의 행위에서 발생하지 않고 하나님이 거룩하게 하시는 자의 마음에서 발생한다. 따라서 그는 '삶의 성화를 하나님에 상응하는 삶'으로 표현한다. 이러한 성화의 목적은 인간에게 '하나님 형상'이 회복되는 데 있다. 생명의 원천인 하나님과의 일치는 이 원천으로 사는 모든 살아있는 것과의 일치로, 또한 만나는 모든 생명에 대한 경외와 더불어 이루어진다. 이렇게 몰트만의 성화의 신학은 종교개혁의 칭의론과 웨슬리의 성화론의 본질적 차원을 살려내어 그것을 전 생명의 성화와 연결시키고 있다.

거룩한 삶: 건강한 치유의 삶

그렇다면 '거룩한 삶'이란 무엇을 말하는가? 독일어 'heilig'와 영어 'holy'의 뜻은 건강하고, 치유하며, 완전하게 만드는 삶을 의미한다. 따라서 거룩한 삶은 치유적 삶과 관련된다. 몰트만은 '전체적인 사고'를 가리켜 거룩하게 하는 사고라고 말한다. 이것은 분리된 것들의 전체성을 회복하려는 노력이다.

> 하나님이 창조하였고 사랑하는 것이 거룩하다면 삶 자체는 이미 거룩하며, 사랑과 기쁨을 가지고 산다는 것은 그것을 거룩하게 한다는 것을 의미한다. 우리는 우리의 삶을 만드는 것을 통하여 비로소 삶을 성화하는 것이 아니라, 이미 우리의 현존 자체를 통하여 성화한다. "나는 네가 존재하며 네가 여기 있다는 것을 기뻐한다"고 사랑은 말한다. 사랑은 사람

의 인격을 보지 그의 업적을 보지 않는다. 그러므로 삶의 성화는 삶이 종교적-도덕적 조종을 뜻하지 않고 오히려 자유롭게 되고, 의롭게 되며, 사랑받고, 긍정하고 더욱 더 생동하게 되는 것을 뜻한다. 하나님의 영 가운데서의 삶은 성령의 인도하심과 이끄심에 맡기는 삶, 성령을 오게 하는 삶을 말한다...성령의 열매는 "자란다"... 우리는 성령의 열매를 만들 수 없다. 우리는 그것을 우리 안에서 자라게 할 수 있다.[30]

성령의 삶은 하나님과의 영원한 사귐 속에 있는 삶, 거룩한 삶이다. 이러한 삶은 금욕이나 규율을 통해서 '만들' 수 없다. 오히려 성령의 열매는 스스로 익는다. 그것이 우리 안에서 익고, 우리는 그 안에서 익는다. 그렇다면 인간 편에서 할 수 있는 일은 무엇인가? 우리는 빛을 향해 자신을 열어 우리에게 비치게 할 수 있다. 몰트만은 성화의 '의식적 차원'과 '무의식적 차원'을 함께 고려한다. 거룩한 삶을 향하여 인간이 의지적인 힘을 발휘하는 영역과 스스로의 힘이 아니라, 성령 안에서 이루어지는 부분이 있음을 간파한 것이다. 이 두 차원에서 관건은 거룩하지 못한 삶을 거룩하게 만드는 것이 아니라, 거룩한 삶을 거룩하게 하는 것에 있다.

결국 몰트만은 성화에 대한 기존의 관점을 그 근본부터 바꾸어 놓는다. 즉, 하나님이 피조물의 삶을 선하며 의롭고 아름답다고 인정하고 사랑하신 것처럼, 우리도 그렇게 보고 사랑하는 법을 배워야 한다는 것이다. 이는 하나님의 창조세계에 대한 긍정이 피조물의 타락과 죄의 차원을 극복하고 있음을 보여준다. 이처럼 몰트만의 현대적 성화이해는 관계적이며 공동체적 차원에서 성화를 이루어 가는 주체의 역할에 초점을 맞춘다.

거룩한 치유공동체를 향하여

치유공동체는 남녀노소를 포함한 인간만이 아니라 모든 생명이 함께 포함된다. 그렇다면 이제, 공동체를 이루는 여자와 남자는 어떻게 회복되어야 할까? 혹자는 거룩한 공동체를 지향함에 있어 남녀의 구분이 필요할지 의문을 제기할 수 있다. 그러나 앞에서 몰트만이 분석한 바와 같이 각 시대적 정황에 따라 성화에 대한 이해가 달라질 수 있으며, 그래서 그 차원을 삶 전체로 확대해야 할 당위성이 있다면 이 문제는 충분히 고려되어야 한다.

거룩함을 향해 가는 주체적 여성
여성의 종교적 경험에 대해 주목한 신학자들이 있다. 이들 중 로즈마리 류터(R. Ruether)와 주디스 플라스코(J. Plaskow)는 전통적인 죄에 대한 이해가 모든 사람의 경험을 대표할 수 없다고 비판하면서 새로운 관점을 전개한다.

류터는 그리스도인 여성에게 가장 어려운 장벽이 분노와 자신감을 죄악시하며, 겸손과 자기희생을 덕으로 여기는 것이라고 말한다. 죄와 덕의 원리는 모든 기독교인에게 적용되는 것이지만, 여성에게는 그것이 하나의 이데올로기로 작용하여 자신에 대한 자부심의 결핍과 그녀의 예속을 더욱 강화하는 결과를 초래한다는 것이다. 이렇게 되면, 여성은 자신의 자아를 상실함으로써 '그리스도답게' 되고, 남성의 학대와 착취를 받아들임으로써 '고통받는 종'이 되며, 작은 확신마저 두려워지고, 심지어 죄의식을 느끼도록 길들여진다는 것이다. 인류의 역사에서 자신감(pride)의 의미가 주로 남성의 경험에 기초하여 교만으로 해석되었기에, 기독교에서 말하는 '자기부정'은 자신의 정체성조차 제대로 형성하지 못한 여성들로 하여금 기본적인 자신감을 갖는 것 마저 어렵게 만들었다.[31] 만일 한 여성이 인간으로서 자신에 대한 충분한 신뢰가 없다면, 정체성을 확립하거나 자신의 잘못을 비판할 근거가 되는 자아도 있을 수 없다. 그렇다면, 여성에게 있어 '회개'는 문자 그대로 자기전환을 위한 동력이 된다. 이 전환을 통해 여성은 한 인간으로 설 수 있으며, 당당하게 자신의 정체성을 구축하는 존재로서 진정한 자아를 발견할 수 있다. 이렇게 류터는 자신감과 겸손의 의미가 여성의 입장에서 재평가될 것을 설득한다.[32]

플라스코 역시 교만에 초점을 둔 '죄론'이 모든 인간에게 동일하게 작용하는 것에 대해 비판한다. 남성과 달리 여성의 죄는 자신을 거부하는 태도에 있다는 것이다. 여성에 대한 사회적 기대나 신화를 순순히 받아들이고 매일 살아가면서 스스로를 거부하는 것이 죄라는 것이다. 하나님 앞에 독립적인 존재로 서기 보다는 사회가 여성에게 바라는 이미지를 무조건 수용한 채 수동적이며, 의존적으로 사는 것은 여성 자신의 자유와 책임을 회피하는 모습이다. 결과적으로 자기 자신이 되고자 하는 욕망을 거부하는 여성은 불행을 자초하게 된다. 따라서 여성이 자유를 누리는데 따르는 책임과 짐 지기를 피하기 위해 가부장적인 사회적 기대를 받아들이는 것은 자신을 억압하는 죄와 공모하는 일이다. 교만에 죄의 초점을 맞추는 신학은 여성이 자기 삶을 위해 투쟁하는 것을 죄악시하도록 몰아간다. 남성 위주의 문화를 바탕으로 탄생한 신학은 자기 정체성을 갖지 못한 여성의 경험을 소홀히 할 뿐 아니라 그녀가 자기답게 사는 것을 방해하고 압력을 가중시킨다.[33]

사람은 스스로가 주체성을 가질 때 한 인간으로서 하나님 앞에서 자신을 돌아보고 회개할 수 있다. 그렇다면 여성은 자신이 되기를 거부함으로서 자기부정을 하는 것이 아니라, 자신을 받아들이고 주체성을 회복할 때 비로소 진정한 자기부정이 가능하다. 한편, 과거와는 확연히 다른 여성의 사회적 역할로 인해 오늘날에는 관계성 안에서 자율성과 감수성의 발현이 요청된다. 이에 대해 벤델(E. Wendel)은 과거의 여성상이 전통적인 가정생활에서 파트너 관계로 제한되었다면, 현대사회는 여성에게 직업을 통한 자기

실현, 성에 대한 인식의 변화로 보다 총체적이고 풍부한 인간상을 필요로 한다고 진단한다. 지금의 여성은 자율성과 공동체성, 능력 발휘와 감수성 양쪽을 겸비해야 한다는 말이다. 여기에서 자율은 합리주의 혹은 개인주의에서 나오는 자기 결정권이 아니라 '관계의 맥락 속에서의 자기 결정'을 뜻한다. 따라서 개인이 혼자 결정하여 자아실현을 관철하라는 요구는 현실과 부합되지 않을 뿐 만 아니라 불안하게 만드는 요청이다.[34]

그렇다면 과연 현대여성들은 주체성과 자율성을 행사하여 성숙한 신앙으로 나아갈 준비가 되어 있을까? 이 문제에 대해 몰트만은 현 시대에서 성숙한 자율성을 가진 사람들을 찾기가 어렵다고 판단한다. 칸트에 의하면 '계몽'이란 인간의 미숙함에서 벗어나는 일인데, 이것은 의존적이지 않고 독립된 주체로서 책임 있는 결정을 내리는 자세를 말한다. 그러나 여성과 남성 모두 자신들이 자초한 미성숙함 속에 살고 있다. 대표적인 경우로, 20세기 독일은 스스로의 미숙함이 빚어낸 끔찍한 결과들을 경험했다. 성숙한 인간이란 자기 존중의 용기와 열정을 갖고, 이성의 힘을 발휘하여 권위주의적 권력을 의존하거나 도피하지 않고, 스스로 자기 운명을 개척하는 사람이다. 이것이 자율이며 책임지는 삶이다.[35] 몰트만은 사랑의 계명을 실천함에 있어서 자기사랑이 전제되어야 함을 주장한다. 문자적으로 볼 때 '자기'가 없는 사랑은 사랑이 아니다. 왜냐하면 이러한 사랑에는 주체가 없기 때문이다. 자기사랑은 이웃사랑을 위한 원천이다. 참된 자기사랑은 이기주의와 아무 관계도 없다. '이기주의'는 사실상 자기 자신에 대한 불안에 기인한다. 이런 의미에서 자기추구와 자기증오는 같은 것의 양면이다. 즉, 상실된 자기를 찾고자 하지만 자기를 사랑할 수 없는, 현대인의 모순된 실재에 불과하다.[36]

자신을 사랑한다는 것은, 하나님이 모든 부족함에도 불구하고 기꺼이 인간을 받아들이신 것처럼 우리도 자기 자신을 받아들이는 것이다. 우리가 고유한 인간이 되는 것은 성령으로 인한 것이다. "성령 안에서 우리는 우리를 결합시키는 '사랑'과 우리를 고유한 인간으로 만드는 '자유'를 경험한다."[37] 여성으로서 고유한 인간성을 회복하는 것, 그러한 자유로 나아가는 것이 '성화'이다.

은사적 사귐의 공동체, 환대의 공동체

여성이 자신의 고유한 인간성을 회복하고, 사귐의 공동체로 나아가는 길은 오늘날의 성화에 반드시 있어야 할 과정이다. 성령의 현존 안에서 남녀가 함께 하나님의 능력을 발휘하는 교회공동체는 두 가지 방향을 갖게 될 것이다. 첫째는 교회공동체가 은사를 발휘하는 '카리스마적 공동체'로서 다른 사람을 섬기는 것이다. 성령은 모든 육체에 부어져서 공동체를 살리며 섬기고 풍성하게 한다. 이러한 카리스마적 공동체는 다양성 안에 통일성을 구현한다. 각 남자와 여자가 함께 그리스도의 몸을 이루며, 서로를 위해 존재한다. 이 사랑 안에서의 연합과 성령의 사귐을 경험하는 공동체이다. 다양한 꽃이 피어나고, 다양한 은사들로 서로를 치유하며, 병자들이 회복되는 공동체로서 은사적 공동체이다.[38]

둘째는, '환대의 공동체'로서 세상을 치유하는 것이다. 교육목회자이며 조직신학인 레티 러셀(L. Russell)은 하나님과 그리고 이웃과의 동반자(partners) 관계를 맺는 방향을 우리 앞에 제시한다. 이것이 하나님이 인간을 창조하신 의도라는 것이다. 여자와 남자는 하나님의 창조 역사 안에서 동반자로서의 삶을 살도록 의도된 관계적이며 공동체적 존재이다.[39] 러셀은 여성의 시각에서 이 점을 폭넓게 적용시켜 정의와 환대의 공동체를 제안한다. 환대란 하나님의 환영하심을 우리의 행동으로 실천하는 일이다. 이는 세계를 치유하고, 정의를 실현하는 일에 하나님과 함께 참여하는 것이다. 더 나아가 차이를 넘어 연대를 실천하는 것이다.

환대는 성경 메시지의 근본이자 기독교 영성의 핵심이다. 그렇다면 교회가 세상의 불의와 분열을 치유하고, 정의를 실현하는 환대의 영성을 펼치기 위해서 어떤 자세를 가져야 할까? 우선, 낯선 자들을 환영하고 그들과 동역자가 됨으로서 인종이나 계급, 성별의 차이를 뛰어넘어 예수 그리스도 안에서 하나의 공동체를 형성하기 위해 노력해야 한다. 그 다음으로, 이 세상 안에서 교회가 정의와 평화를 위한 도구로 갱신되기를 기도하면서 세상과 교회 내에 존재하는 억압의 구조에 지속적으로 저항해야 한다.

다시금 교회공동체가 거룩한 공동체로 거듭나기 위해서는 이러한 공정한 환대를 실천하는 일이 포함되어야 할 것이다. 이는 우리의 공동체 내에 소외되고 돌봄이 필요한 이들, 차별적 대우로 인한 상처로 아파하는 자들이 상존하기 때문이다. 그들의 상처가 치유되기 위해서는 중심과 주변의 구별, 내부자와 낯선 자의 구별이 희미해져야 한다. 바로 그곳에서 하나님의 새로운 창조가 이루어질 수 있기 때문이다. 이러한 환대의 공동체는 교회가 오늘날 어떠한 거룩함을 추구해야 할지를 잘 보여준다고 평가된다.[40]

지금까지 우리는 어떤 교회가 참되며, 거룩한 공동체인가에 대한 관심과 함께 그 공동체를 세우는 성도들의 성화는 어떻게 이루어져야 하는지에 대해 살펴보았다. 지금도 하나님은 우리들을 그리스도의 장성한 분량으로 성장하도록 초청하신다. 앞에서 성화를 이루는 과정에 대한 각 교파들의 교리적 차원을 존중하면서, 웨슬리의 완전성화 신학을 검토하였다. 여기서 우리는 성화가 개인적인 경건 생활에 귀속될 것이 아니라, 오히려 공동체적 거룩함의 추구여야 함을 분명히 확인하였다. 사랑의 온전함은 마땅히 하나님과 이웃과의 관계적 측면에서 이루어진다. 다시 말해서 관계성을 전제하지 않은, 공동체적인 차원에서 분리된 성화란 불가능한 것이다. 그러므로 오늘날의 교회는 더욱 공동체적인 사귐 가운데서 거룩함을 추구하는 열망을 상실하지 말아야 한다. 거룩한 삶을 추구하는 공동체는 다시금 생명을 거룩하게 하시는 하나님의 뜻에 순종하며, 생명 전체를 향해 눈을 돌려야 한다. 전 지구를 넘어 우주에 이르기까지 온 세상의 생명은 마치 하나의 유기체처럼 연결되어 있기 때문이다. 오늘날의 인류는 전 생명 세계에 대한 생명존중의 감수성을 키우며, 생명 파괴적 현실에 대해 마땅히 죄의식을 가져야 한다. 거룩한 삶이 지닌 치유의 힘을 통해 오늘날의 죄악과 병폐를 이기며, 참다운 본연의 모습을 회복하는 것이 이 시대의 거룩한 공동체에게 맡겨진 사명일 것이다.

오늘날의 교회공동체가 거룩함을 추구할 때 남성과 여성, 부자와 가난한 자, 강한 자와 약한 자, 중심부와 주변부가 갈등과 억압적 관계를 벗어나, 성령 안에서 치유되고 하나가 될 수 있어야 한다. 그렇게 되면 주체성을 회복한 여자와 남자가 함께 교제하며, 자유로이 성령의 은사로 서로를 섬기며, 약한 자들을 돌보는 사랑의 사귐 안에서 우리는 분명 하나님 나라를 경험할 것이다.

하나님 없이, 종교 없이 살아가는 것처럼 보이는 세상에 치유의 힘이 필요하고, 그렇기 때문에 오늘날 거룩한 공동체는 더욱 절실하다. 사랑 안에서 서로를 격려하며, 지지하고 돕는 공동체적 친교는 치유공동체에 있어야 할 핵심이다. 세상 곳곳에서 비록 작지만 빛을 발하는 참된 치유공동체들이 속속 일어나서 생명과 자유를 침해당해 신음하는 생명세계를 살리고, 작은 자들을 환대하는 따뜻한 온기가 널리 퍼지게 되기를 희망한다. 우리는 지치지 않고 함께 이 거룩한 길을 오를 것이다.

사랑하는 자야 함께 가자!

이일레

사랑하는 자야
함께 가자!*

'혼영', '혼술', '혼밥'이란 말이 있다. 무슨 뜻일까? 혼자서 영화를 보는 것을 줄인 말이 '혼영', 혼자 마시는 술을 줄인 말이 '혼술'이다. 그렇다면 '혼밥'이란? 그렇다! 그것은 혼자 먹는 밥을 표현하는 용어이다. 이는 우리 사회에 무엇이든 혼자서 즐기는 1인 가구가 늘고 있다는 것을 의미한다. 현재 통계청은 2045년에 1인 가구가 800만 가구를 넘어설 것으로 예측하고 있다. 머지않은 세상에 이들이 전체 가구의 30%를 초과할 것이라는 말이다. 이뿐만이 아니다. 슬프게도 우리 주변에서 혼자 쓸쓸하게 죽어가는 '아무도 모르는 죽음'인 고독사는 이미 너무나도 익숙한 사회 문제 중 하나가 되었다.

사회 전반에 나타나는 '혼자 살아가기' 현상은 관계 빈곤의 양상을 보여주며 우리 삶의 아픈 단면을 드러낸다. 그렇다면 성경은 우리 사회의 관계 빈곤으로 빚어지는 현상에 대해 어떤 이야기를 해 주고 있을까?

에덴동산의 '돕는 자'(창 2-3장)

하나님은 '독처'를 좋아하지 않으신다. 그래서 태초에 사람을 지으신 하나님은 돕는 배필을 지으셨다(창 2:18). 하나님이 지으신 인간은 '함께하는 삶'을 살아가는 존재이다. 창세기 1-11장은 하나님의 천지창조와 인간창조, 그리고 인간의 타락으로 시작한다. 인간의 타락은 구체적으로 범죄행위·심판·구원의 구조 속에 들어있다. 이는 아담과 하와, 가인과 아벨, 노아 홍수, 바벨탑 사건 등 네 가지 연결된 이야기 속에 설명된다. 특별히 창세기 2장과 3장은 하나님이 원하시는 '함께하는 삶'을 살아야 하는 인간과 관련해서 어떤 이야기를 들려줄까?

우리는 창세기 2장의 인간 창조와 3장의 아담과 하와의 불순종 사건에 특별히 주목할 필요가 있다. 창세기 2장 4-15절에서 하나님은 사람과 세상을 지으시고 선악을 알게 하는 나무에 관하여 설명한다. 그리고 16-17절에서 선악과 먹기를 금하는 명령을 내린다. 2장 18-25절에서 하나님은 '돕는 자' 혹은 '돕는 배필'에 관하여 말씀하신다. 그러나 아담과 하와의 불순종 사건이 발생한다(3장 이후). 여기서 우리는 중요한 현상을 발견한다.

창세기 2장부터 3장까지를 네 부분으로 나눌 경우, 2장 18-25절을 제외하고 '선악과'에 관한 이야기가 마치 교집합처럼 각각 나머지 세 부분에 나타난다. 창세기 2장 16-17절과 3장 1절의 선악과 사건 사이에 들어있는 창세기 2장 18-25절을 우리는 어떻게 설명할 수 있을까? 두 개의 선악과 본문(창 2:16-17; 3:1-24)과 창세기 2장 18-25절 사이에는 어떤 유기적 관계가 있는 것일까? 이 본문의 신학적인 위치는 무엇일까? 텍스트 구성이 독자에게 암시하는 것은 무엇일까?

먼저 창세기 2장 16-17절과 3장 1절의 선악과 사건 사이에 끼어있는 창세기 2장 18-25절을 들여다보자. 창세기 2장 18절은 이렇게 시작한다. "사람이 혼자 사는 것이 좋지 아니하니 내가 그를 위하여 돕는 배필을 지으리라." 하나님은 그분의 창조 사건 후 피조물을 지으실 때마다 그 피조물에 관하여 '하나님이 보시기에 좋았더라'고 말씀하신다. 이 표현은 그 횟수가 일곱 번에 이른다. 일곱 번이나 언급한 것과는 달리(창 1) 사람의 상황에 관해서 하나님은 '사람이 혼자 사는 것이 좋지 아니하니'(창 2:18a)라고 말씀하심으로 그의 의중을 표현한다. 그리고 2장 18b절에서 하나님은 아담을 위하여 '그에게 어울리는 돕는 자'를 짓기로 결정 하신다(창

2:18b). 여기서 '돕는 자' 혹은 '돕는 배필'은 대부분 하나님의 도움을 언급할 때 쓰는 말이다(출 18:4; 신 33:7; 시 33:12; 121:1 등).[1] 그러나 이와는 달리 사람의 도움과 관련하여 나타나는 '돕는 배필'에 관한 언급은 창세기 2장 18절 처음 나타난다. '돕는 자'를 창조하고자 하는 하나님의 뜻은 1장 26절 인간 창조의 내용과 비교 연결된다. 하나님의 창조에 있어 '돕는 자'를 지으심은 사람의 지금의 상태가 아직 온전하지 않다는 것을 의미한다.[2] 이와 관련하여 고든 웬함(G. J. Wenham)은 그의 주석서에서 사람들 사이에 교제의 중요성을 강조한다. 동시에 인간 자신의 힘으로만은 충분하지 않기에 사람에게는 피차 돕는 자가 필요하다고 말한다.[3] 이를 위한 근거로 그는 전치사구 '그에게 어울리는'의 표현을 보완성의 개념으로 이해하며 제시한다.

여기서 정리해 보자면, 2장에서 하나님의 창조 사건 이후, 2장 16-17절에서 선악과 금지 명령의 이야기가 이어지고 2장 18-25절에 다른 한 가지 이야기, 아담을 위하여 '그에게 어울리는 돕는 자'를 지으신 이야기가 들어 있다. 선악과와 관련된 아담과 하와의 불순종 사건은 사실상 3장 1절 이후에 나타나고 있다. 이처럼 창세기 2장 18-25절의 '돕는 자'를 창조하는 하나님의 사역이, 두 개의 선악과 본문(창 2:16-17; 3:1-24) 사이에 위치함으로 불순종하는 인간의 죄와 인간의 '돕는 자'의 기능이 서로 밀접한 관계가 있음을 나타낸다. 다시 말하면 세 개의 본문들이 구성하고 있는 특별한 구조를 통해서 두 가지 신학적 주제가 유기적으로 연결되어 있는 것이다.

한편, 창세기 3장 1절은 "뱀은 여호와 하나님이 지으신 들짐승 중에 가장 간교하니라"로 시작한다.[4] 히브리어 본문은 전치사를 사용하여 최상급(혹은 비교급) 문장으로 표현하고 있다. '가장' 간 교한 뱀은 여자가 하나님의 명령에 불순종하도록 유혹한다. 이 장면에서 주연은 뱀과 여자이다. 아담은 보이지 않는다. 하나님의 명령을 어기는 상황에 이르기까지 여자와 아담 간의 대화를 우리는 전혀 들을 수가 없다. 창세기 2-3장에서 에덴의 주인공들은 '관찰의 대상'으로서 뱀의 유혹에 대해 주체가 되지 못하고 있는 실정이다. 특별히 아담과 하와의 소극적인 사회적 관계가 엿보인다. 하나님은 아담에게 '그에게 어울리는 돕는 자'로 여자를 창조하셨다. 아담에게 여자가 '그에게 어울리는 돕는 자'인 것처럼(창 2:18), 뱀의 유혹 앞에 서 있는 여자에게 아담은 '여자에게 어울리는 돕는 자'를 의미한다. 그러나 뱀의 유혹 앞에 '여자에게 어울리는 여자를 돕는 자'인 아담은 하나님의 지으신 목적으로써의 '돕는 자'의 역할을 발휘하지 못하고 있다. 뱀의 유혹 앞에 여자와 남자의 '에제르 케네그도'의 순기능이 상실되고 있다. 유혹과 불순종의 사건 앞에 그들은 '돕는 자'의 역할을, 다시 말하면 아담과 하와의 사회적 관계는 뱀의 유혹으로부터 서로를 지켜주는 일을 해야만 한다. '돕는 자'의 기능은 남자와 여자의 사회적 관계의 순기능을 뜻하며, 에덴동산의 위기에서 서로를 도와 그 상황으로부터 헤쳐 나올 수 있도록 소임을 다해야 하기 때문이다.

우리는 창세기 2-3장의 편집 구조 분석을 통해서 낙원의 상실과 '돕는 자'라는 중요한 신학적 주제가 서로에게 영향을 주고 있다는 점을 발견하였다. 인간의 '돕는 자'의 역할 상실은 하나님의 창조 목적과 부적합하게 작동되고 있다. 창세기 2-3장에 나타나는 '에제르 케네그도'의 기능은 뱀의 유혹이라는 위기의 상황에서 전혀 발휘되지 못하고 있다. 위기가 닥쳤을 때 아담과 하와의 사회적 관계의 특징으로 작동되어야 할 '에제르 케네그도'의 기능 상실은 치명적 결과를 가져온다. 창세기 2장에서 아담과 하와에게 부여된 아름다운 동산 에덴은 '돕는 자'로서의 역할 부재로 인해 3장 이후 불순종과 범죄로 이어지며, 그들의 죄 때문에 그곳은 낙원의 풍요를 잃고(창 4:12), 유혹과 불순종, 그리고 형제 살인의 깊은 상흔이 배어있는 어두운 동산(창 2-4장)으로 바뀐다.

사라의 침묵(창 12장)

우리는 아브라함을 '믿음의 조상'이라고 노래한다. 믿음의 조상 아브라함은 어떤 인물일까? 그는 어떤 삶을 살았을까? 그의 삶이 우리에게 어떤 이야기를 건넬까? 아브라함 이야기는 창세기 11장

27절에서부터 시작된다. 그리고 구체적인 사건은 12장에서 아브라함을 향한 하나님의 부르심으로 전개된다. 창세기 12장 1절에서 하나님은 아브라함에게 고향과 친척과 아버지의 집을 떠나 하나님께서 그에게 보여 줄 땅으로 "가라"고 요구한다. 이 요구는 아브라함과 사라의 삶을 포괄한다. 우리는 창세기에서 3인칭 남성 단수의 형태로 이루어진 "가라"라는 명령문의 독특한 언어 조합을 두 번에 걸쳐 들을 수 있다. 즉, 창세기 12장 1절과 창세기 22장 2절에서 하나님은 아브라함에게 각각 "가라"라는 명령어로 두 번 말씀하신다. 이와 관련하여 부팅(K. Butting)은 아브라함이 창세기 12장 1절 이후에서 하나님으로부터 '과거'로부터 자신을 분리시켜 그곳에서 '떠남'을 요청받는다고 지적한다. 동시에, 그는 창세기 22장 2절 이후에서 '미래'로부터도 역시 '떠남'을 요청받는다고 이해한다.[5]

창세기 12장 1절에서 하나님은 아브라함에게 본토 아비 집을 떠나 지시할 땅으로 "가라"고 명령하시고, 창세기 22장 2절에서 하나님은 아브라함에게 그의 아들 이삭을 취해서 "가라"고 요구하고 있다. 창세기 12장에서 하나님은 아브라함에게 그의 과거로부터 떠날 것을 요구한다(12:1). 본토와 아비 집을 떠난다는 것은 선조들의 세계로부터 분리되는 것을 의미한다. 그리고 두 번째로 창세기 22장에서 하나님은 그의 안정된 미래가 될 수 있는 세계, 그의 자손과 후손들의 세계로부터 분리될 것을 요청한다(22:2).[6]

물론 본 논문의 관심은 창세기 12장의 아브라함을 부르신 사건에 제한한다. 아브라함에게 나타나신 하나님은 "나는 너를 갈대아 우르에서 인도하여 낸 자"(15:7)이다. 하나님의 부르심에 응답한 아브라함의 출발과 떠남은 하나님이 지시할 땅으로 입성을 의미하며, 과거의 삶으로부터의 해방을 말한다. 이는 앞에서 언급한 것처럼 사라의 삶까지 포함한다. 왜냐하면 창세기 12장 5절에서 "아브람이 그의 아내 사래와 조카 롯과 하란에서 모은 모든 소유와 얻은 사람들을 이끌고 가나안 땅으로 가려고 떠나서 마침내 가나안 땅에 들어갔더라"고 언급하고 있기 때문이다.

그러나 창세기 12장 1-9절 아브라함의 부르심 이후, 10절부터 아브라함과 사라에게 치명적인 위기가 닥친다. 특별히 사라에게 큰 위기의 상황이다. 본문에 나타나는 '부름 이후의 아브라함과 사라의 삶'을 분석하여 이들의 사회적 관계를 조명해 보자. 창세기 12장에서 아브라함은 기근을 피하기 위해 이집트로 내려간다. 10-13절에서 아브라함은 사라에게 그 땅에서 만나게 될 위험에 관해 이야기하면서 자신의 목숨을 건질 방안을 제시한다(13절). 이 이야기의 전말은 아브라함의 예견이 얼마나 정확한 것이었는지를 생생히 기술해 준다.

사라의 위기에 관한 이야기의 중심에 이집트의 사회적 규범과 조직 그리고 제도가 표현되어 있다. 이집트는 권력을 가진 자의 힘이 지배하는 땅으로 묘사되고 있다(12:12). 그곳은 아름다운 여자에 대하여 주저함 없이 소유권을 요구할 수 있는 땅이다(12:15). 그러나 이런 무질서의 파괴적인 폭력이 이집트에서 권력을 가진 파라오에게서만 관찰되는 것은 아니다. 우리는 아브라함에게서 이 점을 어렵지 않게 읽어 낼 수 있다. 그는 자신의 약함을 자신의 아내 사라를 이용함으로 해결한다. 그는 사라를 내어줌으로 자신의 목숨을 보호한다.[7] 여기서 우리는 아브라함의 배신에 낙담하게 된다.[8]

11절에 나타나는 아브라함과 사라의 대화의 정황을 보자. 남편 아브라함이 사라에게 일방적으로 지시하는 듯한 장면이다. 그런데 아내 사라는 이에 관하여 침묵으로 일관하고 있지 않은가?[9] 사라는 왜 침묵했을까? 가뭄으로 인한 굶주림을 해결하기 위해 내려간 이집트에는 또 다른 형태의 위협이 기다리고 있었다. 아브라함의 목숨이 위태로워졌다. 그렇다면 아브라함의 굶주림 해결 방법은 자기 아내를 팔아 얻어진 것 아닌가? 사라는 여기서 어떤 목적을 달성하려고 침묵하는가? 그녀는 자신에게 닥친 고난을 풀어 낼 방법이 없었을까? 일방적인 남편의 지시에 침묵으로 일관하는 그녀의 모습은 아브라함의 실패이자 동시에 사라의 실패이다. 권력을 가진 자의 힘이 지배하는 땅에서(12:12) 아름다운 여성에 대해 망설이지 않고 소유권을 요구하는 파라오(12:15)에게 자신의 아내를 저항 없이 내어주고 이용함으로써 또 다른 형태의 파괴적인 폭력을 행사하고 있는 아브라함, 그는 자신의 아내를 지킬 수

없었다. 권력의 무질서에 편승하는 남편에게 저항하지 않은 사라 또한 자신을 지키지 못한 것이다.[10]

히브리 산파들의 동행의 노래(출 1장)

흑인 노예제도(Neger-Sklaverei)와 홀로코스트(Holocoust)와 같은 폭력으로 뒤엉킨 역사의 현장에서 여성은 어떻게 저항하며 끝내 살아남을 수 있었을까? 출애굽기는 폭력에 노출되어있는 고난 당하는 히브리 산파들의 삶을 서장으로 시작한다(출 1:15-22).[11] 이집트 파라오가 히브리 산파들에게 자행한 폭력은 남자아이를 살해하라는 살인 명령이다.[12] 파라오의 살인 명령 앞에서 인간은 자칫 자신들의 의식을 기형화시켜 사회적 구조에 복종하고, 이를 통해 자기를 보존하지만 이는 재앙이 될 수 있다. 흑인 노예제도의 현장에서도 홀로코스트의 비극적인 자리에서도 정의를 위한 저항의 당위성을 상실하고, 자기 보존 논리의 맹목성으로 사람들은 살인과 폭력을 자행하지 않았는가?[13] 그리고 지금도 이러한 비극은 계속되고 있다. 그렇다면 사회 권력 구조 속에서 작동되는 지배원리와 형식에 저항할 수 있는 자들은 누구일까? 개인의 강박적 정체성과 이들 배후를 조절하는 폭력적 근본 구조에 항거할 수 있는 요인은 무엇일까?

출애굽기 서장은 이스라엘 민족의 태동을 주제로 다루고 있다. 우리는 이스라엘 민족의 태동과 역사의 서장 중심에서 폭력에 노출되어있는 고난 당하는 히브리 산파들의 삶을 만날 수 있다(출 1:15-22). 이집트 파라오는 출산을 돕는 히브리 산파들에게 폭력을 행사한다. 히브리 산파들에게 가해진 폭력은 살인 명령이다. 여기에서 '출산'과 '죽음'이란 단어의 극명한 대조는 파라오의 폭력이 얼마나 잔인한가를 보여줄 뿐만 아니라 히브리 산파들의 고통의 크기를 암시한다. 출애굽기 1장에서 히브리 산파들은 파라오의 살인 명령에 저항한다. 이들에게 본능적으로 일어나는 자기 보존 욕구와 악에 대한 저항의 당위성 사이에 작동하는 갈등의 시간들은 존재하지 않았던 것일까? 저항의 과정이 히브리 산파에게 의미하는 것은 무엇일까? 이집트 파라오의 명령을 어기는 자신들의 운명에 대해 히브리 산파들은 어떤 생각을 가졌을까?

파라오의 잔인한 폭력 앞에 히브리 산파들은 왕의 명령을 거역할 뿐 아니라 그의 비인간적인 행위에 저항한다. 그녀들이 저항할 수 있었던 힘은 어떻게 가능했을까? 16-17절에서 파라오의 명령과 그 명령의 불복종 사이에서 우리는 어떤 맥락을 읽을 수 있을까? 16-17절은 설정된 인물인 파라오와 산파들이 그들의 행위를 통해서 대조를 이루는 상황을 강렬하게 그리고 있다. 출애굽기 저자는 파라오를 죽음의 폭력을 행하는 자로, 히브리 산파들을 생명을 다루는 자로 서로 상치시킴으로서 독자에게 긴장감을 조성한다.

출애굽기 1장은 산파들의 저항하는 힘을 '하나님 경외'로 보고 한다(출 1:17,21). 17절은 '산파들은 하나님을 두려워하여'라는 문장으로 시작한다. 15-20절은 하나님의 이름 '엘로힘'과 '하나님 경외'(출 1:17,21)를 주제로 다루고 있다. 저자는 특히 이스라엘의 억압받는 삶을 묘사하면서 이를 더욱 강조하고 있다. '산파들의 하나님 경외 사상과 이를 축복해 주시는 하나님'이 본문의 전형적인 신학 사상이다.[14] 히브리 산파들은 파라오에 대한 두려움을 '하나님 대한 두려움'으로 대치시킨다. 두 여인은 고난을 통찰함으로서 파라오에 대한 두려움에서(시 34:4) 하나님을 두려워함에로 나아간다(출 1:17). 출애굽기 1장 15-22절, 살인 명령과 명령 불복종으로 인한 죽음의 공포 앞에서 히브리 산파들은 이스라엘 민족의 생명을 지키기 위해 필사적이다.[15] 동시에 그녀들은 자신의 생명을 지키기 위해 필사적이다. 파라오의 심문에 히브리 산파들은 "히브리 여인은 애굽 여인과 같지 아니하고 건장하여 산파가 그들에게 이르기 전에 해산하였더이다"라고 대답한다(출 1:19). 이집트의 파라오 앞으로 소환되어 심문당하는 산파들은 왕에 대한 두려움에서 하나님 경외에로의 해방을 경험한 자들이라고 볼 수 있다.

파라오의 살인 명령과 명령 불복종 사이 발생한 고난의 시간을 시편의 언어를 빌어 히브리 민족의 고통을 탄원할 수 있었던 산파들은 '하나님 경외'라는 출구를 찾을 수 있었다. 그들의 '하나님

대한 두려움'은 사건을 시간적, 공간적으로 확장시킨다. 산파들의 하나님 두려움은 '아이를 살린지라'라는 문장이 표현하는 것처럼 파라오의 살인 명령과 상치되며 '살림'을 성취한다. 히브리 산파들은 '하나님 대한 경외'를 통해서 스스로 사람을 살리는 주역이 되는 경험을 갖게 된다. 15-22절에서 파라오의 계획 실패와 나란히 산파들의 행위에 관한 보상이 동일한 주제로 표현되고 있다. 여기서 히브리 산파들은 실존적 생존의 위협과 두려움에서 이스라엘 민족 태동의 주역으로, 그리고 하나님 축복의 대상으로 나아간다(출 1:21). 더 나아가 히브리 산파인, 십브라와 부아의 저항의 힘인 '하나님 경외' 사상은 이스라엘 민족 형성의 출발점에서 신학적 중심 사상으로 자리매김하고 있다.

히브리 산파들은 '하나님 경외'의 힘을 역사 속에서 작용하는 능력으로 입증한다. 산파들의 아이를 살리는 행위를 통해서 이스라엘 백성은 생육하고 번성하며 심히 강대하여진다(출 1:20). 이것은 곧 파라오 계획의 실패를 말해 준다. '생명을 죽이는 자'의 실패와 대조적으로 하나님은 '생명을 살리는 자', 산파들을 이스라엘 민족의 생육과 번성과 강대해짐의 주인공으로 세울 뿐 아니라 파라오로부터 보호하셨다. 그리고 하나님은 그 여인들의 집을 왕성케 하셨다(출 1:21). 구조적인 악 앞에서 본능적으로 일어나는 자기 보존 욕구와 악에 대한 저항의 당위성 사이에 작동하는 갈등의 자리에서 '하나님 경외'는 폭력의 역사를 종결시키는 중요한 혁명적 역량으로 작동한다. 그뿐만 아니다. 산파들의 '하나님 경외'는 파라오의 확대된 살인 명령에 노출되는 '모든' 백성에게 규범적 길을 제시한다(출 1:22). 여기서 산파들에 의해서 촉진된 저항운동이 이집트 파라오의 폭력을 종결시킬 수 있는 경험적 패러다임으로 자리매김하고 있다.

여호와를 경외하는 자들의 노래(시 34편)

히브리어 알파벳 순서에 따라 쓰인 시편 34편은 감사 시편으로, 전체 구조를 크게 두 단락으로 나눌 수 있다. 첫 번째 단락(1-10절)에서 시인은 자신의 삶을 이야기하며, 동시에 시인은 자신의 삶의 현장으로 청중을 초대한다. 두 번째 단락(11-22절)에서 시인은 교훈적인 이야기를 청중을 향하여 객관적으로 진술한다.

여호와를 경외하는 자들의 찬양
먼저 첫 번째 단락(1-10절)의 이야기를 중심인물과 사건을 통해서 분석해보자. 첫 번째 단락의 문학적 특징으로 나타나는 것은 시인이 공동체와 대화 하는 장면이다. 1-2절에서 시인은 하나님을 찬양한다. 시인은 1절을 '송축하리라'로 시작한다. 여기서 '코호타티브' 라는 1인칭 의지를 나타내는 특별한 형식을 사용함으로 그의 찬양에 대한 결연한 의지를 표현하고 있다. 2절에 나타나는 시제는 미완료가 지배적이다. 시인은 미완료 시제를 통하여 그의 찬양을 곤고한 자들이 듣고 기뻐할 것을 소망한다. 그의 관심이 그 찬양을 듣는 청중, 즉 곤고한 자들에게 집중되어 있다.

이 단락(1-10절)의 도입 부분에서 우리는 어떤 정황을 읽어낼 수 있을까? 시인과 그의 청중, 곤고한 자들에게 무슨 일이 벌어진 것일까? 우리는 첫 번째 단락에 나타나는 특징적 현상으로 다양한 인칭 변화와 인물들을 관찰할 수 있다: '나'와 '곤고한 자들'(2-4절), '우리'(3절), '그들'(5절), '이 곤고한 자'(6절), '주를 경외하는 자'(7절). 이들 사이에는 어떤 유기적 관계가 있을까? '곤고한 자'는 시편 34편 2절과 6절에서 동시에 나타난다. 2절에서 '곤고한 자'는 복수 형태로 나타나며, 시인의 관심이 집중돼있는 곤고한 자들은 시인의 여호와 자랑의 청중이다. 쨍어(E. Zenger)는 곤고한 자들을 그의 주석서에서 가난한 자들로 이해한다.[16] 히브리어 '아나브' 또는 '아니'는 일반적으로 가난한 자를 나타내지만(레 25:35-38; 신 23:21f; 신 24:6,10-13,17; 겔 18:7; 암 2:8; 욥 29:12-17)[17] 동시에 '고난당하는 자', 실존적 상실 속에 있는 자들을 표현할 때 사용된다(욥 30:16,27).

한편 시인은 3절에서 '나'는 여호와의 광대하심을 노래하고 그의 이름을 높이는 행위에 '우리'를 초대한다. 그는 3절에서 명령형 복수형을 사용하여 '불특정 다수'를 찬양의 장으로 안내하며 강조한다. 또 시인은 3절에서 복수 형태의 1인칭 의지를 표현하는 형식을 사용한다. 그렇다면 여기에서 설정된 '인물들'은 누구일까? 이와 같은 문학적 형식의 변화를 통해서 시인은 독자에게 무엇을 암시하고자 하는 것일까? 1-2절에서 '불특정 다수'를 나타내는 형식과 동시에 서로 다른 인칭의 변화를 특징적으로 드러냄으로서, 시인은 여호와의 광대하심을 노래하고 그의 이름을 높이는 일이 공동체로 확장되고 있음을 시사한다. 2절에서 시인의 청중으로 등장하는 '곤고한 자들'은 3절에서 불특정 다수로 나타나는 '우리'와 동일시될 수 있는가에 대한 문제는 피할 수 없다. 그럼에도 확실한 사실은 3절에서 시인과 불특정 다수, '우리'의 여호와를 찬양하는 목적은 2절의 곤고한 자들을 향하고 있다는 점이다.

4절에서 시인은 구체적으로 그의 찬양의 이유를 서술한다. 4절에서 '나'는, '나' 자신의 하나님을 향한 간구, 간구에 대한 하나님의 '나'에게로의 응답, 그리고 두려움으로부터 해방을 찬양의 근거로 제시한다. 시인은 완료형태의 동사로 자신의 고난과 하나님의 구원을 표현하고 있다. 두려움의 현장 속에서 그가 선택한 것은 여호와를 향한 간구였다. 그것은 탄원의 언어였다. 그는 자신의 경험을 근거로 '우리'를 향하여 교훈을 설파한다.

여호와를 경외하는 자들의 고난

5절에서 시인은 완료형태의 동사로 '그들'의 고난과 하나님의 구원을 말하고 있다. 그들은 주를 앙망하였고 그리고 광채를 냈다. 그러므로 장래에 그들은 부끄러움을 당하지 않을 것이다. 두 번의 완료 형태의 동사와 한 번의 미완료 형태의 동사는 원인과 결과의 구조를 형성한다. 그들이 주를 앙망하고 광채를 내었기 때문에 앞으로 그들은 부끄러움을 당하지 않을 것이다. 그렇다면 5절의 '그들'은 누구일까? 시편 전반부의 문법적 내용 분석을 통해서 복수 형태로 나타나는 2절의 '곤고한 자들', 동시에 3절에서 복수형의 불특정 다수 '우리'를 5절의 '그들'과 어떻게 관련지을 수 있을까?

6절에서 사용되고 있는 시제는 전체가 완료형 시제이다. 6절에서 곤고한 자를 일컫는 명사 앞에 지시 형용사를 위치시켜, 시인은 그와 그가 속한 공동체의 관심의 중심에 '이 곤고한 자'가 있음을 시사한다. 그렇다면 '이 곤고한 자'는 누구일까(6절)? 5절에서 시인은 '그들'의 하나님 앙망과 그 신앙으로 인한 장래 일에 대한 보장을 확신하며 교훈을 전한 후, 6절에서 자신을 '이 곤고한 자'로 설정하고 자신의 구원 경험을 증언한다.

이제 첫 번째 단락에 나타나는 등장인물들의 변화와 그들의 역할을 정리해 보자. 1절을 하나님 찬양으로 시작한 시인은 그의 청중, 실존적 상실 속에 있는 '곤고한 자들' 앞에 곤고한 자인 시인 자신을 구원하신 하나님 경험을 노래한다. 시편 34편의 전반부는 곤고한 자들의 고난과 관련하여, 특별히 4-7절에서 시인은 하나님의 구원을 찬양한다.[18] 곤고한 자로서의 그 자신의 경험과 고난 가운데 여호와께 부르짖은 자신의 간구를 들으시고 모든 환난에서 구원하신 하나님 경험을 2절에 나타나는 곤고한 자들이 수용하기를 촉구하고 있다. 이들은 3절에 나타나는 '우리'와 5절에 표현된 '그들'과 같은 범주에 있는 사람들이라고 볼 수 있다.

7절은 '여호와의 천사가 주를 경외하는 자들을 둘러 진 치고 그들을 건지시는' 일반적이고 보편적인 사실을 전하고 있다. 여기에서 '여호와 경외'가 새로운 테마로 나타난다. 7절에 나타나는 '여호와 경외'는 시편 전체의 핵심 주제를 중심으로 앞뒤 두 단락의 신학적 주제인 '여호와 경외'로 연결되고 있다. 7-8절에서 시인은 여호와를 경외하는 자가 누리는 은혜에 대해 설명한다.

이와 달리 8절은 명령형으로 구성되어 앞 단락과의 차별성을 보인다. 8절에서 이제 시인의 경험은 그를 두려움에서 구원하신 하나님 경험에만 머물지 않는다. 두려움의 현장에서 구원을 베푸신 하나님은 더 나아가 그를 의지한 시인의 믿음의 행위에, 하나님을 선택한 시인의 행위에 '복'을 주시는 분으로 하나님 이해의 폭이 확장된다. 이는 하나님의 선하심에 대한 경험이다(시 106:2; 107:2; 118:2). 이같이 시인은 두 개의 명령형 동사를 통해서 그의 청중, 곤고한 자들을 자신의 경험 현장으로 초대한다.

8절에 이어 9절 이후 시인은 한층 고조된 언어로 이야기를 시작한다. 그리고 그의 청중은 '성도'들로 새롭게 규정되고 있다. 9-10절에서 시인은 '여호와 경외'를 성도들을 향하여 촉구하고 있다.

여호와를 경외하는 자는 부족함이 없다. 그리고 최종적으로 10절에서 시인은 젊은 사자의 굶주림과 극명하게 대조되는 성도들의 부족함 없는 삶으로 첫 번째 단락을 마무리한다.

여호와를 경외하는 자들의 삶
두 번째 단락(11-22절)의 시작은 '자녀들'에게로 향한다. 시편 34편 전체의 중요한 주제, '여호와 경외'와 관련하여 시인은 11절에서부터 구체적으로 여호와를 경외하는 법을 소개한다. 한편 11절 이후부터 시인은 '여호와 경외'를 '의인의 삶'으로 규정한다. 의인은 '생명을 기뻐하는 자'이다(12절). 시편 34편의 시인은 여호와를 경외하는 자에게 악을 버리고 거짓을 금하며 선을 행할 것을 요청한다(13-14a절). 그런데 여호와를 경외하는 '의인의 삶'은 고난과 유기적 관계를 형성한다. 여기서 말하는 의인은 고난과 깊은 관련을 가진다. 17절에서 의인의 부르짖음을 들으시는 여호와와 그들을 모든 환난에서 건지시는 여호와의 일하심을 찬양하는 시인은 18절에서부터 고난 중에 있는 자를 구체적으로 돌보시는 하나님의 일하심을 열거하면서 찬양한다. 17절은 6절과 문장이 동일하다. 이것으로 시인은 자신을 의인으로 동일시한다. 첫 번째 단락(1-10절)에서 곤고한 시인은 자신의 탄원과 구원의 하나님 경험을 노래한다(6절). 두 번째 단락(11-22절)에서 시인은 의인들과 함께 구원의 하나님을 노래한다(17절).

여호와는 마음이 깨어진 자를 가까이하시고 영이 상한 자를 위해 구원을 선포하신다(18절). 18절에서 의인은 단순히 삶이 역동성으로 충만하다고 말하지 않는다. 의인의 삶은 많은 아픔을 수반하는 고난의 삶이다(19-20절). 고난과 두려움과 회의 앞에서 선을 선택하는 일은 결단코 쉽지 않다. 그럼에도 시인은 고난 가운데 지키시며, 인간의 신체의 기본적인 구조로서 존재 자체를 가능하게 하는 '모든 뼈'를 보호하시는 하나님을 노래한다. 그러나 악인은 악으로 인하여 멸망한다. 22절에서 시인은 관심은 '여호와의 종들'에게로 전환된다. 여호와를 경외하는 삶을 지켜온 의인의 삶에 비추어 시인은 공동체를 향해 '여호와 경외의 삶'을 교훈하며 촉구하고 있다.

술람미와 그 연인의 이야기(아 2장)

아가서 2장의 '연인들의 이야기'는 파괴된 불안한 사회의 구조 속에서 고난받는 자와, 그리고 그와 연대감을 갖고 해방을 도모하는 자의 아름다운 행보이다. 이들이 설정해가는 공동체 의식은 우리에게 낙원, 에덴동산(창 2장)으로 귀환이 가능해 보이는 길을 제시하고 있다. 그러므로 아가서 2장은 전체 본문 해석의 중요한 열쇠가 될 수 있다.[19]

아가서 2장의 정원은 여인에 대한 비유일 뿐만 아니라 사회로부터 단절된 참담한 상황에 있는 여인을 발견하는 장소를 의미한다. 아가서에서 중요한 주제인 '정원'의 모티브는(아 2:8이후) 창세기의 '에덴동산'과 유비된다. 창세기 2장에서 아담과 하와에게 부여된 아름다운 동산 에덴은 3장 이후 그들의 범죄의 결과로 파라다이스가 더 이상 아니다. 한편 아가서 2장 8절 이후의 '정원'은 고난받는 여인의 처소이며, 한 여인의 삶을 속박하고 있는 겨울 동산(아 2장)으로 이해된다. 그러므로 창세기 3장의 에덴동산과 아가서 2장의 '정원' 간의 유추는 '문 잠긴 패쇄적인 동산'인 것이다.[20] 그러나 아가서 2장과 달리 4장에서는 전혀 다른 이미지의 동산이 그려진다. 4장 16절에서 '동산'은 열매를 평화롭게 즐길 수 있는 '열린 동산'으로 표현 된다. 그렇다면 아가서 2장과 4장 사이에서 연인들에게 어떤 사건이 벌어진 것일까?

18세기 이후 아가서에 대한 알레고리적 해석이 그 설득력을 상실했음에도 불구하고, 그 선행연구를 종합해 보면 그 그늘 아래 연구가 주로 진행이 되어 왔음을 부인할 수 없다. 한편, 알레고리적 해석과 완전한 작별을 선언한 연구방법은 아가서를 에로티시즘의 교향곡으로 보는데 집중한다.[21] 이 기존 연구는 성에 대한 자유로운 배경을 강조한다. 이러한 접근은 전통적인 해석과 다른 노선을 주장하지만, 아가서에 나타나는 남녀 간의 사랑을 '에덴으로의 회복'으로 본다는 점에서 여전히 알레고리적인 영향 아래 있음을 부정할 수 없다. 아가서 2장에 설정돼있는 정황은 매우 인상적인 모티브를 담고 있다(2:8-17).[22] 이 모티브가 암시하는 것처럼 우리는 본문의 장르를 낭만적인 사랑의 노래로 볼 수 있는 것일까? 만약 우리가 아가서 2장의 이야기를 한 청년이 아름다운 자연에서 자유로운 사랑을 위해 젊은 여인을 초청하는 정황으로 이해한다면 아가서의 신학적 깊이를 간과하는 것이다.[23] 지금까지의 연구사는 아가서를 '사랑의 노래'로 진단하면서 '정경 안에 속한 노래인가?', '에로틱한 사랑의 개별적인 노래인가?'의 양자택일의 기로에서 서로 소통하지 못한 채 팽팽한 대치를 이루고 있다. 여기서 집필자는 거시적 관점에서 아가서 구조와 주제를 결정하는 장치가 '사랑의 노래'라는 점에 관심을 기울인다. 반면, 아가서를 에로틱한 사랑의 개별적인 노래로 보면서 '성문제'에 대해 경직되고 굳어버린 이스라엘의 분위기에 저항하는 요소가 본래적인 배경이라고 보는 관점에 대해서는 회의적이다. 따라서 이 연구의 목적은 본문의 원래적 역사적 의미를 찾으려는 데 국한된 선행연구들의 한계를 극복하고 새로운 가능성을 탐구하는데 있다.

함께하는 연인들의 삶

아가서 2장에 설정된 연인들의 관계는 '불러냄'의 관계이다.[24] 2장 8-17절에 '창살 틈으로 엿보고 있는 자'와 이를 지켜보고 있는 여자의 장면이 펼쳐진다. 본문에서 '창살 틈으로 엿보고 있는 자'인한 청년이 여자를 불러내고 있다(2:8-9). 여자는 남자의 목소리를 들을 수 있다. 그는 여자 가까이에 있다. 그러나 그는 여자를 볼 수 없고 그녀와 만날 수 없다.[25] 두 연인들 사이에는 '우리 벽'과 '창살'이 가로 놓여 있기 때문이다. 이와 같은 본문의 내용은 다양한 정황의 가능성을 말해 준다.[26]

차일즈(B. S. Childs)는 아가서의 저자가 히브리 가족의 가부장적 질서를 그 당시 사회 질서의 한 부분으로 소개하며 그 안에 담겨있는 내부적인 비밀을 풀고 있다고 지적한다.[27] 이처럼 차일즈는 알레고리적 해석과 축자적 해석을 넘어서고 있다. 동시에 아가서는 부부 혹은 연인이 된 남녀의 사랑에 대한, 즐겁고 비밀스러운 본성에 관한 지혜의 반영이라고 이해하기도 한다.

두 연인 사이에 '벽'과 '창살'이 가로 놓여 있는 상황을 우리는 어떻게 해석할 수 있을까? 2장 10절에서 '창살 틈으로 엿보고 있는 자'는 여인을 동산으로 초대한다. 10절에서 남자의 말을 인용하고 있는 여자의 표현 방식이 눈에 띤다. 여기서 '창살 틈으로 엿보고 있는 자'는 '일어나라'와 '가자'의 두 가지 명령문으로 여자를 불러내고 있다.[28] 긴장감이 감돌고 있다. '일어나라'와 '가자'의 두 명령문은 대부분 성경의 다른 부분에서도 연합하여 나타나며 (삼하 13:15; 왕상 14:12; 왕하 8:2; 미 2:10), 그것은 기존의 상황과 환경과 운명으로부터 '절대적 단절'을 말해 준다.[29] 우리는 '창살 틈으로 엿보고 있는 자'의 모습을 통해 젊은 여인들이 자유하지 못한, 당시의 폐쇄적인 사회적 배경을 유추할 수 있다. 2장 10절의 명령문, "일어나서 함께 가자"는 동일하게 13절에서도 나타난다. '창살 틈으로 엿보고 있는 자'의 거듭되는 불러냄이다. 그리고 여인은 3장 2절에서 1인칭의 결연한 의지를 나타내는 '코호타티브' 형식으로 '창살 틈으로 엿보고 있는 자'에게 "내가 일어나리라"라는 표현으로 응대하고 있다(비교. 아 5:5).

아가서는 현실과 이상 사이에 차이가 존재하는 연인들의 삶의 구조를 보여주고 있다. 연인들은 서로를 볼 수 있고 들을 수 있으며, 강탈과 착취가 없이 서로의 사랑을 경험할 수 있는 동산을 소망한다. 여기서 우리는 아가서 2장의 청년은 실제로 '불러냄'을 통해서 실존적 위협 속에 있는 여인의 해방을 도모하고 있다는 사실을 발견한다. 이와 같은 정황 속에서 아가서의 연인들은 하나님이 그들에게 보여주기 원하는 동산을 회복시켜 나아간다.

앞에서도 언급했듯이, 10절에서 남자의 말을 인용하고 있는 여자의 표현 방식에 주목하자. 청년의 불러냄의 행위를 '인용'하는 그녀의 언급에서 우리는 한 가지 중요한 사실을 알아챌 수 있다. 키일(O. Keel)이 밝히고 있는 것처럼 청년의 초대에 여자는 그들의 동행의 장소에 대해 묻는다.[30] 그리고 아가서 2장 10절의 여인의 간접적인 질문은 17절에서 '아름다운 동산'에 관한 묘사로 응답되고 있다. 이들의 이야기에서 우리는 아가서 전승을 새롭게 들을 수 있다. 연인들의 사랑은 그들의 '현실과 현재'로서 축제가 된다. 아가서의 연인들은 자유와 평화의 길의 선구자가 되고 있다. 2장 10절의 연인의 외침 '일어나라'와 '가자'(2:10)로 제시되는 테마, 술람미 연인의 불러냄은 아가서 3장에서 술람미의 장엄한 탈출을 통해 그녀의 비전으로 변화되고 있다.

우리는 아가서 2장의 '불러냄'의 관계(아 2:10)와 앞에서 언급한 창세기 2장의 '에제르 케네그도'의 관계(창 2:18)를 재해석하고, 에덴의 회복과 상실에 작용하는 매개체인 '불러냄'과 '에제르 케네그도'가 제시하는 사회적 관계성을 진단했다. 창세기에서 아담과 하와의 사회적 관계 속에 발휘해야 하는 중요한 '에제르 케네그도' 기능은 뱀의 유혹이라는 고난의 상황 속에 그 역할을 발휘하지 못했다. 이로 인해 아담과 하와의 공동체는 그들의 낙원을 상실하게 된다. 그러나 아가서 2장에서 술람미와 그의 연인의 공동체는 이와 비교된다. 아가서 2장에서 술람미의 연인은 그녀를 자유롭지 못한 폐쇄적인 사회적 상황으로부터 불러내고 있다. 그리고 그의 불러냄과 여인의 결연한 의지는 서로 조화를 이루며 그들의 정원의 회복을 암시한다. 아가서 2장의 겨울 정원은 연인들의 '열린 동산'의 비전으로 나아간다.

술람미의 탐화(探花)

아가서 2장에서 청년은 여인을 '불러냄'으로 실제로 실존적 위협 속에 있는 여인의 해방을 도모한다. 아가서 2장의 겨울 정원은 4

장에서 '열린 동산'으로 변화되고, 4장에서 '연인들'의 파괴된 사회구조가 회복된다. 막힌 사회구조가 회복되고 그들이 낙원을 재발견한 것이라면 그 일은 어떻게 가능했던 것일까?

이 본문의 신학적 주제에 접근하기 위해 먼저 문학적 구조를 들여다보자. 아가서 2장 10-14절에서 여인은 자신의 연인의 불러냄을 인용구를 사용하여 그녀를 향한 연인의 사랑을 강조하고 있다. 그리고 16-17절에서 술람미는 연인과의 결속력을 표현하며, 동시에 멀리 있는 자신의 연인에 대한 간절함을 토로한다.[31] 강한 결속력을 주장하는 술람미의 고백 속에 오히려 그의 상실감이 묻어있다. 이처럼 두 단락, 아가서 2장 10-14절과 16-17절은 각각 서로 다른 상황을 말하고 있다. 한편 15절은 독립적인 노래 혹은 노래의 일부분으로서[32] 이 두 단락을 나누는 역할을 하고 있다. 저자는 두 단락의 서로 다른 상황 이야기 사이에 15절의 독립적인 노래를 위치시킴으로써, 이 두 상황 사이의 긴장감을 고조시킨다.

이와 같은 구조를 통해서 여인 술람미는 멀리 있는 자신의 연인이 자신을 찾아오기를 소망한다. 그러나 술람미는 소망을 품는 데 머물지 않는다. 아가서 3장에서 사랑하는 연인을 찾기 위한 술람미의 힘겨운 행보가 시작된다. 연인의 불러냄 '일어나라'와 '가자'(2:10)로 제시되는 테마는, 아가서 3장에서 술람미의 탐화로 변화되고 있다. 그런데 술람미의 탐화는 위험한 어둠 속에서 진행된다(3:1-5). "밤에 나의 침상에서"라는 표현은 단절의 장소를 특정한다. 술람미는 연인과의 단절을 인식하며, 일어나 거리로 찾아 나섬으로서 둘 사이의 분리를 극복하기 위해 노력한다(3:2). 사랑하는 자를 찾아 성중을 돌아다니다가 술람미는 순찰하는 야경꾼과 맞부딪친다. 여기에서 여인은 순찰자와 대조를 이루고 있다(3:3). 어려움에도 불구하고 더욱 강렬해진 그녀의 열망은 그를 만날 수 있도록 이끈다. 여인은 사랑하는 자를 찾아 성중을 돌아다니다가 마침내 그를 찾아 '어머니 집'으로 데려온다. 여기서 '나의 어머니'는 여인, 술람미의 미래의 모성애와 여성적 본질을 의미한다.[33] 이 과정을 거치며 술람미의 탐화가 절정에 다다른다. 그리고 5절에서 이것이 확증된다.

이제 3장 두 번째 단락으로 가보자. 술람미의 탐화는 장엄한 비전으로 수용되고 있다. 3장 6-8절은 결혼식을 위한 노래이다. 1장 1절에서 나타난 솔로몬은 3장 후반부에서 자유와 소망의 결정적 인물로 그려진다(3:6-11). 왕의 결혼식에 관한 보고는 사랑하는 여자가 사랑하는 연인을 찾는 과거(첫 번째)의 장면과 대조를 이루며, 동시에 밀접한 관계를 형성하고 있다(3:1-5). 첫 번째 단락에서(3:1-5) 여인이 출발할 때의 상황이 침실이며, 연인과의 단절 극복을 위한 노력은 홀로 진행되었다. 이와는 달리 두 번째 단락에서(3:6-11) 그녀의 출발은 안전 기관과 동승하고 있는 모습이다. 이는 첫 번째 단락에서 보여주는 장면과 매우 대조적이다. 사절단들은 군사적으로 무장한 신랑의 친구들이다. 나라의 근위대가 호위하는 솔로몬왕의 가마에 집중하고 있다(3:7). 신랑은 그들의 도움으로 그의 신부를 '밤의 두려움'으로부터 보호한다. 그는 신부를 밤의 악령으로부터 지킨다(Tob 6:14-15; 비교. 시 91:5). 그들의 서로를 향한 사랑은 8장 6절 후반부에 표현된 것처럼 죽음을 마다하지 않은 사랑이다. 서로의 사랑은 이 사랑을 선택한 것에 대한 두려움을 극복하게 한다. 3장 10절 이후의 노래는 결혼식의 기쁨을 노래한다. 신랑을 기다리는 신부를 칭송하는 결혼식의 노래는 신부의 순결함을 나타내는 수식어로 채워진다(3:6-8).

이제 아가서 3장의 구조를 들여다보자. 3장의 구조는 매우 독특하다. 1-5절은 단절의 장소를 특징짓고 있는 "밤에 나의 침상에서" 여인은 연인과의 단절을 인식하며 극복하기 위해 노력한다. 그리고 술람미의 탐화의 행보는 5절에서 절정에 이르고, 6절 이후의 두 번째 단락에서는 두 연인의 결혼식으로 스토리가 마무리된다. 그러나 여기서 우리는 6절의 수사 의문문에 주목한다. 결혼식을 위한 행렬을 관찰하는 상황에서 "거친 들에서 오는 자가 누구인가?(3:6)"라는 질문이 제시된다. '이 여자가 누구인가?' 이 문장에서 지시대명사는 여성형이다. 3장 6절의 의문문은 비밀스러운 동승자의 정체성을 숨기고 있다. 그리고 동시에 그녀의 이미지를 강조하여 지적하며 그녀의 정체성에 대한 질문을 유도해 내고 있다. 이처럼 3장 6절의 의문문은 전반부에서 사랑하는 연인을 찾아다니며 연인과의 단절을 극복하기 위해 노력하는 술람미를 상기

시키면서 그녀와 그녀의 삶의 적극성을 확인시킨다. 그리고 이를 통해 술람미가 4장에 나타나는 '열린 정원'의 주인공이 될 수 있음을 시사한다.

3장 6절의 표현은 6장 10절에서 "이 여인이 누구인가?"라는 동일한 언급으로 반복되고 있다. 그녀는 새벽처럼 밝고, 보름달처럼 흰하고, 해처럼 눈부시고, 깃발을 앞세운 군대처럼 장엄하구나"로 나타난다(6:9-10). 술람미의 행보는 모든 사람의 칭찬의 대상이 된다. "나의 비둘기, 온전한 나의 사랑은 오직 하나뿐, 어머니의 외동딸, 그를 낳은 어머니가 귀엽게 기른 딸, 아가씨들이 그를 보고 복되다 하고, 왕비들과 후궁들도 그를 칭찬하는구나."

아가서 2장에서 '불러냄'의 과정 후 4장의 '열린 동산'을 회복하기까지 중간 교량 역할을 하는 아가서 3장에서의 술람미의 적극성은 창세기 12장의 아브라함과 사라의 소극성과 대조를 이룬다. 우리는 이들 두 본문의 배경이 되는 상황을 역추론하여 어떤 신학적 관련성이 있는지 분석 할 수 있다. 아가서 2-4장에서 연인들의 낙원 회복 이야기와 창세기 12장에서 하나님이 아브라함을 부르신 사건, 즉 동일한 모티브를 가진 두 이야기는 서로 상반된 결론을 향하여 중요한 시점에서 다른 길로 접어들고 있다. 창세기 12장의 경우 아브라함의 부르심 이후 10절부터 아브라함과 사라에게 위기가 닥친다. 아브라함 보다 사라에게 특별한 위기의 상황이다. 그러나 이들은 권력을 가진 자의 힘이 지배하는 땅에서(창

12:12), 아름다운 여자 사라에게 주저함 없이 소유권을 요구하는 파라오(12:15)에게 굴복한다. 자신의 아내 사라를 향해 또 다른 형태의 파괴적인 폭력을 행사하고 있는 아브라함, 그러한 남편의 폭력에 침묵하는 사라가 만들어가는 이 사회적 관계 안에는 어두운 그림자가 드리워 있다. 그러나 이와는 달리 아가서 3장에서 사랑하는 연인을 찾기 위한 술람미의 힘겨운 노력이 돋보인다. 본문에서 보이는 술람미의 탐화의 행보는 파괴적인 폭력 앞에서 침묵하는 사라의 모습과는 구별된다. 사랑하는 연인의 부재로부터 느끼는 고독과 두려움(아 3:1), 홀로 진행되는 탐화의 행보 속에서 생긴 회의와 한계(3:3), 순찰하는 야경꾼들의 사회적인 무관심과 냉대로 인한 좌절과 절망(3:1). 그렇지만 이처럼 폭력적으로 다가오는 극한 상황에 맞닥뜨릴지라도 우리의 술람미는 침묵하지도, 자신의 탐화 행보를 중단하지도 않았다(3:4). 결국 술람미는 청년의 '불러냄'을 단초로 해방을 이루어낸다.

함께 하는 자의 기쁨

창세기의 원 역사 중 2장과 3장의 신학적 구성 위치를 통해서 우리는 하나님이 원하는 바, 함께 살아가는 성경적 인간의 삶의 이야기를 들을 수 있다. 창세기 2-3장에서 뱀의 간교한 유혹에 노출된 하와는 위기에 직면한다. 여기서 하나님이 인간에게 부여하신 '돕는 자'의 역할이 전혀 기능하지 못하는 사태가 빚어진다. 이처럼 '돕는 자'의 역할 상실은 관계 빈곤을 초래한다. 창세기 2-3장의 이야기는 '혼자 살아가는 삶'에 익숙한 오늘을 사는 우리들에게 경종을 울린다. 창세기 2-3장에 나타나는 '함께하는 삶'은 에덴의 낙원을 지키는 삶이며, 그곳의 기쁨을 더불어 누리는 삶(창 4:12)이다.

출애굽기 서장은 파라오의 폭력에 저항하는 히브리 산파들의 삶을 그리고 있다. 출애굽기 1장 15-22절과 시편 34편의 대화의 과정에서 우리는 히브리 산파들의 힘겨운 저항 속에 짙게 깔린 그늘을 간파하고, 그녀들의 고통스런 언어를 듣는다. 시편 34편에 담긴 이 '시편의 언어'는 무기력, 상실, 불안, 두려움, 공포, 폭력으로 지배당하는 산파들의 실제적인 고통의 언어이다. 파라오의 압력에 항거하면서 느끼는 정서적 불안정과 압박감을 호소하며 탄원하는 기도의 언어는 '하나님과 함께 하는 삶'을 보여준다. 산파들은 '하나님과 함께함'으로서 파라오의 폭력에 맞선다. 곤고한 자들로서 히브리 산파들은 그들의 부르짖음을 들으시고 환란에서 구원하시는 하나님을 기억하며 파라오의 폭력에 끝까지 저항할 수 있었다. 산파들에 의해 촉진되어온 저항운동이 결국 이집트 파라오의 폭력에 제동을 걸 수 있는 경험적 패러다임으로 자리매김하게 된다. 그들은 후속세대에게 파라오의 폭력을 종결시킬 수 있는 길을 하나님 경외사상으로 제시한다. 고통 가운데에서도 히브리 산파들은 '하나님과 함께함', 즉 '하나님과 함께 하는 삶'으로 파라오의 폭력에 저항하며 하나님의 이스라엘 민족 태동에 동역한다.

한편, 아가서 2-4장의 청년의 '불러냄'과 창세기 12장의 '아브라함을 부르심'은 동일한 모티브를 가진다. 그러나 이 두 이야기는 서로 다른 신학적 결론을 향해 나간다. 창세기 12장의 경우, 권력을 가진 자의 욕구가 질서와 상식으로 통하는 땅, 이집트에서(12:12), 아름다운 여자 사라에 대하여 그 소유권을 요구하는 파라오(12:15)에게 아브라함은 굴복하고, 또 다른 형태인 남편의 폭력에 사라는 저항이 아니라 침묵함으로 굴복한다. 그런데 술람미의 탐화의 행보는 사라의 소극적 침묵과 본질적으로 다르다. 아가서 2장에서 '할라흐'로 시작되는 정원의 회복은 3장에 나타나는 술람미의 장엄한 비전을 통해서 성취된다. 우리는 술람미가 폐쇄적인 사회구조인 기존의 환경과 운명으로부터 해방을 감행한 것에서, 그녀의 저항 정신을 발견할 수 있다. 고난과 위기의 상황에도 불구하고 연인의 불러냄과 술람미의 적극적인 탐화 행보가 마침내 동산의 회복을 현실화한다.

성경의 여러 주인공들이 보여준 삶의 모습을 통해서, 다시 말하면 창세기 2장의 에덴동산에 살던 두 사람이 그들의 낙원을 상실하기에 이른 문제의 원인에서, 출애굽기 서장의 파라오의 폭력에 저항할 수 있었던 히브리 산파들의 용기에서, 또한 아가서의 연인들이 그들의 겨울 정원을 열린 동산으로 구축하는 협력정신에서 우리는 회복을 가능하게 한 근본적인 원동력을 찾을 수 있다. 이 이야기들은 환란과 위기 가운데 작동하는 사회적 관계성인 '함께하는 삶'의 중요성을 말해 준다. 이렇게 실존적인 위기와 고난 앞에서 '함께하는 삶'은 고난을 극복할 수 있는 동기를 부여하는, 인간 삶에 없어서는 안 될 사회적 기능이다. '함께하는 삶'은 하나님께서 우리에게 주신 아름다운 에덴의 낙원을 지키며 향유하게 하는 힘이다.

한 걸음 앞서 간
초기교회 여성들

최영숙

한 걸음 앞서 간
초기교회 여성들*

우리의 현실

성경에는 공식적인 또는 비공식적인 리더십으로 눈부신 활약을 한 여성들이 많이 있다. 공식적으로 활약을 한 인물들만 보더라도 미리암 선지자, 드보라 사사, 훌다 선지자, 에스더, 겐그리아 교회를 세운 뵈뵈, 여러 가정 교회를 세운 브리스가, 여성 사도 유니아 등이 있다. 이들이 더 눈부신 것은 오늘의 현실보다 훨씬 더 남성 중심적이었던 사회에서 오늘보다 더 멋진 지도자로서의 리더십을 발휘한 점이다. 성경에는 '여자는 교회에서 침묵하라'(고전 14:34)라든지, '여자는 가르치는 것을 금한다'(딤전 2:12)라는, 부정적으로 보이는 성경 구절들도 있다. 또한 교회의 성경해석 역사는 하와가 아담의 갈비뼈에서 창조된 것을 남녀 종속관계로 보아왔다. 선악과 사건에서 여자가 남자를 유혹했기 때문에 여자가 죄의 근원이라는 해석을 내린다. 성경은 확실히 여성의 리더십에 대해 부정적인 말씀들이 있다. 그렇다면 과연 성경말씀이 정말로 여성리더십에 대해 부정적으로 말하고 있는 것일까? 아니면 인간의 해석의 오류일까?

성경에는 유독 여성에 관련된 부분들이 부정적으로, 또는 가부장적으로 표현된 듯 보이는 부분들이 많다. 이런 가부장적 문화와 남성 중심 사회를 바탕으로 한 성경 해석으로 인해 교회 역사는 초기교회 여성들의 눈부신 리더십에 관한 이야기들을 다수 잃어버리고 말았다. 성경을 잘 들여다보면 초기교회는 당시 사회보다 한층 앞서 있는 것을 볼 수 있다. 또한 여성에 관한 성경의 말씀들은 오늘의 시대보다 훨씬 더 앞선 것으로 보인다. 그럼에도 불구하고 오늘날 우리는 성경을 가부장적 렌즈로 번역하고 해석한다. 그리스-로마 시대와 유대사회는 가부장적 사회임이 분명하다. 그러나 예수님과 바울은 이런 사회의 폐단을 바로잡고자 했다. 성경이 여성을 억압하고, 종속관계로 말하는 것이 아니다. 하나님의 창조원리는 남녀평등과 인간의 존엄성에 있으며, 예수님 당시 초기교회도 이런 창조원리를 바탕에 두었다. 예수님과 사도 바울은 어떻게 여성들을 바라보았는가? 여성들과 어떤 협력관계를 이루며 하나님 나라 사역을 위해 힘써 나아갔는가?

유대교는 여성을 어떻게 생각하는가?

그리스도를 최초로 고백한 사람이 누구인가? 우리의 대답은 흔히 "주는 그리스도시요 살아 계신 하나님의 아들이십니다(마 16:16; 막 8:29)"라고 고백한 베드로를 꼽는다. 그러나 베다니의 마르다가 베드로와 똑같은 대답을 했다는 사실을 우리는 크게 주목하지 않는다. 그녀의 고백을 들어보자. "주는 그리스도시요 세상에 오시는 하나님의 아들이신 줄 내가 믿습니다(요 11:27)." 더 놀라운 사실도 있다. 마르다는 베드로도 믿지 못했던 예수님의 부활을 믿으며, 죽음 후에는 영원한 부활을 상속받게 될 것을 믿는다고 고백하고 있지 않은가(요 11:25-26)? 베드로를 비롯한 다른 남성 제자들이 예수님을 정치적인 왕으로 생각하고 자신들이 차지할 자리다툼에 여념이 없는 동안, 여성 제자 마르다는 예수 부활의 생명을 말하며 소망한다. 남성 제자들은 부활을 예수님의 죽음 이후, 그것도 나중에서야 믿게 되었지만, 여성 제자는 주님이 살아계시는 동안 부활을 믿었다. 그럼에도 우리의 생각 속 예수님의 으뜸 제자는 왜 여성 제자 마르다보다는 남성 제자 베드로일까?

초기교회 역사 속 교부들과 유대 랍비들은 여성에 대해서 매우 가부장적이었다. 유대교의 가부장 문화에서 대학이나 다른 고등학문 기관은 남성들만을 위한 정신세계 기관이었다. 그들은 여성들이 접근하지 못하도록 권리를 박탈했다. 랍비들은 여성을 공적 영역에서 배제시키는 것이 당연하다고 생각했다. 랍비들이 생각하는 여성은 남성보다 훨씬 열등하기 때문이다. 그들은 '여성은 저능하다'든지 '여성의 판단력은 불안정하다'고 서슴없이 말했다. 또한 여성의 본능을 인간이라기보다는 동물적인 것에 더 가까운 것으로 여겼다. 여성의 생리적 또는 성적 특징을 제의적 부정의 근원으로 볼뿐만 아니라, 남자가 전심으로 주의 일에 종사하지 못하도록 주의를 산만하게 하는 원인으로 여겼다. 그들은 전통적으로 여성이 남성의 몸에서 창조되었다고 보았다. 그런 이유로 남성은 하나님 그리고 우주와 더불어 직접 소통하는데 비해, 여성은 그나마 남성에게 종속되는 것을 통해 간접적으로만 하나님을 경험한다고 보았다.

유대교의 부정적인 여성관은 그들이 성경을 해석하는 데서 고스란히 나타난다. 그들은 신명기 17장 14절을 예로 들어 율법도 이미 여성들이 지도자 역할을 감당할 자격이 없다는 것을 보여준다고 말한다. "우리도 우리 주변의 나라들 같이 우리를 위해 왕을 세우리라는 뜻이 나거든"이라는 말씀이다. 이 말씀에 대해 유대교가 주석하고 있는 것을 한 번 들여다보자. 유대교의 미드라쉬는 신명기 17장 14절을, "왕비가 아니라, 한 왕이다 … 한 여성이 아니라, 한 남성을 공동체의 지도자로 임명해야 한다"고 주석하고 있다. 참으로 얼마나 엉뚱한 해석인가! 이 구절은 여성인 왕비를 세우지 말고, 남성인 왕을 세우라는 문제가 아니라, 외국 사람을 왕으로 세우지 말고 같은 민족 가운데서 왕을 세우라는 것(신 17:15)에 초점이 있다.

유대교는 전적으로 남성 중심적 관점으로 채색되어 있다. 전통 사회 속에서 남성들은 여성들을 인격적인 존재로 보려 하기보다는 오히려 자신들의 삶을 침해하는 존재로만 보는 경향이 있다. 여성이 남성보다 열등하다든지, 여성을 죄악시하는 부정적인 여성관을 갖게 된 단초는 창세기 2-3장에 대한 잘못된 해석 때문이다. 우리가 무엇보다도 먼저 생각할 것은 하나님은 결코 인간을 창조할 때 차별과 불평등을 두지 않았다. 하나님의 창조는 무질서한 카오스에 질서를 부여하신 일이다. 창조는 세상의 모든 불평등과 불법과 같은 어둠의 무질서를 없애고 질서를 세우는 것이다.

교부들은 여성을 어떻게 생각하는가?

교부들도 당시 유대교와 그리스-로마 시대의 가부장적 사고와 제도를 답습한다. 그들은 남성 중심적 전통 속에서 여성을 죄악의 근원으로 보거나 열등한 존재로 여겨왔다. 고대 그리스 속담에 "여자들은 제우스가 만든 가장 큰 악이다"라는 말이 있다. 당시 사회의 여성관을 너무나 적나라하게 보여주는 단면이다. 그리스 속담은 그리스도교 밖의 사회라고 치자. 하지만 그리스도를 따르는 교부들의 여성관은 안타깝기 그지없다. 성(性)은 하나님이 만드신 것인데, 성에 관한 한 하나님의 창조 사건에 역행하는 말들을 쏟아내고 있기 때문이다.

예를 들어 초기 교부들 중에 서방신학의 시조라고 불리는 터툴리안의 여성에 대한 말을 들어보자.[1]

여자는 악마의 출입구다. 여자는 금지된 나무의 과일을 처음으로 딴 사람이며 하나님의 계명을 저버린 최초의 사람이다. 여자는 악마도 감히 넘보지 못할 남자를 유혹해서 너무도 쉽게 하나님의 형상인 남자를 파괴하였다.

그의 이런 해석은 유대 랍비들에게서 내려온 잘못된 창세기 해석을 그대로 반영한 것이다. 또 다른 교부, 클레멘트의 말을 대할 때 우리는 너무 당혹스럽다. 그는 털이 있다는 것은 남자의 뛰어난 속성 중의 하나이며, 털은 본질적으로 더 따뜻하다는 말로 시작한다. 또한 남자는 여자보다 털이 많아 더 따뜻한 피를 가지고 있기 때문에, 여자보다 더욱 완벽하고 성숙하다고 보았다.[2] 이러한 생각 앞에서 우리는 참으로 당혹감을 감추기 어렵다. 몇 세기 이후의 일이긴 하지만, "여자에게도 영혼이 있는가?"라는 주제로 교회회의가 열린 적이 있었다.[3] 감독들은 토론 끝에 찬반 투표를 하여 과반수의 찬성으로 여자에게도 영혼이 있다고 결론지었다. 지금으로서는 도무지 이해할 수 없는 일이다.

교부들은 여자가 가르치거나 세례를 주거나 교회에서 지도자의 역할을 하는 것은 이단이나 이방종교에서 행하는 일이라고 말했다. 성경의 권위를 주장하는 교부들이 바울과 함께한 수많은 여성 지도자들이 있었음을 보여주는 성경 말씀만은 외면하는 모순에 빠졌다. 하지만 교부들 모두가 여성을 부정적으로 본 것은 아니다. 하나님의 은혜가 성이나 나이나 지위에 구별 없이 모든 사람에게 똑같이 베풀어졌다고 말하는 키프리안 같은 교부도 있었다.

교부 이후의 로마 가톨릭교회는 1976년 "사제직에 여성을 받아들이는 문제에 대한 선언"에서 여성을 사제직에서 제외하는 것을 정당화시키면서 그 이유를 설명한다. 그것은 여성이 남성인 그리스도의 몸을 닮을 수 없기 때문이라는 것이다. 그렇다면 로마 가톨릭교회에 질문하고 싶다. 왜 여성인 예수의 어머니 마리아는 그토록 숭배하는 것인가? 그들이 여성을 사제로 세울 수 없다고 말하는 또 다른 이유는 예수님이 여성을 열두 제자의 일원으로 부르지 않았다는 것이다. 그러나 베다니의 마르다는 예수님께서 지상 사역을 하는 동안에 예수 그리스도가 누구인지를 베드로보다 더 잘 알았던 여성 제자다. 베드로가 가지고 있지 못했던 부활 신앙을 오히려 마르다가 먼저 고백하고, 경험하고, 부활의 소식을 전했다. 또한 남성인 사도 바울도 예수님의 열두 제자의 일원은 아니었다. 여성과 남성은 하나님의 형상대로 지음받은 동등한 인간이다. 그리스도가 남성이란 점을 부각시켜 논하는 것은 하나님의 또 다른 위격인 그리스도를 성(性)에 가두어 놓는 것밖에 되지 않는다. 하나님은 성으로 제한될 수 없는 분이다. 가톨릭교회의 선언은 많은 신학자와 여성 단체로부터 거센 비난을 받았지만 아직까지 가톨릭교회의 입장은 변하지 않고 있다.

인간의 성(性)을 창조하신 하나님

그러면 하나님의 창조원리는 어떠할까? 하나님께서는 왜 인간의 성을 창조하셨는가? 먼저 창세기 1장 27절부터 28절을 읽어 보자.

하나님이 자기 형상 곧 하나님의 형상대로 사람을 창조하시되 남자와 여자를 창조하시고 그들에게 복을 베풀어주셨다.

이 구절에 대해 3세기 후반의 교부 로마의 암브로시아스터는 남자만이 하나님의 형상대로 지음 받았다고 주장한다.[4] 그러나 이 구절은 우리에게 두 가지 사항을 보여준다. 첫째, 하나님께서 하나님의 형상대로 사람을 창조하셨다. 둘째, 하나님께서는 남자와 여자라는 성을 창조하셨다. 분명 하나님께서 사람을 창조하셨다고 말씀하시는 데, 암브로시아스터의 말대로라면 여자는 사람이 아니라는 말일까? 사람은 남자와 여자를 포함한다. 하나님께서는 분명 남자와 여자라는 성을 하나님의 형상대로 창조하셨다고 말씀하신다.[5] 또한 분명하게 알 수 있는 것은 남자와 여자가 '똑같이' 하나님의 형상으로 지음 받았다는 사실이다. 여기에는 어떤 차별도 끼어들지 않는다. 이것은 어떤 반론도 제기할 수 없는 명백한 사실이다. 바울의 말을 빌리면 모든 것은 하나님에게서 나왔다(고전 11:12). 하나님의 창조원리는 동등성과 평등성이다.

하나님께서는 그저 사람만 창조하신 것이 아니라, 인간의 성도 창조하셨다. 그렇다면 하나님께서는 왜 성을 창조하셨을까? 물론 하나님의 심오한 뜻을 헤아리기란 쉽지 않다. 그렇지만 우리는 나름대로 생각해 볼 수 있다. 동등하게 남자와 여자를 '하나님의 형상대로' 창조하셨다는 것은 남자와 여자의 성이 하나님의 형상에 담겨 있다는 의미로 볼 수 있다. 하나님의 형상대로 사람을 남자와 여자로 창조하셨다면 하나님께는 남성 이미지와 여성 이미지도 함께 있다는 말 아닌가! 물론 하나님의 본성은 남성도 여성도 아니다. 하나님은 성을 초월하신 분이지 '성'으로 제한될 수 없는 분이시기 때문이다. 분명한 것은 하나님의 형상이 남성과 여성의 두 성이 함께 했을 때, 또한 두 성에서 더 잘 드러난다는 것을 보여 준다. 또한 하나님이 보시기에 남성과 여성이 함께 어울림이 있을 때 가장 좋은 상태라는 것이다. '아담이 혼자 있는 것이 좋지 못하다'(창 2:18)는 말은 외로움을 말하는 것이 아니라, 사람이 어느 성하나만으로는 '좋지 못하다'라는 뜻이다.[6]

인간이 하나님의 형상대로 창조되었다는 것은 하나님과 인간의 인격적 관계를 위한 것이다. 그런데 보이지 않는 하나님과의 인격적 관계는 눈에 보이는 '사람과 사람' 사이의 인격적 관계를 통해서 나타난다. 하나님의 성품을 알 수 있는 것은 가장 먼저 '하나님의 형상대로' 지음 받은 남자와 여자의 관계를 통해서다. 그것은 여자와 남자가 서로의 사랑으로 오는 기쁨, 서로의 친밀감으로 인한 기쁨, 조화의 아름다움 등 인간이 가지고 있는 모든 좋은 것들이다. 성의 조화는 하나님이 원하신 것이다. 여자와 남자된 사람이 서로를 존중하며, 서로를 보살피며, 서로를 사랑하는 것이 곧 하나님의 말씀에 순종하는 것이다. 여성을 남성을 위한 존재로 본다든지, 상하 지배 관계로 본다든지, 나아가 사람이 사람을, 자신의 목적을 달성하기 위한 수단으로 보는 것은 모두 하나님의 말씀을 어기는 일이다. 하나님 나라는 여자와 남자라는 성의 조화를 통해 이루어가는 것이다.[7] 하나님이 아담과 하와를 창조하시고 '보시기에 심히 좋았더라'고 하신 말씀은 여성과 남성이 함께 어울려 있을 때 해당되며, 어느 한 쪽만으로는 아니다.

그런데 인류 역사는 하나님의 창조 방식에 도전하고 있다. 하나님의 창조질서는 동등과 평등인데, 인간은 늘 상대에 대한 우월과 차별을 만들어 낸다. 인류 역사는 어느 순간부터 여성을 남성보다 열등한 존재로, 남성이 여성을 지배해도 되는 상위 존재로 보는 차별을 실천해 왔다. 이런 차별 행위는 하나님께서 아담이 혼자 있는 것을 '좋지 못하다'라고 말씀하신 것과 다름없다. 여성과 남성의 관계를 평등성, 동등성으로 접근하지 않고, 차별로 대하는 모든 행동은 하나님이 '좋다'고 하신 말씀에 불응하는 것이며, 각기 다른 성을 창조하심에 대해 도전하는 행동이다.

여성과 남성, 두 성의 존재는 '차별'이 아닌, '구별'로 보아야 한다. 여성과 남성은 동등한 인간 존재이지만, 각각 독특한 성품, 특별한 성품을 가지고 있다.[8] 여성과 남성의 독특한 성품들은 서로 연합했을 때 최고치를 형성한다. 서로 다른 독특성을 가진 여성과 남성이 각기 다른 성의 능력을 발휘하여 서로의 역할을 최대한으로 끌어올려 연합함으로 행복한 사회를 이루었을 때 마침내 창조의 영광이 드러난다.

함께 어울리는 '네게드'

창세기 1장 26절부터 31절을 따라 보면 원래 하나님의 창조의 뜻은 남녀가 동등한 것이었다. 인간과 세상이 타락한 후에 남녀의 차별과 불평등이 생겨났다고 보는 사람들도 창세기 2장 18절부터 25절을 보면 생각이 바뀐다. 창세기 2장과 3장의 창조 이야기와 타락 이야기는 어떻게 해석하느냐에 따라 그 의미가 달라진다. 여성에 관한 부정적인 이해의 단초를 제공하는 부분은 첫째, 여자가 아담의 갈비뼈에서 창조된 것을 종속관계로 본다. 둘째, 하와는 아담을 위해 돕는 배필로 창조되었다는 것이다. 셋째, 여자가 남자를 유혹했기 때문에 여자가 죄의 근원이라는 것이다. 이 세 가지 부분을 좀 더 자세히 살펴보자.

첫째, 아담의 몸에서 하와가 나왔으므로, 또는 아담이 하와보다 먼저 창조되었으므로 여자가 남자에게 종속된다는 주장이다. 많은 교부들이 주장해왔고, 유대교 랍비들은 더 극단적으로 여자를 종속관계로 이해한다. 그러나 '먼저 창조되었다'는 창조의 우선성이 우월성을 말하는 것으로 볼 수는 없다. 하나님의 창조순서를 보면 인간이 맨 나중에 창조된다. 동물과 인간의 창조만 보더라도 동물보다 인간이 나중에 창조된다. 그렇다면 인간이 동물보다 더 열등한 존재인가? 오히려 나중에 창조된 인간이 더 우월하다. 이런 생각대로라면 하와가 아담보다 나중에 창조되었으므로 하와가 아담보다 더 우월하다는 말이 된다. 그러므로 하와가 아담보다 나중에 창조되었다는 것을 이유로 여자가 남자보다 열등하다고 말할 수는 없다.

나중에 창조된 것이 열등함을, 처음에 창조된 것이 우월함을 뜻하지는 않는다. 하와가 아담의 갈비뼈로 창조되었다는 것, 곧 여자가 남자로부터 나왔다는 것은 종속관계를 말하는 것이 아니다. 만약 여자가 남자로부터 나왔다는 이유로 종속관계로 본다면, 남자(아담)는 흙에서 나왔으니 흙에 종속되는 것인가? 하와가 아담의 갈비뼈로 창조되었다는 것은 오히려 하와와 아담의 모든 것이 분리될 수 없는 한 몸이라는 것을 보여주며 동등함을 강조한다고 볼 수 있다. 아담과 하와의 창조 이야기를 볼 때 결코 남녀관계를 우월과 열등, 또는 지배와 종속이라는 도식으로 규정할 수 없다. 하나님의 창조는 동등성, 상호의존, 상호조화의 관계를 드러낸다. 이것이 창조주 하나님이 보시기에 좋은 모습이고, 창조의 뜻이다.

둘째, 아담의 '돕는 배필'로 하와를 창조했다는 것을 종속관계로 보는 견해가 있다. 그러나 이 표현도 열등함이나 종속관계로 읽을 수 없다. '배필'에 해당하는 히브리어 네게드(neged)는 상대자를 뜻한다. 남성인 아담 혼자는 성의 완전체를 이루지 못하기 때문에, 다른 성의 상대자가 있을 때 완전체를 이룰 수 있다는 말이다. 서로 다른 성의 상대자, 곧 여성과 남성이 함께 존재함이 두 성을 바탕으로 한 인간의 완성체를 이룰 수 있다. 이것은 하나님의 형상대로 남자와 여자가 창조되었다는 말씀에서 잘 드러난다. 여성과 남성은 서로 도움을 주는 협력자, '에제르 케네그도'[9]로 창조되었다. '돕는'이라고 번역된 히브리어는 '에제르'(ezer)인데, '에제르'는 '돕는 자' 또는 '도움을 주는 자'를 뜻한다. 구약성경에서 돕는 자(ezer)는 하나님에 대한 칭호이다. 출애굽기 18장 4절에서 '엘리에셀(Eli-ezer)'이란 말은 '나를 도우시는 하나님'이란 뜻이다. 만일 돕는 자란 용어로 인해 하와가 아담보다 더 열등한 존재라고 한다면, 하나님이 인간보다 더 열등한 분이라는 말이 되어 버리고 만다. 하나님이 이스라엘에게 '도움을 주시는 분', 또는 하나님은 이스라엘의 '도움'이라는 구절은 여러 곳에서 나타난다(신 33:7; 시 20:2).[10] 이 구절들을 하나님이 이스라엘보다 열등하다는 뜻으로 읽을 수 없다는 것은 너무나 분명하다.

'도움을 주는 자'란 무언가 필요로 한다는 것이며, 하나님이 '돕는 자'를 창조하신 것은 현재의 상태로서는 아직 완전하지 않다는 것이다.[11] 또 하나의 다른 성이 함께 존재할 때 서로 '도움을 주는 자'로 완전해진다. 곧 인간 존재는 어느 한쪽 성으로는 좋지 못하며, 양성이 있을 때 완전하다. 양성을 창조하신 하나님의 뜻은 서로 도움을 주는 관계, 곧 인간은 사회적 관계 안에서 서로 협력하는 존재이다.

셋째, 인간의 타락 이야기에서 여자가 남자를 유혹했기 때문에 여자가 범죄의 시작이라는 생각이다. 타락 이야기에서 뱀과 여자와 남자가 등장한다. 그런데 대화를 하는 주체는 뱀과 여자이며, 이때 여자가 남자에 비해 더 주체적이며 적극적이다. 남자는 한마디 말도 없이 방관만 하고 있다. 뱀의 유혹을 받은 여자는 대화 속에서 고민하고 주저하다가 결국 열매를 먹고 남자에게도 주어 먹게 한다. 남자는 수동적이며 고민한 흔적도 없다. 아담과 하와는 서로 돕는 관계로 존재해야 하는데 아담은 하와에게 먹으면 안 된다고 말하지도 않는다. 아담이 한 일은 "하나님이 주셔서 나와 함께 있게 하신 여자 그가 그 나무 열매를 내게 주므로 내가 먹었습니다!"라는 말로 여자에게 책임을 전가한 것뿐이다. 랍비 해석과 교부들은 여자가 죄의 근원이라고 말한다. 그러나 범죄 후 하나님이 먼저 부르시고, 죄의 책임을 물은 대상은 하와가 아닌 아담이다(창 3:9,11). 이러한 하나님의 행동에 따라 바울도 아담의 범죄를 말하고 있다(롬 5장). 바울은 죄의 근원을 하와에게 두지 않는다. 아담의 범죄만을 거론하지만 사실 인간의 범죄를 말하고 있는 것이다.

창세기에서 범죄의 근원을 하와에게 두고 여자만을 죄악시하는 유대교적 해석과 교부들의 해석, 그리고 오늘날 그 해석들을 따르는 입장은 모두 적합하지 않다. 선악과 사건은 누가 더 속임에 빠지기 쉽고, 누가 더 죄에 책임이 있냐는 문제를 다루는 것이 아니다. 죄의 책임은 둘 모두에게 있다. 선악과 사건은 인간의 범죄를 다루며, 죄의 책임이 인간에게 있다는 것이다. 하나님의 규정을 어긴 인간의 책임, 그래서 그 이후 죄와 죽음이 들어왔음을 드러 낸 본문이다.

범죄 후 상황은 변한다. 두 사람의 관계도 달라진다. 인간의 범죄 이전의 둘의 관계는 동등했고 서로 연합하여 한 몸을 이루는 사이였다. 그러나 이제 남자와 여자가 평등한 관계로 조화를 이루던 창조질서가 깨어지고 지배와 억압의 구조가 나타난다. 창세기의 창조와 인간의 범죄 이야기는 결코 남성이 여성보다 우월하다든지 여성에 대해 지배권을 갖는다고 말하지 않는다. 노동의 수고, 해산의 고통은 범죄의 결과로 초래된 현상이며 창조질서가 깨어졌음을 말한다. 하나님은 인간이 본래의 하나님의 창조질서대로 새롭게 살 것을 요청한다. 그러므로 남녀차별적인 생각이나 제도, 또는 인간차별은 하나님이 본래 의도했던 창조 의지와는 전혀 다른, 하나님의 창조의 질서를 어기는 또 다른 범죄이다.

우리는 창세기 2장과 3장을 새롭게 이해해야 한다. 아담의 갈비뼈로 여자를 창조했다는 사실은 남녀가 같은 뼈와 살로 이루어진 동질의 존재임을 보여준다. 동질의 존재라는 것은 동등성을 나타내는 말이기도 하다. 한 성으로는 완전하지 못하며 여성과 남성, 두 성이 한 쌍이 되어 하나를 이룰 때 비로소 하나님이 뜻하신 완전체가 된다. 여성과 남성의 서로 다름을 인정하며, '함께' 어울리며 '함께' 도우며 '함께' 조화를 맞추어 평화와 기쁨을 이루는 공동체를 이루는 것이 하나님의 뜻이다. '도움을 주는 상대자'라는 말에서 나타나듯 인간의 최상의 상태는 '함께 어울림'이 있을 때이다. 어느 한쪽이 다른 한쪽을 차별과 불평등으로 대한다면 그것은 하나님의 법을 어기는 것과 다름없다.

여성을 세우시고 소통하신 예수님

그렇다면 동등성과 평등성이 담겨 있는 하나님의 창조원리가 예수님과 바울에게서는 어떻게 표현될까? 몇 가지의 경우를 주목해보기로 하자. 먼저 예수님은 왜 이혼을 금지하셨을까? 예수님의 이혼 금지는 지금 시각으로 보면 의아하게 여겨질 수 있다. 이의문은 당시 사회가 어떠했는지를 알면 풀린다. 예수님이 살던 시대는 여성의 사회적 지위가 놀라울 정도로 아주 낮았다. 유대사회도 그리스-로마 사회도 가부장적 제도 아래 남성 중심의 사회였다.[12] 그러나 예수님은 유대교의 여성관을 완전히 뒤엎는다. 유대교의 여성관은 철저하게 하나님의 창조질서와 역행하고 있었기 때문이다.

유대교에서 남편은 이혼 사유가 있으면 언제든 이혼할 수 있었지만, 아내는 남편과 이혼할 권한이 없었다. 이혼녀는 남편이 이혼증서를 발행해 줄 때까지 재혼할 수도 없었다. 여자가 과부가되었다는 증서나 이혼증서가 없이 재혼하면 처벌을 받았다. 또한 이혼증서를 받지 않은 상태에서 낳은 자녀들은 사생아로 간주 되었고, 그들은 동일한 신분끼리만 결혼할 수 있었다. 여성은 재산으로 취급되었다. 여성의 본능을 인간 본능으로 보지 않고, 동물적인 속성에 더 가까운 것으로 취급하여 여성의 판단을 불안정하다고 생각했다.

이런 점에서 예수님의 이혼 금지는 시대에 뒤떨어진 생각이 아니라 오히려 당시의 잘못된 사회상, 특히 유대법에 대한 변혁이었다. 어떤 랍비는 여성에게 토라를 가르치기보다는 불태워버리는 것이 낫다고 한다. 딸에게 토라를 가르치는 것은 창녀가 되라고 가르치는 것과 같다는 것이다.[13] 성경은 첫 장부터 인간이 남자와 여자로 하나님의 형상을 따라 창조되었다고 말한다. 하지만 전통적인 유대교의 남성은 매일 아침 기도회에서 자신이 여자로 창조되지 않은 사실을 하나님께 감사하고 있다. 창세기 1장 28절의 "생육하고 번성하라"는 계명은 두 동사가 모두 복수형임에도 불구하고, 랍비들은 이 말씀이 여성들이 아니라 오직 남성들에게만 적용된다고 주장한다.

그리스-로마사회는 처음엔 모권제로 이루어진 사회였으나, 모권제가 붕괴되면서 남성 중심의 가부장제도가 형성된다. 여성은 오로지 집안에만 갇혀서 사회적 교제도 여성들만으로 제한되었다. 정치에도 참여할 수 없었으며, 교육은 읽고 쓰기 정도로 국한되었다. 사회와 격리되어 있었기 때문에 여성의 발언권은 당연히 막혀 버렸다. 결국 남녀의 격차가 벌어지면서 여성의 지위는 점점 낮아졌다. 특히 아테네 여성들은 완전히 물품 취급을 당했다.

유대교건 당시 그리스-로마사회건 이러한 가부장적 사회 배경 속에서 예수님의 여성을 우선시하는 가르침이나 바울의 여성관은 혁명적인 사건이나 다름없었다. 한편, 예수님의 이혼 금지 가르침(마 19:4-9) 역시 오늘의 현실에서는 시대에 뒤떨어진 불합리한 것으로 보인다. 그러나 남편만이 이혼을 마음대로 할 수 있었던 시절에 예수님의 가르침은 여성을 보호하는 장치로서 시급한 제안이었다. 심지어 그때는 빵을 굽다가 태워도, 죽을 쑤다가 냄새나게 해도 이혼 사유가 되었던 시절이었으니 말이다.

예수님은 당시 로마사회와 유대교가 자행하던 여성관의 폐단을 완전히 뒤집었다. 유대법은 여성에게 토라를 가르치는 것을 금지하였으나, 예수님은 여성들에게 토라를 가르치셨다. 실례로 누가복음 10장 38-42절에 등장하는 마리아가 있다. 마리아는 가르침을 사모했으며 예수님은 그런 마리아를 칭찬하시며 가르침을 전수하셨다. 당시로선 여자에게 가르침을 허용하는 것은 유대법에 저항하는 일이었으나, 예수님은 여성 제자들에게도 가르침을 주셨을 뿐 아니라 많은 여성들과 대화로 소통하셨다. 사마리아 여인과의 대화(눅 10:38-42), 마리아와 대화(막 14:3-9), 그리스 여인과의 대화(막 7:24-30), 간음한 여인과의 대화(요 8:9-11), 마르다와 마리아와의 대화(눅 10:38-42)는 소외된 여성과 소통하시고, 그들을 인격적 존재로 세우신 예수님의 모습을 보여준다.

예수님은 하나님 나라를 세우는 구원 사역에 남성만이 아니라 여성도 제자로 삼으셨다. 예수의 십자가의 죽음과 부활에서 남성 제자들이 흩어져 갈팡질팡하고 있을 때 여성 제자들은 십자가의 죽음과 부활에 적극적으로 참여했다. 곧 예수님은 여성들을 십자가 죽음과 부활의 첫 증인으로 세우셨다.[14] 가룟 유다는 예수님을 팔아버렸고, 베드로는 세 번이나 예수님을 부인했다. 모든 제자들이 일신상의 안위를 걱정하여 붙잡힌 예수님으로부터 도망쳐버렸을 때(마 26:56), 십자가까지 따라간 사람들은 여성이었다. 또한 남성 제자들은 모두 두려워 떨고 있을 때 무덤까지 찾아간 사람들도 여성이었다. 여성을 부활의 첫 증인으로 세우는 것은 당시로선 구약의 법을 넘어선 것이다. 왜냐하면 신명기법에 의하면 여자는 증인으로 설 수 없었기 때문이다. 그런데도 예수님은 신명기 법을 넘어서서 마리아에게 나타나서서 그를 부활의 첫 증인으로 삼아 여성에게 새로운 길을 열어 주셨다.

남성 중심의 교회는 복음의 핵심인 십자가와 부활의 증인이 여성이라는 사실을 그다지 부각시키지 않는다.[15] 가부장적 사회였던 복음서가 그 사실을 그대로 보도하고 있는데도 말이다. 예수님은 왜 복음의 핵심인 죽음과 부활의 첫 선포자로 남성이 아닌 여성을 세우셨을까? 그것은 당시 유대사회와 로마사회의 차별적 인간 이해를 뒤집음으로써, 복음은 차별과 불평등과 모든 장벽을 없애는 사건임을 온 세상에 선언한 것이다. 예수님이 죽음으로 없앤 장벽(엡 2:14-18)이 아직도 차별과 불평등으로 존재한다면, 그것은 하나님의 말씀과 예수님의 가르침을 거스르는 행동이다. 예수님은 유대법에 저항하여 새 창조의 새 질서를 세우셨다. 따라서 모든 차별과 불평등은 예수님이 만드신 새 창조의 새 질서에 역행하는 것이다.

예수님은 하나님 나라 복음을 선포하고, 귀신을 내어 쫓고, 치유하는 일에 남녀를 구분하지 않았다(막 5:25-34; 7:24-30; 눅 13:10-17). 하나님 나라 선포 사역에 많은 여성 제자들도 포함시켰다(눅 8:1-3; 23:27; 막 15:40). 예수님이 선포한 하나님 나라는 인간 사회에 존재하는 차별과 불평등을 없애고 사랑의 법을 세우는 것이다. 복음의 가장 핵심인 십자가 죽음과 부활의 첫 증인으로 여성을 택하신 것도 당시 사회의 통념을 변혁시켜 복음은 차별과 불평등의 어둠에 새 질서의 빛을 비추는 사건임을 선언하기 위함이다.

여자 없이 남자 없고, 남자 없이 여자 없다

창세기 1장 26절부터 28절과 쌍벽을 이루는 말씀은 바울이 말한 갈라디아서 3장 28절이다.

유대인도 그리스인도 없고, 종도 자유인도 없으며, 남자도 여자도 없습니다. 여러분은 그리스도 예수 안에서 모두 하나입니다.[16]

바울의 선언은 하나님의 평등한 창조원리를 가장 잘 반영한 구절이다. 첫 창조 때 하나님께서 남녀를 '하나님의 형상'대로 지으시고, 이 땅에서 '하나님의 형상'에 따라 살아가도록 하셨다. 그러나 하나님의 형상대로 창조되었던 인간은 선악과 사건으로 죄악이 들어오게 한다. 그 결과 세상은 불의와 불평등으로 가득해 '하나님의 의'가 사라졌다(롬 1:18-3:20). 타락으로 왜곡된 세상을 첫 창조 질서로 회복시키신 분이 예수 그리스도이다. 갈라디아서 3장 28절은 당시 가장 대표적으로 사회를 구성하는 세 요소의 차별을 타파한다. 첫째, 유대인과 이방인이라는 인종차별을 없앤 것, 둘째, 주인과 노예의 신분차별을 없앤 것, 셋째 남자와 여자라는 성차별을 없앤 것이다.

그리스도를 통한 새 창조 질서는 불의와 불평등으로 점철된 모든 차별과 장벽을 허물고(엡 2:14-18), 동등과 평등으로 하나님의 의를 이룬 것이다.[17] 이것이 예수님께서 오신 목적을 가장 잘 드러내 주는 말이다. 유대인과 헬라인 사이의 인종차별, 주인과 종 사이의 신분차별, 남자와 여자의 성차별이 뚜렷이 존재하는 당시 유대사회와 로마사회에서 차별 없는 동등성을 선언한 바울 사상은 예수님의 뜻처럼 사회의 변혁을 이루는 혁명과도 같다. 복음은 불평등과 불의를 가져오는 세상의 모든 차별을 해소한다. 그리스도의 복음이 선포되는 곳에는 인종 해방과 여성 해방과 노예 해방 운동이 발생하며 인권 보호가 일어난다.[18] 초기 교회에서 바울이 선포한 세 가지 형태, 곧 인종차별, 성차별, 신분차별, 중에서 인종차별과 신분차별은 없어졌다. 그런데 유독 성차별은 오늘날까지도 없어지지 않고 있다. 참으로 이상한 일이 아닐 수 없다.

주 안에서 남자 없이 여자 없고, 여자 없이 남자 없다(고전 11:11). 여자와 남자로 성을 창조하신 하나님의 뜻은 여성과 남성이라는 존재에 투영되는 하나님의 형상을 바라보며, 사랑과 평화와 연합의 조화로 기쁨의 공동체를 만드는 것이다. 어느 한쪽 성(性)으로가 아닌, 양쪽 성을 통해서만 하나님의 온전한 뜻과 목적이 이루어진다. 예수님께서도, 사도 바울도 하나님이 창조하신 성의 동등함을 선언하는데, 교회는 유대교와 교부들이 그랬던 것처럼 여전히 여성을 지도자의 길에서 제외하거나 제한하고 있다.[19] 유대인으로서 바울은 여성에 관한 유대교 가르침을 버리고 수많은 여성 동역자들과 함께 하나님 나라를 확장해 나갔다.

차별과 불평등이 존재하는 것은 어둠에 빛을 비추는 예수 그리스도의 새 창조[20]를 무색하게 만드는 것이다. 단단히 닫혀 있는 곳에 말씀의 창조로 인해 하늘과 땅이 열리듯 '열림'이 일어나는 사건이 복음이다(고후 4:6). "빛이 있으라"(창 1:3)는 하나님의 말씀에 빛이 비춰듯, 예수 그리스도가 우리의 마음에 빛으로 임하여 새로운 창조가 일어난다(고후 5:17). 복음이 닫혀 있는 모든 곳에 열림이 일어나게 하듯, 뒤틀리고 부패하고 불의한 어둠에 빛이 들어오게 하여 하나님의 형상으로 회복되게 하는 것이 하나님의 뜻이다.[21] 복음이 하나님의 능력인 것은 세상의 모든 죄와 불의를 없애고 하나님의 의가 실현되기 때문이다.

그리스도를 따르는 사람들은 모든 불의와 억눌림과 속박의 어둠을 걷어내야 한다. 차별과 불평등을 생산하는 사람은 그리스도의 십자가 죽음을 헛되게 만드는 것이다. 주의 형제 야고보는 예수 그리스도에 대한 믿음을 가졌다면 사람을 차별하지 말라고 한다(약 2:1). 바울이 세워나갔던 초기교회는 평등과 동등이라는 하나님의 창조질서를 따르며 실천해 나갔다.[22] 그런데 아이러니하게도 이천년이 지난 오늘의 현실은 오히려 창조질서에 역행하고 있다. 인간이 자행하는 차별과 불평등은 그리스도께서 십자가 죽음으로 걷어내신 어둠 속으로 다시 걸어 들어가는 것과 다름없다.

초기교회 여성들의 눈부신 활약

여성이 하나님의 뜻에 따라 동등함을 기반으로 차별 없이 하나님의 일꾼으로 쓰임 받은 모습은 바울서신에서 볼 수 있다. 초기

교회 여성들의 공적 리더십이 한껏 발휘된 모습이 여기저기 나타난다. 특히 바울의 동역자들이 집중적으로 언급되고 있는 로마서 16장에서 여성의 이름이 눈에 띄게 많이 언급된다. 뵈뵈(1절), 브리스가(3절), 마리아(6절), 유니아(7절), 드루배나와 드루보사(12절), 버시(12절), 루포의 어머니(13절), 율리아(15절), 네레오의 누이(15절) 등이다.[23] 초기교회의 여성들은 지도자로서 눈부시게 활동했다. 그럼에도 불구하고 번역 성경들은 여성 지도자의 역할을 크게 약화시켜 표현한다. 로마서 16장에 등장하는 여성 지도자들 중 뵈뵈, 브리스가, 유니아를 살펴보자.

겐그리아 교회를 세운 뵈뵈

바울의 동역자로서 뵈뵈는 로마서 16장 1절부터 2절에서 처음 등장하는 인물이다. 뵈뵈는 바울이 2차 선교 여행에서 고린도에 도착하여 복음 선포할 때, 바울의 선교 활동에 많은 도움을 주었던 것으로 보인다. 그녀는 자기 집에서 교회로 모였고, 겐그리아 교회의 여성 지도자로 중요한 역할을 감당했다. 이 점은 바울이 뵈뵈에게 부여한 세 가지 칭호를 바르게 이해할 때 더 잘 알 수 있다. 세 가지 칭호가 우리말에서는 '일꾼'(diakonos), '자매'(adelphe), '보호자'(prostatis)로 번역되었다.

　뵈뵈에게 붙여진 첫 번째 호칭은 '아델페'(자매)다. '아델페'는 오늘날 우리가 교회의 일반 성도에게 붙이는 것과는 다르게 좀 더 특별하게 사용된다. 형제(아델포스)가 바울에게 동역자라는 의미로 사용되듯 자매에 해당하는 그리스어 '아델페'도 동역자라는 말과 같다.[24] 형제라는 칭호는 바울이 일반 교인을 향해 사용하는 '형제들'(아델포이)과는 구분된다. 부름말 '형제들'은 남자와 여자를 모두 포함하는 일반 성도들에 해당한다. '형제'는 복음 선포 사역을 감당하는 지도자에게 붙여진다. 이런 칭호와 일치하는 자매(아델페)는 사도의 '아내로서 자매'나(고전 9:5), 뵈뵈와 압비아(몬 2)의 경우에 사용되었다. 베드로의 '아내로서 자매'의 경우 '아내'와 함께 '자매'를 사용함으로써, 베드로의 아내는 단순히 아내의 위치뿐만이 아니라, 복음 선포 사역을 함께 감당했던 동역자 또는 지도자로 보아야 한다. 바울 서신에 등장하는 부부 사역자와 같은 역할을 감당한다.

두 번째 칭호는 '디아꼬노스'(diakonos)다. 바울은 일꾼에 해당하는 그리스어 '디아꼬노스'를 어떤 의미로 사용할까? 여기와 빌립보서 1장 1절에서 교회의 어떤 직분을 의미하는가에 대해 엇갈린 의견이 계속 있어 왔다. 어떤 사람들은 이에 관한 논쟁이 무익한 것이라고 본다.[25] 그러나 바울은 디아꼬노스란 용어를 매우 특별한 의미로 사용한다. 먼저 빌립보서 1장 1절에서 우리말로 번역된 '집사'(디아꼬노스)는 오늘날 교회 직분인 '집사'로 생각할 수 없다. 바울이 일반적으로는 복음 선포에서 지도자적 위치에 있는 사람들을 묘사할 때 디아꼬노스(개정: '일꾼')를 사용한다.[26]

흥미롭게도 바울은 자신의 사도직에 대해서도 디아꼬노스를 사용한다. 곧 바울은 '새 언약의[27] 일꾼'(고후 3:6), '하나님의 일꾼'(고후 6:4), '그리스도의 일꾼'(고후 11:23)이다. 바울에게 이 용어는 예루살렘 교회의 열두 제자를 중심으로 한 사도의 개념보다 더 확장된 의미로 사용된다. 특히 그는 고린도후서에서 '디아꼬노스'를 사도 개념과 동일하게 사용하며, 사도보다 오히려 '디아꼬노스'를 더 즐겨 사용한다. 디아스꼬노스는 아볼로(고전 3:5), 디모데(빌 1:1)를 비롯해 바울 자신에게도 해당한다(고전 3:5; 빌 1:1). 따라서 디아꼬노스인 뵈뵈도 바울, 아볼로, 디모데와 같은 교회 지도자다. 그럼에도 불구하고 오늘날 여성인 뵈뵈에게 붙여진 칭호들은 지도자의 역할을 약화시켜 표현된다. 공동번역의 경우 "겐그레아 교회에서 봉사하는 여교우 페베"라고 되어 있어서 여성의 지도자 이미지를 없애버린다.[28] '봉사하는 여교우'란 뜻으로 번역함으로써 여성 지도자 역할이 아닌 일반 성도로 이해하도록 한다.

세 번째는 '쁘로스따띠스'(prostatis) 칭호다.[29] 헬라어 성경에서 여기만 등장하는 이 호칭에 대해서는 의견이 분분하다. 이 표현은 대체적으로 '돕는 자',[30] '후원자', '지도자'등 세 가지로 해석된다.[31] 개역개정은 '보호자'로 번역한다. 어떤 학자는 지도자로 번역하는 것에 반대한다. 그 이유는 고대 세계에서 이단 단체들에서만 사용되었고, 여성이 교회 내에서 공적인 지도자 역할을 하는 경우가 없었다는 것이다. 그래서 '공동체의 지도자'를 의미하지도, '여자 후견인'을 의미하지도 않는다고 말한다.[32] 그러나 이런 주장은 모두 받아들이기 어렵다. 바울은 이미 많은 여성 지도자들과 함께 일했고, 바울보다 먼저 여러 교회에서 지도자 역할을 한 여성도 있기 때문이다. 그 칭호가 본래 가지고 있는 뜻을 애써 포기하려는 것은 가부장적 사고에서 여성을 교회 지도자로 인정하기를 꺼려하는 데서 생겨난 해석으로밖에 생각할 수 없다.

'쁘로스따띠스'를 후원자(patron)로 볼 수도 없다. 이 단어의 동사 의미는 '지도자나 통치자가 되다'란 뜻이다. 만일 후원자의 기능이 재정 지원이라는 것에 있다면 뵈뵈는 재정 지원을 하는 바울의 조력자가 된다. 그러나 쁘로스따띠스가 후원자나 기부자를 지칭하는 일반적 용어였다는 증거는 명확하지 않다. 쁘로스따띠스는 '지도자'로 보는 것이 더 타당하다. 또 다른 사람은 그 칭호가 지도자를 뜻하지만, 여성이 바울보다 우위의 지도자적 위치에 서는 것을 상상하기 힘들다는 이유로 뵈뵈에게는 지도자 역할을 부여하지 않는다. 지도자를 뜻하는데도 여성에게만은 부여할 수 없다는 것은 모순이다. 바울이 공식적으로 자신에게 부여하는 디아꼬노스 칭호로 뵈뵈를 부르고 있는데, 쁘로스따띠스를 '지도자'라고 부르지 못할 이유가 없다. 여성에게 지도자 역할을 부여하지 못할 이유가 전혀 없다.

교회 개척에 탁월한 브리스가

브리스가가 교회 개척에 탁월했다는 것을 우리는 바울의 편지들에서 볼 수 있다. 우리가 살펴보고 있는 로마서 16장에서 바울은 브리스가를 '나의 동역자'로 소개한다(롬 16:3). 브리스가와 아굴라 부부는 생명의 위험을 무릅쓰고 바울의 목숨을 살려 준 사람들이며, 이방 사람의 모든 교회가 그들에게 감사하고 있다(롬 16:4). 바울이 브리스가를 향해서 왜 이방인들의 '모든 교회'라고 언급할까? 실제로 브리스가와 아굴라는 고린도(유럽), 에베소(소아시아), 심지어 바울이 그토록 방문하고 싶어 했던 로마에 이르기까지 모든 교회의 복음 선포자라는 사실이 성경을 통해 입증된다.

바울이 고린도교회를 세우기 전에도 브리스가는 이미 고린도에서 복음 선포자로 사역하고 있었다(행 18:1-2).[33] 브리스가와 아굴라 부부는 원래 로마교회에서 유대 그리스도인으로서 복음을 선포하는 사역자였다. 그런데 A.D. 49년 클라우디우스 황제 때 유대인 추방 명령으로 로마를 떠나야만 했었기 때문에, 고린도로 가서 복음 선포자로 활동하고 있었던 것이다. 특히 유대인 여성인 브리스가는 여성에게 가르침을 금하고 있는 유대법에 맞서 가르침의 사역을 실천했던 잘못된 유대교 관행을 바로 세우려는 지도자이다(행 18:1 이하). 여성 사역자 브리스가는 알렉산드리아 출신의 사도 아볼로에게 '하나님의 말씀'을 가르쳤다(행 18:26). 그녀는 유대인 여성으로서 명성 높은 남성까지 가르치는 역할을 담당했다. 여성에게 가르침을 받는 남성 아볼로는 "말을 잘하고 성경에 능통한 사람"(행 18:24)으로 소개되어 있다.

바울은 그들과 함께 동역자로서 복음을 선포한다. 바울서신에서 '동역자'란 바울처럼 하나님이 위임한 복음 선포사역 또는 선교사역을 수행하는 사람들을 가리킨다.[34] 이들 부부와 바울은 모두 천막 만드는 직업을 가졌기 때문에 사역자로서 일하기가 훨씬 쉬웠을 것이다. 후에 그들은 함께 고린도를 떠나 에베소로 선교 여행을 떠났으며(행 18:18-19), 한동안 그곳에 정착했을 것으로 보인다(고전 16:19). 로마서 16장에 따르면 브리스가와 아굴라는 로마에 돌아온 것을 알 수 있다. 이후에 바울이 디모데에게 맡긴 에베소교회 수신지인 디모데후서의 문안 인사 명단에 언급된 것을 보면, 다시 에베소로 돌아가서 사역을 했음이 드러난다(딤후 4:19).

브리스가는 초기교회 선교사역에서 매우 중요한 지도자였다. 처음에는 바울과 독자적으로, 후에는 바울과 동역함으로써 바울 선교에 큰 영향을 끼친다. 흥미로운 것은 이들 부부 중 남성인 아굴라라는 이름보다 브리스의 이름이 먼저 언급된다는 점이다(참조. 행 18:18,26; 딤후 4:19).[35] '브리스가' 이름이 앞에 나온 것은 선교사역에서 또한 교회 공동체에서 그녀가 매우 중요하고 두드러진 역할을 담당했다는 것을 보여준다(행 18:24-28). 브리스가는 소아시아와 유럽을 넘나드는 이방 교회들 가운데 널리 알려진 모든 교회의 지도자다(롬 16:4). 특히 바울이 세우지 않은 로마교회의 중요한 지도자이다.

뛰어난 사도로 칭송받은 유니아

유니아의 경우 뛰어난 사도로 칭송받았던 여성 지도자다. 우리는 지금까지 유니아가 여성 사도로 활약했던 사람이라는 점에 크게 주목하지 않았다. 그 이유는 이 구절에서 바울이 언급한 사항을 번역에 잘 반영하지 않았기 때문이다. 로마서 16장 7절에서 유니아는 바울의 친척으로 언급된다. 특별히 유니아[36]는 사도로 일컬어진다. 여성에게 사도라는 호칭을 부여하고 싶지 않거나 사도는 남성이어야 한다는 전통적 선입견 때문에 사람들은 유니아를 수세기 동안 남자로 오인하였다. 물론 여성 유니아(Junia)일 수도, 남성 유니아스(Junias)일 수도 있다. 그러나 여성 이름 '유니아'가 당시 아주 흔한 이름인 반면, 남성 이름 '유니아스'(Junias)는 어디에서도 언급되지 않는다는 점에 주목해야 한다.[37] 헬라어를 모국어로 사용하는 고대 교부들도 안드로니코스의 동반자를 여성 '유니아'로 생각했다. 여러 가지 근거로 우리는 유니아를 여성으로 보지 않을 이유가 없다. 여성으로 볼 경우 '안드로니코스와 유니아'는 브리스가와 아굴라의 경우처럼 부부로서 복음 선포자로 활동했다고 볼 수 있다. 굳이 남성으로 보려는 것은, 여성은 사도의 자격이 없고, 남성만이 사도가 될 수 있다는 가부장적 이해에서 비롯된다.

또한 우리말 성경에는 그들이 '사도들에게 존중히 여겨진' 사람으로 표현되어 있다(개정개역, 롬 16:7). 그러나 이 표현은 '사도들 가운데 뛰어난' 사람으로 읽어야 한다. 그리스어 '에삐세모스'(episemos, 개정: '존중히')는 '탁월한', '뛰어난', '유명한'을 뜻하기 때문이다. 그렇다면 유니아는 여성 사도이며, 사도들 가운데서도 탁월한 사도라는 것을 말해준다. 또한 그들은 바울보다 먼저 그리스도인이 된 사람들이다. 유니아와 안드로니코스는 부부 사역자로 볼 수 있으며, 그들은 사도로서 활동했고 사도들 가운데서도 탁월한 사역자이며, 바울보다 먼저 그리스도인이 된 사람이다.

여성의 리더십이 교회를 일으키다

이제 우리는 여성 리더십과 더불어 그 중심이 되었던 가정교회를 살펴볼 필요가 있다. 처음 교회의 발원은 가정교회로 이루어졌다. 성경에서 가정교회가 많이 언급된다. 가정교회는 집에서 모이는 교회를 말하며, 신약에서 '집과 교회'가 나란히 언급되어 가정교회로 명확하게 표현되는 곳도 4회나 등장한다(고전 16:19; 롬 16:5; 몬 2; 골 4:15). 가정교회는 복음이 선포되는 도시들에서 그리스도교 선교의 시작과 중심이 되었다. 처음 예수 그리스도를 믿는 공동체는 회당에서 가정교회로 옮겨갔고, 가정교회는 본격적으로 여성들이 복음의 적극적 참여자일 뿐 아니라, 교회의 지도자 역할을 수행하는 자리가 되었다.

초기교회는 성별(남·녀), 신분(자유인과 종), 인종(유대인과 헬라인)의 차별을 없애고(갈 3:28), 모든 그리스도인들을 향해 열려 있는 곳이었다. 여기는 모든 사람이 한 마음과 한 뜻이 되어 모든 물건을 서로 통용하고 자기 재물을 조금이라도 자기 것이라고 생각하는 사람이 하나도 없는 공동체를 이루는 공간이 되었다(행 4:32). 그리스도 예수 안에서 서로가 연합을 이루며, 그리스도인이 다 함께 어울리는 초기교회는 지도자로서 여성의 역할이 큰 영향력을 미쳤다. 교회는 가부장적 가정의 틀을 깨고 그리스도 안에서 차별 없는 새로운 길을 열어주었고, 유대교와는 다르게 초기교회에서 여성의 역할이 크게 존중받았을 뿐 아니라, 여성 지도자가 눈부신 활약을 했다. 앞에서 살펴본 세 여성 지도자 외에도 가정교회에서 활동한 글로에(고전 1:11), 압비아(몬 2), 눔바(골 4:15)는 단지 자신들의 집만을 제공한 것이 아니라 교회의 지도자 역할을 했다.

초기교회의 여성 리더십은 가정교회를 통해 새 시대를 열어가는 귀한 역할을 감당해왔다. 가정교회를 통하여 여성이 복음 선포 사역과 목회현장에서 적극적이고 능동적으로 참여할 수 있었다.

초기교회에서 하나님의 뜻에 걸맞게 남녀 차별 없이 진정한 동역자로서 교회를 위해 여성과 남성이 목회사역에 함께 뛰어들 수 있었던 것은 매우 고무적이다.

결론적으로 소아시아와 유럽에 있던 초기교회의 흐름은 가정교회를 터전으로 한 여성 중심의 교회였다. 교회의 현장에서 여성들은 성령의 은사를 받아 하나님 나라 사역에 적극 참여하여 공동체를 이끌어갔다(고전 11-14장). 하나님 나라는 지배자도 피지배자도 없는 자유와 평등과 정의와 사랑과 평화와 기쁨이 있는 곳이다. 하나님이 남녀의 성을 창조한 것은 인류 역사와 교회 역사가 그래왔듯이 남녀 종속관계, 지배적 관계를 위해서 창조한 것이 아니다. 하나님이 창조하신 성에 따라 남녀가 서로 '함께 어울림'이 있는 공동체가 되었을 때, 모든 일에 가장 최대치의 역량을 끌어낼 수 있다. 따라서 동등한 남녀의 역할을 무시한 채 여성의 역할을 제한시키는 것은 하나님의 말씀과 하나님의 뜻을 거스르는 행동이다. 남녀가 '함께 어울림'은 모든 사회와 모든 세상이 건강하게 돌아가는 매우 중요한 창조 원리다.

로마서 16장에 언급된 바울의 동역자 명단을 보면, 여성들의 활동이 아주 활발했으며 교회 사역에 대한 영향력이 매우 컸음을 알 수 있다. 로마서 16장의 명단 26명 중에서 바울이 교회에서 적극적이며 활발하게 활동한 동역자들로 높이 칭찬한 사람들은 주로 여성이었다.[38] 바울은 브리스가와 유니아를 단지 가부장적 가정 형태가 지닌 남편의 아내로 보지 않는다. 초기교회의 여성들은 복음 선포나 교회를 이끌어가는 지도자로서 활발하게 활동했다.[39] 브리스가는 당시 고린도,[40] 에베소, 로마에서 교회를 개척한 여성 지도자다. 대륙을 넘나드는 모든 교회에서 때로는 바울과 함께, 때로는 바울과는 독자적으로 여러 교회의 지도자로 활동했다. 유니아는 사도들 가운데서도 '뛰어난 여성사도'로 칭찬받는다. 뵈뵈는 바울과 독자적으로 겐그레아 교회의 지도자로 활동했다. 뵈뵈에게도, 브리스가에게도, 유니아에게도 성경에서 말하는 본래의 의미를 부여하여 초기교회 여성 지도자의 자리를 되찾아주어야 한다. 또한 오늘의 한국교회는 올바로 해석된 성경 말씀에 따라 초기교회 여성 리더십을 회복시켜야 한다.

복음은 차별이 없으며, 복음이 있는 곳에는 동등과 평등의 빛이 밝게 비친다. 하나님의 자비하심과 돌봄, 예수님의 긍휼하심과 돌봄의 DNA는 여성에게 더 활발하다. 그러기에 교회에서 여성의 역량을 키워나가는 일은 시급하다. 성경 말씀에 따라 여성 리더십을 다시 세우고 남녀의 역량을 살려서 함께 역사를 이끌어가야 한다. 교회가 예수 그리스도의 긍휼하심과 돌봄을 본받아 사랑과 평화와 기쁨의 신앙공동체로 세워져 가기를 희망한다.

말씀 포인트

남자와 여자를 창조하신 하나님(창 1:27)

하나님께서는 자신의 형상대로 사람을 창조하시되, 남자와 여자라는 성(性)도 창조하셨다. 이는 하나님의 형상이 남성과 여성이라는 두 성이 함께 했을 때 더 잘 드러난다는 뜻이다. '아담이 혼자 있는 것이 좋지 못하다'(창 2:18)는 것은 외로움을 말하는 것이 아니라, 사람이 어느 성(性) 하나만으로는 '좋지 못하다'라는 뜻이다.

하나님의 형상을 닮은 인간은 남성과 여성이 함께 어울림이 있을 때 가장 좋은 상태다. 하나님이 아담과 하와를 창조하시고 '보시기에 심히 좋았더라'고 하신 말씀은 여성과 남성이 함께 어울려있을 때이며, 어느 한 쪽만으로는 아니다.

여성과 남성의 독특한 성품들은 서로 함께 어울릴 때 최고치를 형성한다. 여자와 남자로 성을 창조하신 하나님의 뜻은 여성과 남성이라는 존재에 투영되는 하나님의 형상을 바라보며, 사랑과 평화와 연합의 조화로 기쁨의 공동체를 만드는 것이다.

함께 어울리는 '네게드'(창 2:18-25)

우리말 성경에서 '배필'에 해당하는 히브리어 네게드(neged)는

'상대자'를 뜻한다. 남성인 아담 혼자는 성의 완전체를 이루지 못하며, 다른 성의 상대자가 있을 때 완전체를 이룰 수 있다는 뜻이다.

여성과 남성은 상하관계가 아닌 서로 도움을 주는 협력자, '에제르 케네그도(네게드)'로 창조되었다. '돕는'으로 번역된 히브리어는 '에제르'(ezer)다. '에제르'는 '도움을 주는 자'를 뜻한다. 구약성경에서 도와주는 자(ezer)는 하나님에 대한 칭호다(출 18:4). 하나님이 이스라엘에게 '도움을 주시는 분', 또는 하나님은 이스라엘의 '도움'이라는 구절은 여러 곳에서 볼 수 있다(신 33:7; 시 20:2). '도움을 주는 자'란 서로를 필요로 한다는 의미이다.

하와가 아담의 갈비뼈로 창조되었다는 것은 남녀가 같은 뼈와 살로 이루어진 동질의 존재들임을 보여준다. 하와와 아담의 모든 것이 분리할 수 없는 한 몸이라는 것이며 이는 우월과 열등의 관계가 아닌, 상호조화의 관계를 말한다.

'도움을 주는 상대자'라는 말에서 보여주듯 인간에게 최상의 상태는 '함께 어울림'이 있을 때다. 하나님의 뜻은 어느 한 쪽이 다른 한 쪽을 차별과 불평등으로 대하는 것이 아니라, 함께 어울려 서로 도움을 주며 온전함을 이루는 것이다.

여성을 세우신 예수님(막 14:3-9; 16장)

예수님이 이 땅에 오신 것은 모든 차별과 불평등을 없앤 사건이다. 차별과 불평등은 예수님이 만드신 새 창조의 새 질서에 역행하는 것이다.

예수님은 하나님 나라 복음을 선포하고, 귀신을 내어 쫓고, 치유하시는 일에 남녀를 구분하지 않으셨다(막 5:25-34; 7:24-30; 눅 13:10-17). 예수님은 하나님 나라 선포 사역에 많은 여성 제자들도 포함시켰다(눅 8:1-3; 23:27; 막 15:40).

복음의 가장 핵심인 십자가 죽음과 부활의 첫 증인으로 여성을 세우신 것도 당시 사회의 통념을 변혁시켜 복음이 차별과 불평등의 어두운 세상에 새 질서의 빛을 비추는 사건임을 선언하기 위함이다.

예수님이 선포한 하나님 나라는 인간 사회에 존재하는 차별과 불평등을 없애고 사랑의 법을 세우는 것이다.

함께 사역한 사도 바울(갈 3:28)

바울도 예수의 행함을 그대로 따라간다. 갈라디아서 3장 28절은 바울이 하나님의 평등한 창조원리를 가장 잘 반영한 구절이다. 또한 예수님이 오신 목적을 가장 잘 드러내 주는 말씀이다. 당시 사회의 인종차별, 성차별, 신분차별을 없앤 선언이다.

그리스도를 통한 새 창조의 질서는 불의와 불평등으로 점철된 모든 차별과 장벽을 허물고(엡 2:14-18), 그리스도께서 십자가에 죽음으로써 어둠을 걷어내고 동등과 평등으로 하나님의 의를 이룬 것이다.

뵈뵈의 아델페, 디아꼬노스, 쁘로스따띠스 직분(롬 16:1-2)

바울의 동역자 뵈뵈는 자기 집에서 교회로 모였고, 겐그리아 교회를 세운 여성 지도자다. 바울이 뵈뵈에게 부여한 세 가지 칭호를 통해 당시 교회의 여성 지도자 역할을 잘 알 수 있다.

아델페

뵈뵈에게 붙여진 첫 번째 호칭은 '아델페'(자매)다. '아델페'는 오늘날 우리가 교회의 일반 성도에게 붙이는 것과는 다른 좀 더 특별한 용어다. 형제(아델포스)가 바울에게 동역자라는 의미로 사용되듯 '자매'에 해당하는 그리스어 '아델페'도 동역자라는 뜻이다.

아델포스(형제)와 아델페(자매)는 바울이 자신의 동역자들에게 붙인 칭호로서 교회의 지도자 역할을 감당한다. 뵈뵈는 겐그레아 교회를 개척한 교회 대표자로 볼 수 있다.

디아꼬노스

'디아꼬노스(diakonos)' 용어는 빌립보서 1장 1절에서도 언급된다. 우리말로 번역된 '집사'(디아꼬노스)를 오늘날 교회 직분인 '집사'로 생각할 수 없다. 이 용어는 교회의 지도자들에게 사용된다.

일반적으로는 바울이 복음 선포에서 지도자적 위치에 있는 사람들을 묘사할 때 디아꼬노스(개정: '일꾼')를 사용한다. 바울은 지도자의 의미를 넘어서서 자신의 사도직에 대해서도 디아꼬노스로 표현한다.

바울은 자신을 '새 언약의 일꾼'(디아꼬노스, 고후 3:6), '하나님의 일꾼'(고후 6:4), '그리스도의 일꾼'(고후 11:23)으로 부른다. 특히 고린도후서에서 바울은 '디아꼬노스'를 사도 개념과 동일하게 언급하며, 사도 칭호보다 오히려 '디아꼬노스'를 더 즐겨 사용한다.

디아꼬노스는 아볼로(고전 3:5), 디모데(빌 1:1)를 비롯해 바울 자신에게도 해당된다(고전 3:5; 빌 1:1). 따라서 '디아꼬노스'인 뵈뵈도 바울, 아볼로, 디모데와 같은 교회 지도자다.

쁘로스따띠스

뵈뵈에게 붙여진 세 번째 칭호는 '쁘로스따띠스'(prostatis)다. 헬라어 성경에서 여기만 등장하는 이 칭호는 대체적으로 '후원자,' '보호자'로 번역되어 사용하지만, 원래 그 이상의 뜻을 가진다.

'쁘로스따띠스'가 후원자나 기부자를 지칭하는 일반적 용어였다고 볼 증거는 명확하지 않다. 그래서 '쁘로스따띠스'는 교회의 '지도자'로 보는 것이 바람직하다.

뛰어난 사도로 칭송받은 유니아(롬 16:7)

'안드로니코스와 유니아'는 브리스가와 아굴라의 경우처럼 부부로서 복음 선포자로 활동했다. 특히 유니아는 뛰어난 사도로 칭송받았던 여성 지도자다.

우리말 성경에는 그들이 '사도들에게 존중히 여겨진' 사람으로 표현되어 있다(개정개역, 롬 16:7). 그러나 이 표현은 '사도들 가운데 뛰어난' 사람으로 읽어야 한다. 그리스어 '에삐세모스'(episemos,

개정: '존중히')는 '탁월한', '뛰어난', '유명한'을 뜻한다.

그러므로 유니아는 여성 사도로 볼 수 있으며, 사도들 가운데서도 탁월한 사도라는 것을 말해준다. 또한 유니아는 바울보다 먼저 그리스도인이 된 사람이다.

유럽과 아시아의 교회 지도자 브리스가(롬 16:3-4; 딤후 4:19)
브리스가와 아굴라는 고린도(유럽), 에베소(소아시아), 심지어 바울이 그토록 방문하고 싶어 했던 로마에 이르기까지 모든 교회의 복음 선포자다.

바울이 고린도교회를 세우기 전에도 브리스가는 이미 고린도에서 복음 선포자로 사역하고 있었다(행 18:1-2). 브리스가는 초기교회 선교사역에서 매우 중요한 지도자였다.

처음에는 바울과 독자적으로, 후에는 바울과 동역함으로써 바울 선교에 큰 영향을 끼친다. 브리스가는 소아시아와 유럽을 넘나드는 이방 교회들 가운데 널리 알려져있는 모든 교회의 지도자다(롬 16:4).

신약성경에서 볼 수 있는 여성 지도자들은 초기교회 시대에 가정교회를 세운 선구자들이며 그리스도 안에서 차별 없는 새로운 길을 열어주었다. 그들은 복음 선포 사역과 목회현장에서 적극적이고 능동적인 참여자로서 하나님 나라를 열어가는 사람들이었다.

'차이'나는 그녀,
공감하는 리더십

남은경

'차이'나는 그녀,
공감하는 리더십

자유하지 못한 우리

최근 우리 사회 가운데 쟁점이 되는 『82년생 김지영』이라는 책이 있다. 그녀는 이름처럼 우리가 길 가다가 혹은 커피숍에서 쉽게 만날 수 있는 그저 평범한 여성이다. 지영씨는 집안에서, 학교에서, 직장에서 그리고 결혼생활에서 마주한 현실을 성실하고 지혜롭게 극복하고자 애써왔다. 그렇지만 그녀는 "너 하고 싶은 거해!"라는 어머니의 지지에도 불구하고 사회문화적 장벽에 어쩔수 없이 막혀버린 자신의 처지에 한숨 짓는다. 작가는 김지영과 비슷한 아픔을 겪는 대다수의 한국 여성들에 대해 안타까워하며 답답해한다. 그러면서 여성이 자기답게 살 수 있는 다양한 삶의 기회와 자율적 선택권을 허용하라고 우리 사회에 외친다.[1] 때마다 꾸었던 미래의 꿈을 좇아 제대로 살았더라면 더 풍성하게 변모할 수 있었을 텐데... 그녀는 왜 자기도 모르는 잠재력을 다 발휘해 보지 못한 채 거기 멈추어 맴돌 수밖에 없었을까? 교육은 평등해졌지만, 직장이나 결혼생활에서 남녀 사이 평등은 아직 격차가 크다. 이 문제는 한국 사회 여성들의 경우만이 아니다. 이런 문제는 교회 안에서도 얼마든지 발견된다. 많은 여성 성도들이 여전히 교회의 위계적 문화에 눌려 산다. 그녀들의 개성은 보편화 되고, 고유한 은사도 묻혀 버려 그리스도인으로서 개별적 정체성은 혼미해져 버렸다. 그러니 누군가 기대를 안고 교회에 와 봐도 사회의 그것과 다를 바 없는 내부 현실에 실망하게 된다.

세계 리더십 학계는 여성이 지도자가 되기 어려운 가장 큰 장애 요인으로 우리가 사는 사회의 종교·문화적 편견을 꼽는다. 이전과 비교해 여성의 교육수준과 사회적 지위가 향상되었음에도 교회에서는 여전히 성차별이 재생산되고 있다.[2] 한국 기독교의 괄목할 만한 성장 이면에 여성은 항상 부차적이며, 드러나지 않는 존재로 보여 왔기 때문이다. 이런 현상에 대해 한 여성 신학자는 교회 공동체의 문화적 환경이 여전히 '남성 중심 시스템'이라는 것을 지목한다. 가부장적인 체제란 남성이 여성과 어린이에 대해 통제와 권위를 갖는 시스템으로, 이러한 환경에서 희생과 봉사가 기독교 덕목으로 포장되어 여성에게만 요구된다는 것이다.[3] 이런 현실에서 한 여성이 주체성을 가지고 가정과 교회에서 자아실현이나 하나님 나라의 비전을 구할 경우 그녀의 용기는 자칫 죄책감으로 변질되기 쉽다.

　태초에 인간을 지을 때 하나님은 자신의 형상대로 지었다. 그리고 인간에게 자신을 대표할 수 있는 권세를 부여하고, 그들을 '남자'와 '여자'라고 칭하심으로서 상호 동등함을 분명히 밝혀주었다(창 1:26-31). 이후 그리스도가 '새 창조'를 천명하였음에도 남·여의 위치가 불균형한 것은 타락 이후 역사 과정에서 꾸준히 왜곡된 결과이다.[4] 세상 시작의 이야기는 하나님 앞에서 인간의 기원과 그 상태가 어떠했는지에 대해 말해준다(창 1:27, 창 2:18-24). 하나님이 그의 형상을 따라 창조하신 한 인간(Adam)으로부터 남자(Ish)와 여자(Ishah)가 만들어졌으니 이 둘은 '닮음'과 '다름'이라는 특질을 동시에 담지하고 있다고 할 수 있다. 둘은 모두 하나님을 닮았고, 재료도 같다. 그래서 동등하다. 그렇지만 하나님은 성(性)적으로 구별되는 두 존재를 창조하셨다. 27절은 "하나님이 자기 형상 곧 하나님의 형상대로 사람을 창조하시되 남자와 여자를 창조하시고"라고 기록하고 있다. 하나님은 남자와 여자가 '서로를 향해 있음'으로 인해 존재하도록 하셨다. 이 둘은 같은 인간이지만 각자 다른 방식으로 각자의 인간됨을 표현한다. 하나님의 부르심에 대해 인간은 '하나'가 되어야 한다(창 2:24). 그런데 남자와 여자는 에덴에서 쫓겨난 이래 분리된 둘 사이의 거리를 좁히지 못한 채 지배와 종속의 관계로 내달았다. 역사 속에서 둘의 다름이 '차이'가 아니라 '차별'로 변질되어 버린 것이다. 이런 식의 인류의 잘못된 향방을 바로 잡을 수 있는 분은 바울의 주장대로 오직 한 분인 예수 그리스도뿐이다. 그리스도를 믿음으로 구원받은 자들은 남자이든 여자이든, 어른이든 아이든, 부자이든 빈자이든, 지식인이든 못 배운 자이든 그 성별이나 나이, 종족이나 사회적 신분이라는 어떠한 조건에도 구애받지 않는다. 우리는 그리스도 안에서 모두 동등하기 때문이다(갈 3:28).

　서구 근현대 역사를 보더라도 여성들이 앞장서서 삶의 현장에서 복음의 정신을 지켜왔음에도 불구하고 교회에서는 전통이라는 명분으로 남성 우위의 차별적 특권이 유지되어 왔다.[5] 이렇게 남·여 차별적 문화에 편승하는 관행이 비판 없이 용납되는 현상은 기독교에서 여성 리더십 구축을 지연시키고 있음이 틀림없다. 이에 연구자는 여성은 어떤 차별적인 위치에 있는 것이 아니라, 다양하게 '차이' 나는 고유한 존재임을 발견하게 하는 '기독교여성리더십교육'을 주창하면서, 그 근거를 '차이의 철학'과 '차이를 생성하는 페다고지'에서 찾고자 한다.

자문화 블랙홀

우리 사회는 어떤 이상(理想)을 정해 놓고 그것에 가까운 유사치를 정당화하여 그것과 같게 흡수, 모방, 동화되도록 하는 병폐를 안고 있다. 그 이상에 동화되지 못하면 그룹에서 배제되기가 십상이다. 그래서 서로 비교하다 자신의 다름이 불행으로 비쳐지니, 그 이상에 근사하게 되돌아가려 안간힘을 쓴다. 이렇게 다양성과 다름은 어떤 대표되는 것에 지배당한다. 속옷 브랜드인 <빅토리아 시크릿>은 날씬하지만 가슴과 엉덩이가 큰 여성들을 모델로 내세워 성을 상품화한다는 비판을 받는다. 그렇다. 여자라면 이러 저러한 이상화된 체격을 가져야 매력적이라는 암시를 던진다. 브랜드가 제안하는 엄청난 볼륨 앞에서 그 범위에 들지 못하는 뭇 여성들의 자존감은 여지없이 위축되고 만다. 누가 만든 기준인가? 창조주 하나님이 하와를 뉴 페이스 탤런트로, 미스 유니버스 몸매로 만드셨을까? 성탄 시즌에 우리가 흔히 만나는 예수님의 어머니 마리아의 이미지를 보아도 그렇다. 그녀는 한결같은 흰 피부에 가냘픈 몸매로 모성애를 발산하는 여인의 모습을 하고 있다. 그것은 중세교회가 부여한 여성상으로 오늘날까지 일반화되고 있다. 문제는 이 정형화된 이미지가 상황에 따라 수정되고 있지 않다는 점이다. 헤어스타일만 해도 그렇다. 어떤 이는 허리까지 내려오는 검은 머리채를, 어떤 이는 빠글거리는 퍼머넌트로, 또 어떤 이는 심플한 커트머리로 개성을 표현한다. 그런데 나름 멋을 살려 짧게 다듬었을 때 왜 여성스럽지 않은 머리 모양을 했냐며 눈총을 주는 주변의 소리가 있다. "내 머리가 어때서?" 반박하며 용기를 내보는 쪽에서도 내심 불편하지 않을 수 없다. 우리는 이 규격화된 최상의 모델 설정과 그 기준의 근거가 어디에서 나왔는지 묻지도 따지지도 않는다. 남들의 이상을 나의 것인 양 무비판적으로 수용하다 보니 어떤 표준이 무의식 속에 자리 잡게 되었다. 그리고 평생 그것을 추구한다. 결국, 너나 나나 다를 바 없는 동일성의 블랙홀로 빠져 영영 자신을 찾지 못한 채 소중한 생을 헤맨다.

십년 간의 유럽 생활을 마치고 귀국해 보니 문화충격이 만만치 않았다. 학교에서 강의할 때 입을 정장을 구매하고자 백화점을 한 바퀴 돌았지만 결국 빈손으로 돌아올 수밖에 없었다. 내 눈에는 그 옷이 그 옷으로 비쳤기 때문이다. 분명 메이커가 다른데도 그 많은 제품들의 소재나 디자인에 별 차이가 없다. 그도 그럴 것이 나는 한여름에 가죽 재킷을 걸쳐 입어도 누구도 이상하다는 눈총을 보내지 않는 곳, 명품이 아니어도 나름 멋쟁이 코디네이션이 가능한 다양한 의류를 쉽게 접할 수 있는 나라, 프랑스와 유럽에 머물렀기 때문이다. 넓은 세상으로 들어가 보니 그 안에는 어떤 기준이 없는 듯했다. 특정 기준으로 사람을 바라보는 시선은 찾을 수 없었다. 아무도 통념이라는 테두리 안으로 들어오라고 요구하지 않은 것이다. 한 사람의 개성이며 기분을 그대로 인정한다. 그래서 그곳 사람들은 개인의 고유한 외양과 내면의 세계를 자유롭게 가꾸며 자존감을 돈독히 할 수 있나 보다. 반면에 우리 사회에서는 독특한 개성을 드센 성격이라며 외눈으로 바라본다. 한 무리 안에서 별나지 않게 비슷비슷해야 무난하게 동화될 수 있다고 보는 풍토가 있다. 개인마다 타고났거나 후천적으로 형성된 개성은 집단이 고수하는 절대적이며 최고 기준인 진선미에 가려진다. 더 큰 무리와 그 대다수의 가치관을 표준화하여 그것을 좇아가다 보니 상대와의 거리감은 어느새 사라지면서 서로에게 동화되어 결국 평준화된 기성 문화에 흡수되고 만다.

근대적 기독교의 후유증

서구의 기독교 선교사로부터 전해 받은 복음은 개화기 때 한민족의 정신적 지형 변화에 큰 영향을 끼쳤다. 개신교는 민족의 자주 독립운동, 학교와 병원 설립, 여성교육 등 공동의 선을 위한 노력에 힘을 모았다. 한편 국가 경제 발전기 동안 개교회들은 전도를 교회의 우선 과제로 여겨 많은 이들을 하나님에게로 인도하였고 외형적 성장도 일구었다. 그런데 오늘날 한국교회는 근대화의 역사적 과정에서 이룬 놀라운 성장 이면에 감추어진 부정적인 면

들이 밝혀지면서 사회로부터 비판을 면치 못하고 있다. 최근 조사
한 한국교회의 사회적 신뢰도는 30% 수준에 그쳤다.[6] 교회 세습,
부패, 자기 교회 이기주의 등 성경의 말씀을 머리로 알기만 하지
그에 어울리는 행함이 따르지 않는다. 그래서 '개독교'라는 오명
으로 불리기도 한다. 여기서 우리는 한국의 대다수 개신교회가 개
인의 영혼구원 혹은 세계선교에 편중한 반면 사회적 도덕성과 책
임성 교육에 소홀하여 불균형한 신앙관을 형성했다는 평가에 주
목할 필요가 있다. 이렇게 된 근본적 원인은 어디에 있을까? 우리
는 그 하나를 기독교 신학이 말하는 신관, 즉 하나님을 이해하는
사고방식에서 찾을 수 있겠다. 그것은 근대성의 특징이라고 할 수
있는 이성과 합리성에 근거한 세계관과 맞물려 있다.

　지젤(P. Gisel)은 근대 기독교의 '존재신론'을 재검토하면서 그
것이 우리 삶에 미친 영향을 다음과 같이 돌아본다.[7] 형이상학적
접근으로 신을 증명하는 서구 신학은 하나님을 지고지선(至高至
善)으로 정의한다. 이런 하나님은 세속화된 현대 사회 속에서 실
제가 아닌 단지 이상(ideal)일 뿐이다. 이데아로 높이 있는 신은
오늘날 만연한 환경문제, 사회적 갈등이나 복잡한 세상사에 시원
하게 대답하지 못한다. 한편 세상을 정복할 권한을 맡았다고(창
1:28) 착각한 인간은 자연도 개발해야 할 것으로, 그렇게 해서 마
음대로 처분할 수 있는 대상으로 격하하였다. 상호관계를 무시한
삶의 방식은 문화우월주의와 환경파괴라는 결과를 초래하였다.

인간은 자신 이외의 타자를 모두 비슷하게 동화되도록 압력을 행사하여 자동 소진 시키려 하였다. '주체(主體)'를 신뢰한 결과는 이기주의, 물질주의, 분파주의와 같은 부정적인 현상으로 마감되었다. 근대 교육사에서 지식은 지혜를 왜곡하여 발전하였으며, 윤리는 마치 하나의 정치적 이상으로 전체화 되어 버렸다.

이러한 근대화의 후유증은 서구의 자취를 좇던 한국 역사의 뒤안길에 마찬가지 앙금을 남겼다. 효율성을 우선시하는 모던코리아의 정책들은 작은 소리를 묻어버렸다. 과정을 돌아보지 않고 급하게 작동한 기계는 여기저기 망가질 수밖에 없다. 한때 놀라운 성장으로 세계선교를 담당했던 한국의 개신교회가 드러내 보이는 작금의 현상을 보더라도 그렇다. 한국교회는 다른 민족의 역사와 전통, 나와 다른 남의 형편이나 심정을 미처 헤아리지 않은 채 물량주의로 해결하려 하고 있다. 이웃과 충분한 소통 없이 사랑이라는 명목하에 일방적으로 상대를 대하고 있다. 대다수 성도들은 하나님의 역사하심을 기다리지 못한 채 단차원적이며 직접적인 계시만을 수용하였다. 다시 말해 우리는 하나님이 분명히 밝히는 그 생각과 내가 생각하는바 사이에서 우리가 인식해야 할 '차이'에 대해 고려하지 않았다. 상호성을 배제한 주체 중심의 신앙은 말 못하는 자연이나 이방인과 여성이 설 자리를 축소하였다. 결과적으로 현대 사회의 복잡한 문제에 답하지 못하는 교회에 사람들의 발길이 뜸하게 되었다.

나 중심의 서툰 사랑

　스미스(J. Smith)는 오늘날 포스트모더니즘적 사고방식의 영향 아래 사는 그리스도인들이 어떻게 하면 모더니즘의 잔재라고 할 수 있는 개인주의, 소비주의, 분리주의를 극복하면서 신앙공동체를 역동적으로 할 수 있을까를 고민한다. 그는 지금이 바로 근대에 인간이 '주체'가 되어 세상을 다스렸던, 즉 합리적 사고와 과학적 질문이 진리를 결정하는, 최고의 권한을 가졌던 이성 중심의 체계를 헐어내고 기독교가 원래 지향해야 할 통전적인 인간상을 추구할 기회라고 보았다.[8]

　근대적 개념의 주체 중심주의란 타자를 주체로 인정하지 않고 객체, 즉 나와는 상관없는 다른 대상으로 여긴다는 뜻이다. 우리의 짧은 생각이 피조된 인간의 고유성이 갖는 본래적 구별됨을 우열 관계로 바꾸었다. 실제로 존재하지도 않는 어떤 절대적 기준이 스스로를 깎아내려 불행한 것처럼 느끼게 하였다. 만일 타자가 나에게 비교의 대상이라면 그럴 수밖에 없을 것이다. 이때 나에게 타인은 경쟁 상대일 뿐이다. 그래서 자칭 기독교인이라고 하지만 "이웃을 네 몸같이 사랑하라"는 정언 명령은 머릿속에서만 맴돌 뿐, 막상 실행에 옮기지 못하는 이들이 대다수이다. 기독교인에게 과연 이웃은 누구일까? 그는 나와 어떤 관계인가? 사랑을 받거나 베풀어야 할 대상인가? 여기에서 우리는 '나(自我)'가 아닌 '타자

(他者)'에 대해 정리할 필요가 있다. 어디에서부터 문제가 야기되었는지, 계명을 실천하지 못하도록 방해하는 원인이 무엇인지 생각해 보아야 한다.

이웃을 네 몸같이 사랑하라! 한국교회의 성도는 나의 이웃인 '타자'에 대해 어떤 인식을 가지고 있는가? 우리 문화에서 '우리'라는 개념은 너와 나, 형제, 가족, 민족이 '같은 하나다'로 이해된다. 그런데 그 동일한 그룹 안에서 누가 어떻게 리더십을 발휘하여 다른 멤버를 돌보며, 잘못된 부분을 수정하면서, 전체를 올바른 방향으로 이끌 것인가에 대해서는 대답할 준비가 되어 있지 않다. 그것은 한국인에게 '이웃' 즉 타자에 대한 인식이 분명하지 않기 때문이다. 이 점은 기독교인에게서도 마찬가지이다. 우리는 모두 더불어 살면서 타자에게 무언가 대답하지 않을 수 없는 상호적 관계 속에 놓여있다. 그런데 성도가 이웃을 대하는 태도에 '책임성'이라는 윤리적 차원이 배제된다면 결과적으로 우리는 내 안에 타자를 매몰시키게 될 것이다. 세상에 대한 무관심과 무책임은 일종의 폭력이다. 하나님은 타자, 즉 죄인인 인간에 대해 무한한 책임을 지셨다. 그리스도의 사랑은 대가를 바라지 않는 그런 것이다. 주고받는(give and take) 거래가 아니다. 교회는 시대가 당면한 사회적, 윤리적 문제들에 대해 기독교인이 책임 있는 행동을 하도록 이끌어야 한다. 더는 나의 관점에서 타자를 바라보지 말아야 한다. 근대적 사고방식으로 주체와 타자를 분리한다면, 결국 주체 편중의 자기중심적 신앙관을 가질 수밖에 없다. 상대와 교통하지 않는 일방적인 사랑은 온전한 사랑이라고 할 수 없다. 타자에게 무뎌진 공감력은 서툰 사랑을 초래할 뿐이다.

이웃이라는 주체

이웃 또한 나와 마찬가지로 하나님의 형상을 입은 존재이므로 우리는 그를 마치 물건(object)처럼 무감각하게 대하거나 혹은 변덕스러운 감정으로 침범할 수 없다. 그와 나 사이에는 일정한 거리를 두어야 관계가 안전하다. 그래서 로슈(C. Roche)와 바레르(J. J. Barrere)는 둘 사이에 '존경심'이 필요하다고 말한다. 이웃을 존중하는 자세란 그를 적극적으로 자기의 분신으로 상정하는 일로서, 타인을 단순히 자기 자신에게 융합하려는 무뢰함과 상반되는 태도이다. 다시 말해서 타인의 기쁨이나 고통을 내 것처럼 하지 않고, 오직 그의 것처럼 느끼도록 해 주는 것이다.[9] 따라서 이웃사랑을 위해서는 나와 그 사이에 존경심을 매개로 한 거리를 둘 필요가 있다. 일정한 거리를 놓치면 자칫 내 편에서 어설픈 동정심이 일어 부담이 될 수도 있고, 동시에 그러한 태도가 상대방의 자존심을 건드릴 수 있기 때문이다. 인간의 본능은 나의 입장에서 좋은 사람에게는 사랑을, 싫은 사람에게는 무시와 경멸을 표현한다. 자기식의 사랑은 둘 사이의 거리를 없애버린다. 성경은 이렇게 말한다. "너희가 만일 너희를 사랑하는 자만을 사랑하면 칭찬 받을 것이 무엇이냐 죄인들도 사랑하는 자를 사랑하느니라...오직 너희는 원수를 사랑하고...(눅 6:32-35)." 그렇게 끼리끼리 뭉치다 보면 자연히 낯선 이방인은 밀려날 수밖에 없다. 부모와 남편이 있는 자는 고아와 과부의 심정을 이해하기 어렵다. 자국 땅에 사는 거류민으로서는 낯선 외국 땅에서 나그네로 사는 이들의 정처 없는 하루를 상상하기 힘들 것이다.

레비나스(E. Lévinas)는 자기중심적 시각을 전환하여 이제는 타자의 입장에서 타자 자신이 되어 보라고 말한다. 왜냐하면 타자는 '존재와 다르게'라는 그의 저서의 언표에 나타나는 것처럼 어떤 '차이'이기 때문이다.[10] "타자는 나를 닮은 사람이 아니다. 단순한 나의 분신이 아니다. 그는 나와 다른 사람이다. 그는 내가 아닌 나이다! 타자는 나와 다르게 존재한다."

오늘날처럼 정보화와 세계화로 삶의 양태가 급변함에 따라 벌어지는 별의별 사건들에 대한 의미는 어떤 위계적이며 일방적 관계를 통해서 발견될 수 없다. 그리스도가 인류를 구원하려고 십자가를 지신 그의 사역 앞에서 하나님은 우리 각자에게 개별적인 이행을 주문하신다. 그러므로 성도가 '사도신경'을 함께 고백할지라도 믿는 자마다 신앙고백은 똑같을 수 없다. 각자가 삶의 순간마다 응답할 때 창조적 '차이'가 발생하기 때문이다. 마리아가 아까운 마음도 없이 향유를 깨트렸을 때, 사마리아 여인이 물동이를 팽개치고 메시아를 외쳤을 때가 드라마틱하게 다르듯이. 기독교 신앙은 고유하면서 영원한 진리이며, 개인마다 특별한 차이가 나는 진리이다. 지젤은 우리의 생애와 역사를 주관하시는 하나님과 거리를 유지한 채, 각자가 섭리 가운데 밝혀주시는 은혜의 경륜에 따르는 것이 기독교인의 자세라고 말한다. 이제 우리는 그리스도의 구원의 역사를 경험하고, 성령의 충만함을 힘입어 자기만의 이야기를 엮어 가는 여성들의 탄생을 고대한다. 깊이 생각함 없이 주어진 바를 그대로 답습하는 신앙에 머물러서는 그녀의 삶 가운데 하나님의 뜻이 드러날 수 없을 것이다.

'차이'의 철학으로 다시 보는 그녀

독특하며 고유한 개인과 성의 다름과 차이가 순서 매김에 의해 지배와 차별로 변형된 가장 큰 원인 중 하나는 '주체' 혹은 '이성'에 기반한 근대성이다. 이 접근에서 말하는 주체란 하나의 코기토로서 인간과 타인 및 세상의 관계는 '지식'을 바탕으로 맺어진다. 따라서 인간은 이성이 지시하는 도덕적 행동을 하게 된다. 그런데 근대 주체사상의 코기토(cogito)는 우선적으로 그 자신에 대해서 관계하고, 그다음에서야 타인과 관계한다. 더 나아가 인간의 구별됨과 다양성을 무시하고, 획일성으로 몰아 한 가지로 총체화하려 한다. 그것은 나와 남, 나와 자연을 구분하고 타자를 대상화하여 자기중심적으로 판단하고 경쟁한다. 누가 더 힘이 있고 우수한가로 구별하고, 권력을 개입시켜 똑같은 존재로 통일해 버린다. 그러나 스승 예수는 타인을 향한 신뢰를 바탕으로 상호관계를 맺으며 교제하고 가르쳤다. 그는 사람들을 본래적으로, 각자를 하나님의 형상을 닮은 존재로 대하였다. 남·여, 노·소, 빈자·부자, 장애인·비장애인을 막론하고 모두를 인격적으로 품었기에 사람들은 그를 따랐다. 주님이 인간과 동등하게 자신을 낮추신 성육신에서 발현되는 남다른 권위(마 7:29)가 그의 가르침을 빛나게 하였다. 타인의 시선을 피해 우물가에 나온 한 사마리아 여인을 예수님은 여느 유대인들처럼 차별하지 않았을 뿐 아니라 그녀의 모습 그대로 만나주셨다. 그리고 새로운 피조물로 변화시키셨다(요 4:3-29). 어쩌면 이 여인은 우리가 주변에서 종종 만날 수 있는 다문화 이주여성들 가운데 한 사람일지 모른다. 그러나 안타깝게도 대다수 사람들은 그녀를 무심코 지나친다. '무관심(indifference)'이란 용어를 살펴보면 그것은 '차이 없음(非差異)'을 뜻한다. 다시 말해서 우리가 타자에게서 나와의 '차이(differences)'를 알아채지 못하면 그를 타자로서 인식하지 못한다는 말이다. 우리와 같은 인종에 같은 언어를 사용하고 있다고 해서 그들의 속마음도 우리와 같을 것으로 생각한다면 그것은 오판일 것이다. 외형적 차이는 물론 내면적 차이는 무심히 지나칠 경우 더더욱 발견될 수 없다.

　‘차이’는 한 인간의 잠재성에 담지 되어 무한히 생성됨으로 세상을 다양하게 만들고, 역동적으로 살아있게 한다. 그럼에도 우리는 왜 타자를 충분히 고려하지 못해 이웃을 사랑하라는 주님의 말씀을 허공에 울리는가? ‘나’ 중심의 이기주의, 또는 나의 나됨조차 흡수해버리는 전체주의는 여성 개인과 신앙공동체를 병들게 한다. 기성 문화의 일방적인 영향력은 복음의 의미를 억압한다. 그렇다면 주체와 객체, 남성과 여성 이 양자가 탄 놀이기구인 시소가 오르락내리락하도록 균형을 잡아줄 지렛대는 무엇일까? 연구자는 무게가 약한 편을 지지하여 즐거운 놀이가 계속되도록 돕는 교육신학의 설계를 다름과 타자성에 열려있는 후기구조주의 철학에서 찾고자 한다. 특히 프랑스의 질 들뢰즈(G. Deleuze, 1925-1995)가 말하는 ‘차이’의 철학에서 인간을 이해하는 양식을 빌린다.

차이와 반복

들뢰즈는 근대적 주체가 어떻게 자신을 모든 ‘차이’의 기원으로 삼아 왔는지를 돌아본다. 플라톤주의의 형이상학에서는 이상(이데아)에 따라 혹은 ‘개념’에 의해 존재가 정의 내려진다. 여기서 후속되는 존재는 처음 것에 종속되는 ‘재현(再現, representation)’일 뿐이다.[11] 그런데 재현적 사고에서 차이란 단지 개념적 차이로만 여겨질 뿐 차이 그 자체로 용납되지 않는다. 재현이란 질적으로 어떤 것과 유사하거나 양적으로 어느 만큼이거나 하다는 의미로서 그것은 하나의 개념이 다른 것과는 상반되게 바뀔 수 있다는 '일반성'의 관점에 기초한다. 이 개념은 다른 것을 대체한다. 특별한 것을 교환하거나 대체하는 것, 이 점이 일반성의 특징이다. 그러나 들뢰즈에게 존재란 두 개의 똑같은 대상들이 동일한 개념에 속할지라도 그것들은 여전히 다르다. 그는 존재(存在, being)의 자리에 '차이(差異, difference)'를 대치하고 있다. 따라서 존재는 같은 것으로 환원되지 않는다. 단지 차이가 되돌아오는 '반복'이다. 동일화하지 않는 것, 이것이 차이의 탁월함이다. 그렇다. 이 세상 모든 존재는 다르다. 우리가 자연을 깊이 들여다보면, 거기에는 차이들만이 있다. 그럼에도 거기에는 진정한 반복도 존재한다. 들뢰즈는 이것을 '차이나는 반복'이며 차별화된 것으로 이해한다. 이렇게 그는 차이와 반복을 연대한다. 반복은 같음의 재생산이 아니다. 반복은 불변하는 것들을 정렬해 놓은 것이 아니라 고유한 특성들의 압축이다. 반복하지만 그것은 다르다. 거기에는 개별화의 원리가 보인다.

어떤 사물이 한 번 나타났을 때 그것은 차이를 담고 다시 반복해서 나타난다. 이러한 반복은 앞엣것이 사라지는 것을 조건으로 성립된다. 따라서 차이가 계속 반복된다는 것은 최초의 그것에 무언가 덧붙이는 단순한 '모방'이 아니다. 그래서 유사하며 균등한 주체들을 복제하는 것이 아니다. 반복은 어떤 외적인 작용으로 고유한 반향을 불러일으키는 비밀스러운 여운이다. 반복은 교환할 수 없고, 그 어떤 것으로도 대체할 수 없는, 단 하나의 단일성에 관계한다. 마치 모네가 그린 첫 수련이 화폭에 반복되지만, 그것은 정도의 차이에 따라 한 줄기에서 다른 줄기로 넘어가는 것과 같다. 이렇게 반복은 꽃들 사이에서 본질의 차이를 방해하지 않는다. 오히려 반복은 배반한다. 그것은 더욱 심오한 실제가 되기 위해 보편성에 문제를 제기하며 규범적이거나 일반적인 특질을 부정한다.[12] 그런데 우리 일상에서 여성이라는 하나의 동일집단으로 '일반화'되는 경우가 빈번하다. "여자가 다 그렇지 뭐!" "여자가 뭘 하겠다고!" 이것은 최초의 고유성에 무언가를 덧붙여 나가면서 최고치에 가깝게 모방하는, 일반성에 차이를 길들이려는 재현의 요구이다. 이 기준에 순종하라는 위협으로부터 여성들은 보호받아야 한다.

인간은 무엇인가로 '채워진 혹은 채워야 할 존재'가 아니라 무수한 차이들 사이에서 생성 '되어 가는' 차이 자체이다. 그리고 이 차이는 계속 반복되어 차이를 역동적이게 한다. 차이나는 반복, 그것은 다름의 '힘'으로서 긍정적이며 즐거운 과정이다. 반복은 결핍을 회복해 주고, 차이는 성찰하게 함으로 다른 관계들에 접촉할 수 있다. 이렇게 들뢰즈는 접속이 꾸준히 진전되도록 창조적인 가능성을 열어 놓음으로써 풍성하고도 다양한 존재들을 기다리

는 '마음의 철학(Philosophy of mind)'으로 접근한다.[13]

사유함으로 '되기'

들뢰즈의 철학에서 순수한 차이는 동일성으로 환원될 수 없는 '이질적인 어떤 것'이다. 이 차이는 원본을 넘어서는 복사물로서 좋은 기반을 가진, 즉 비유사성으로 생성된다. 이것은 한 가지 관점이나 퇴행적인 관점만 갖는 재현과는 다르다. 르네 마그리트(R. Magritte)는 오랜 재현의 미술사에 마침표를 찍듯 우리에게 되묻는다. "이것은 파이프가 아니다!" 당신들이 보고 있는 이 그림 속의 파이프는 그 물건을 그대로 묘사한 것일 뿐 실제가 아니지 않나? '이미지들의 배신(1929년)'이라는 작품명을 통해 그는 우리에게 그렇다고 알고 있던 바에서 벗어나 다르게 생각해 보라고 한다.

들뢰즈는 우리의 생각이 그 출발을 항상 이데아적 진리, 신, 주체, 올바른 삶과 같은 어떤 선재하는 규범 위에 정초하고 있다고 지적한다. '결과에 대한 앎'에 기초하는 재현 그 자체로는 다름을 사유하기에 불가능하기에 그는 기존의 토대에서 벗어난 자유로운 사유의 방식에 호소한다. 그리고 오직 새로운 문제를 제기하여 사유를 시작하라고 한다.[14] 사유란 "~한 전제"에 대해 대답하는 것이 아니라 오히려 새로운 문제를 구성하는 일이다. 질문은 이미 해답의 유형을 규정하지만, 문제제기는 다르게 사유하도록 요구하기 때문이다.

들뢰즈에게 있어 '지식'은 진리를 추구하는 가운데 어떤 초월적이며 피상적인 이상에서 발견되는 무엇이 아니라 실재하는 것 내에서 내재적으로 창조되는 것이다. 그는 지식이라는 사실 자체가 주체가 될 수 없다고 말한다. 그는 우리에게 묻는다. "이것은 나에게 과연 무엇인가?" 진리에 관해 설명하지 않는 문제의 구성이 곧 지식이라는 것이다. 문제제기를 통해 지식은 수동적으로 획득되며 그 과정에서 주체가 생성된다.[15] 이렇게 들뢰즈에게 있어 존재는 '같음'으로 존재하지 않는다. 그것은 '사유함'으로만 존재할 수 있다. 우리가 기존에 가졌던 생각에서 해방될 때, 즉 재현에 매개되지 않을 때 참된 인식이 가능하다. 이 때 사유함이 가능한 지평을 열어주는 '감성'의 작용으로 이전과는 다른 차이가 발생한다.[16]

존재(being)를 넘어 생각함으로써 비로소 자기 자신이 '되기(becoming)'를 주장하는 들뢰즈에게 있어 사유의 과업은 무엇일까? 그것은 단지 비판에 그치는 차원이 아니라 창조하는 일이다. 사유함은 독립되고 자율적인 정신의 행동으로서 그것은 지각함을 통해 자기를 실현하거나 생성한다.[17] 존재의 생성, 즉 '되기'는 '변화하다(change)'라는 뜻을 갖는다. 더는 같은 방식으로 사물을 취급하거나 혹은 느끼지 않는다. 더는 똑같은 평가를 하지 않는다. 만일 어떤 사람이 그의 생각과 태도를 바꾸지 않는다면 그는 자신이 살아온 모든 경험에 담긴 기억에 머물러 있다는 말이다.

변화는 외부에서 들어 온, 자기와는 다른 것들과 마주할 때 생겨난다. 그 만남에서 내가 그 이질적인 것에 나를 일치시켜야 우리는 '자기 자신'이 된다. 이러한 과정을 거치지 않고는 결코 자신에게서 벗어날 수가 없다. 타자와의 고유한 만남, 그러한 만남에서 새로운 사유의 생성을 시도할 때 나는 달라진다.

다름의 상태란 더 이상은 동일하지 않은 상태이다. 사유함은 과거, 현재, 미래를 똑같이 해석하지 않는다. 사유한다는 것은 일상생활에서 작은 차이를 캐내어 본질에 덧붙이는 것이 아니라 그것 때문에 인생 전체를 전환하는 일이다. 사유는 재창조의 형식으로 타자들에 개입할 것을 요구한다. 별것도 아닌 데서, 우연한 순간에 소소하지만 확실한 행복을 찾듯이 말이다.

여성학자 이리가라이(L. Irigaray)는 여성이 이런 식의 사유 방식에 열려있다고 보았다. 여성들은 사회적 제약 안에 살지라도 그 장벽을 넘나들며 차별화된 주체들 사이에서 소통한다. 개인의 특수성을 말살하려는 세상을 비켜갈 수 있다는 것이다.[18] 획일성이 지배하는 남성 중심의 체제에서 그녀는 창조적 모방을 전략으로 활용한다. 그녀는 기존의 여성성을 모방하면서도 그 역할에 흡수되는 것이 아니라 차이를 읽어내는 유희를 한다. 이때 여성이 모방 대상으로부터 '거리를 지킬 수 있는' 능력이 관건이다.[19] 그녀는 아직 외부와 조우하지 않은 차이를 찾는다. 그녀는 남과 다른 의견을 표출하고 옛 방식을 폐기하는 견해로 도전할 수 있다. 그들은 교회의 위계적 질서 체제를 문제시함으로써 내부에서 해체시킬 수 있는 잠재력을 지니고 있다. 그래서 여성 나름의 새로운 질서를 창조할 수 있다.

리좀으로 엮임

한 가지로 획일화된 동일성을 전제한 재현이 '모방'인데 비해 '리좀(rhizome)'은 원본으로 환원되지 않는 차이의 반복적인 생성이다. 차이의 철학에서 말하는 리좀은 이원론적 세계에 반대하는 하나의 정신이다. 리좀은 미분화된 차이들과 관계하여 증식함으로 복합적인 세상을 구축한다. 거기서 사람들은 더는 이분법적 논리나 단일성으로 내몰리지 않는다. 이 리좀적 복합성은 다양성을 어떤 단순한 분배로 환원시키지 않는다. 들뢰즈에게 리좀이라고 불리는 시스템의 원리는 접속과 이질성이다.[20]

리좀은 원형인 나무줄기로부터 가지가 생겨 나가는 수목형 구조의 다양성이 아니다. 리좀적 다양성은 하나의 척도나 원리에 포섭되지 않는다. 낯선 모든 것에 대해 새로운 접속을 허용한다. 이 다양체는 이질적인 것의 집합이며, 따라서 하나가 추가됨으로 전체의 의미를 완전히 바꾸는 그런 것이다.[21] 그것은 혼돈된 뿌리 구조로서 모든 지점이 다른 모든 지점과 접속하고, 모든 방향으로 움직이며 분기하여 새로운 방향들을 창조해 낸다. 리좀은 마치 '뿌리줄기'처럼 기존의 의미 차원을 뛰어넘어 뻗어 나간다. 리좀은 원본이라는 바탕이나 위계구조에 종속되지 않는다. 그 자체가 하나의 저작이 된다. 들뢰즈는 인간이 리좀의 역동적인 힘의 흐름 안에 사는 분자적 존재들로서, '알아차릴 수 없을 만큼의 되기'로 뒤엉켜 있다고 본다. 우리는 이러한 복합적 세상의 일부분으로 살면서 상호작용을 통해 차이의 생성에 능동적으로 개입한다.

들뢰즈의 '차이'의 철학은 잠재(virtuel)의 철학과 복합성 (multiplicity)의 철학이다. 각 각의 차이들이 모인 이 다양체는 어떤 통일되는 집합의 개념인 잡다함(divers)과는 다르다. 리좀의 기능은 복합적 가지 뻗기의 방식으로 횡단하며 타자인 외부와 연결한다. 그래서 균질하지 않은 또 다른 차이인 복합체로 증식한다. 생장점에서 이질적인 눈을 싹 틔운다.

여성 성도는 관계 맺음을 통해 서로의 다른 점을 알아가고, 자기 나름의 방식으로 하나님과의, 또 타인과의 관계를 해석한다. '생성되는' 존재는 그 차이들을 구별하면서 삶의 가장 친숙한 것들로부터 무언가 달라진 의미를 발견한다. 이렇게 그녀는 현재의 자신을 극복하며 성장할 수 있다. 만일 우리가 탈영토화의 선을 따라가며 자기에게 분배된 몫을 전유하지 않는다면 거기에서 본성의 변형이 발생할 것이다.[22] 우리 모두는 원래 하나님의 형상이었으나, 죄로 인해 한순간에 갈라져 다른 문화권에서 오랜 시간 동안 상이한 입장에 고착되다 보니 서로에게 무심해졌고 오해가 커졌다. 그러나 이제 우리는 유목민처럼 자기 영토로 삼지 않은 곳에서 순간순간 머물다가 이동하면서 이질적 이웃과 접속할 수 있다. 그리스도인 여성은 일상의 관습들을 더 이상 똑같은 관계로 엮지 않는다. 여성은 근접한 것에 끊임없이 다가가 접촉하고, 자기와 타자를 넘나들며 경계를 허물고, 어떠한 대립관계든 뒤흔든다. 그녀는 더는 남성 중심의 문화로 편입하지 않는다. 이 모든 것은 이제 다르게 작용한다.

여성을 위한 기독교적 사랑은 단지 보호하거나 자아실현을 돕는 것으로 그치는 것이 아닐 것이다. 그것은 오히려 그녀들이 하나님과 세상과 새로운 관계를 창조하는 모험의 문을 여는 일일 것이다. 아마도 이러한 여행은 그녀에게 특별한 용기를 요구할지도 모른다.

'차이'를 생성하는 페다고지

근대적 방식의 교육은 계몽주의적 인식에 기반을 두어 인간의 몸과 영에 대한 이원적 이해 위에 실시되었다. 데카르트는 몸과 대치되는 정신이 나를 존재하도록 한다고 보았다. 이러한 철학적 기반 위에 세워진 전통적인 인지론에서는 원래 존재하는 것을 대신하는 표상에 대한 대상 이해에 관해 말할 뿐이다. 그러나 들뢰즈는 동일성, 유사성, 유비, 대립 등의 개념들로 '재현된 표상'을 통해 사물을 규정해서는 안 된다고 비판한다. 이 재현적 개념들은 지성(知性)에 의존하기 때문이다. 그는 그동안 개념에 종속되었던 '감성(感性)'을 해방함으로서 우리가 재현에 매개되지 않고 세상을 통찰하길 바란다.[23]

지금까지 교회에서 여성 학습자들은 여러 방식으로 그들이 누구인지 그리고 어떻게 그들이 인식하는지를 생생하게 느낄 수 있는 감각을 확장하는 눈을 감도록 훈련받아 왔다. 여성은 기능성, 감각성, 사회성의 능력을 갖추고 있다. 각각의 차원은 신체적 측면과 마찬가지로 정신적 측면을 포함한다. '차이'는 동일한 것들이 재현되기 이전에 순수한 감성적 영역인 카오스에서 생성되므로 학습자의 감수성 개발이 중요하다. 이러한 학습은 아주 다른 상황들과 연계 속에서 개성 혹은 정체성의 변화를 기대한다. 지각, 전수, 경험, 모방, 참여 등의 활동으로 여성 학습자들은 공동체나 사회와의 통합에 기여한다. 그렇지만 학습자 개인은 의미를 단독으로 만들지 못한다. 우리는 신앙공동체 안에서 항상 관계를 맺으면서 서로 배우기 때문이다. 스스로 사유하도록 다양한 채널을 열어놓을 때 그녀들은 자신 속에 있는 틈새를 통해 들어오고 나가면서 복합체를 구성하게 된다. 이때 교사는 상호관계성 안에서 알아차리기 어려운 미세한 감성의 교류도 놓치지 말아야 한다. 존재의 '되어 감'을 감지하려면 본래 몸의 감각들을 학습과정의 단초로 삼아야 한다. 예를 들어 교실 분위기에서 학생들이 눈을 마주치거나, 고개를 끄덕이거나, 웃거나 하는 것과 같은 반응들이 질적인 차이들로 나타난다. 이때 리더는 이 '차이 나는 관계성(differential relation)'에 민감할 필요가 있다. 한 개인이 경험한 바에 대해 성찰함으로 의미를 부여할 때 그의 메말랐던 감성은 변화되고, 고착된 신념이나 태도에 영향을 받는다. 그 후 그는 무엇인가를 행하기를 원한다. 마침내 그는 변화된 인간이 된다. 이것이 '차이를 생성하는' 학습의 결과이다.

들뢰즈는 '차이'는 자신과 타인과의 관계성 속에서 의미 있게 양산된다고 보았다. '차이의 페다고지'는 서로의 다름에 주목하고 서로 공명하는 '차이'의 철학에 기초한다. 이것은 현존하는 차이를 뛰어넘어 또 다른 '새로운 차이'를 만들어 내는 통시적 과정(diachronic process)을 통과한다. 그것은 한 가지 거대담론이나 결정론을 상정하는 구조주의의 질서와 법칙에 얽매이지 않는다. 인간의 신체가 나이 먹어 가면서 형태가 변하듯, 어떤 사건이 끼어들어 인생이 바뀌듯, 그것은 가변적이며 역동적인 특성에 기초한다. 이러한 교육철학은 교사가 현실적 존재로서의 학습자를 정형화된 선입관으로 규정짓지 않고 현재의 삶을 변형시킬 수 있는 가능적 존재로, 미지의 무언가 될 수 있는 희망으로 그녀를 바라볼 수 있게 해 준다. 반복은 차이나는 반복이며 차별화된 것이기에 교사는 여성 학습자를 하나님의 자녀로서 고유한 개별자로 대할 수 있다. 이 접근은 성도들로 하여금 다양한 질서에 응답하게 함으로 복합적인 세상을 구축하도록 안내한다. 개별적 존재가 자신의 내부로 돌이킬 뿐만 아니라 외부를 향해 움직일 때 교육이 시작된다. 이처럼 '차이를 생성하는 페다고지'는 자아에 대한 추구이면서, 더 확장된 공동체인 사회와 세상과의 관계성에 대한 탐구이다.

관계적 앎: 영성

서구교육의 근간은 '아는 주체(knowing subject)'라는 개념 위에 세워졌다. 따라서 교육이란 세대와 세대를 이어 전수해 온 지식을 습득하는 것이었다. 이와는 달리 '후기비평적 페다고지'는 경험주의나 합리주의 그리고 그 교수-학습의 방법이 말해 왔던 명료성에서 놓여나 자신에 대해서 그리고 타자에 관해서 '안다(to know)'는 것이 과연 무엇을 의미하는지를 재개념화한다. '차이의 페다고지'는 익숙한 사람보다는 낯선 사람과 관계 맺음으로 생성되는 '주체됨'에 주목한다. 교육은 타자인 학습자에게 대답하지 않을 수 없는 상호적 관계에 자리한다. 여기에 '타자성의 윤리'가 과제로 작용한다. 균형 잡힌 '상호주체적 관계성'에 기초한 교육이란 정답을 추구하는 목표 지향적 사고방식에서 벗어나 특정한 시·공간에서 직면하는 문제를 다양한 관계망을 통해 적극적이며 융통성 있게 해결하려는 노력이다. 그래서 '되기'의 과정 중에서 '알려진 것(the known)'을 깨트리고자 한다.[24] 삶의 문제에 대해 성찰하는 방식이 이미 만들어진 것이라면 거기에서 교육의 대상은 어떤 선입관으로 규정된 학습자일 것이다. 만일 교사가 '나처럼 해 보라'고 말한다면 즉, 재현을 요청한다면 그 학생은 결국 아무것도 배운 게 없을 것이다. 교사와 학습자 사이 어떠한 만남이건 간에, 그 만남은 동일한 존재들이 만나는 것이 아니다. 서로의 다름은 결코 주체를 죽이지 않으며, 단지 사라지게 할 뿐이다.[25] 들뢰즈는 우리가 만일 서로의 권리를 침해하지 않으며 재현이라는 위계에 종속시키지 않는다면 서로의 고착된 이념을 뛰어넘어 '초월적인 영성'을 교류할 수 있다고 말한다.[26] 타자들을 결속하게 하는 힘이 새롭게 전망할 수 있는 '통찰'로 작용하면서 우리를 사회적 행동화로 나아가게 한다는 것이다.[27] 영성의 힘은 강압이나 거북함을 깨뜨리기 위해 외부로부터 와서 새로운 비전(visions)을 열어준다. 이것은 어떤 행동을 반복할 수 있게 만들고 증식시킨다. 더 나아가 이 힘의 유기적 관계 형성의 기능이 공동체를 조정하고 질서 있게 한다.[28] 영성은 세계와 사회 안에 살면서 다른 존재들과 인격적인 관계 맺음을 통해 자신을 주체로 인식하는 감각이다. 그것은 학습자들이 겪은 경험을 의미 있게 하는 통찰력으로 작용하여 기존의 신념이나 가치관에 변화를 일으킨다.

'앎'은 단지 어떤 신학적 지식이나 개념을 일반화하는 차원이 아니다. 그것은 성도가 어떤 문제에 직면하여 진리를 깨달아 가는 주체적인 '학습(learning)'의 행위이다. 그러므로 교사는 여성 학습자들의 의견을 제한하지 않고, 필요와 흥미에 따라 스스로 생각하고 그것을 함께 나누도록 고무한다. '사유하기'란 단순히 이성적 관찰에 의한 것이 아니라 어떤 초월적 차원의 추구이다. 우리가 경험한 한계와 조건 너머를 생각해 볼 때 비로소 전체적인 교육학적 관계는 변환된다.[29] 슬리(N. Slee)는 여성들의 영성이 관계성의 의미를 심화하여 하나님과 타자를 통전적으로 인식하게 한다고 주장한다. 여성은 신앙의 발달 과정을 거치며 영성을 품는다.[30] 지도자는 가르침의 대상인 여성을 고정관념 없이 바라보고 리좀이 내재된 차이인 타자와의 관계로 엮어줌으로써 복합성의 영역을 확보할 필요가 있다. 여성 학습자들은 미적분 방정식의 관계처럼 분리되지 않는 주체들이기 때문이다. 이제 그녀는 혼자일 때보다 타자를 맞이함으로서 문화와 사회의 변동에 따라 경험이 풍성해지고 앎은 가변적이 된다.

전인 교육: 공감

각 시대를 특징짓는 사조의 흐름을 살펴보면 근대의 교육은 인간이 구체적 상황 안에서 진리를 통합하는 존재임을 간과하였다. 그 결과 우리가 관계하는 타자들을 생생하게 느낄 수 있는 감각들이 무뎌졌다. 학습자의 인지능력으로 지적인 결과물을 산출하지만, 막상 질문하는 자가 누구이며, 어떻게 답하는지는 묻지 않았다. 앎에 대한 질문과 답은 신체로부터 멀어진, 부분적인 반성일 뿐이었다.[31] 과거의 불균형한 인간 양성에 대해 여성 교육철학자 노딩 (N. Nodding)은 만약 우리가 일정한 기준에 의해 세워진 엘리트 모델의 교육과정으로 학생들을 가르치려 한다면, 그것은 모든 사람들의 생각과 행동을 하나로 획일화시키는 일이라고 했다. 그녀는 이것이 개인적인 경험에 의해, 다른 사람과의 상호작용에 의해 역사와 문화를 다양한 방식으로 인식함으로, 다양한 방식으로 존재하는 우리가 자유로운 선택을 할 수 없게 만들 뿐만 아니라 세상에 대한 책임을 지지 못하게 한다고 경고한다.[32]

들뢰즈는 주체는 '되기' 과정의 열매이며 우리의 신체는 인간의 가능성의 양상들 가운데 '실제적인 것이 되기'라고 보았다. 이 과정에서 몸은 하나의 '감각의 존재(a being of sensation)'로서 복합적이며 다원적 차원에서 배움을 완성한다.[33] 인간은 지성만이 아니라 기쁨이나 두려움 혹은 죄의식과 같은 정서적 차원을 통해서도 세상을 알아간다. 인간은 타인과의 관계 속에서 영적으로 연합한다. 이렇게 우리는 몸, 정신, 영혼이 분리되지 않은 전인적 존재로서 진리를 통합하는 존재이다. 몸과 융합된 마음은 정서적 지지를 통해 인지적 깨달음을 자극한다. 서로 다른 신체들 사이의 마주침과 변용의 과정에 감각이 작용한다. 감성의 교류가 서로의 차이를 감지할 때 마음의 감동은 실제를 만든다. 이렇게 '앎'이란 인지적 차원에서 발생하는 것이 아니다. 오히려 지식의 구조를 깨고 탈주하여 자신과 타인, 양자 사이의 해석학적 순환 과정에서 직관이 작용하는 몸의 즉흥성과 창조성이 창발한다. 차이가 갖는 이질성의 스펙트럼이 무한한 접속을 만들며 참여자들을 근접한 영역으로 모아줌으로 사고(思考)가 확장된다. 이때 감성적 차원에서 작용하는 서로의 정도의 차이가 공명(共鳴, resonance)하여 본질적인 차이를 생성한다.[34]

교육적 상황에서 교사건 학생이건 다수가 만났을 때 어떤 표준을 없앤다면 그 열린 잠재성으로 인해 거기에는 간극(porosity)이 발생한다. 이것은 새로운 접속과 조합들의 시너지에 의한 개방이다.[35] 가능성의 성격을 띤 차이들 사이의 틈에서 나오는 여지는 서로의 마음에 울림을 준다. 이처럼 학습이란 관계성 사이에서 가능한 공명을 실현하는 것이다.

'차이의 페다고지'란 여성 학습자들이 타자의 차이점들을 알아챌 수 있게 인지적이며 정서적인 차원에서 성찰하도록 격려하는 일이다. 그것은 또한 매일의 습관과 일상에서 우리가 주류에 휩쓸리어 무의식적으로 맺는 지배적인 가치들과의 타협을 지적하고 문제시하는 일이다.[36] 여성이 남성보다 드라마에 대한 공감력이 높다고 한다. 그것은 주인공을 '거울 심경'으로 바라보기 때문이다. 우리가 타인을 인식할 때 나에 대한 자의식이 싹튼다. '소통'은 상대방의 입장에 공감해야 작동한다. 만약 내가 너와 다를 바가 없다면 우리는 서로를 감화시킬 수 없을 것이다. 나와의 차이 때문에 마음을 움직여 그녀에게 다가갈 수 있는 것이다. 동요하지 않는 가슴과 허약한 사지로는 몸을 지탱할 수 없다. 균형을 잃은 일방적 사랑은 무례할 수밖에 없다. 여성 학습자들은 긍휼이 충만한 감성의 약진에 힘입어 '이웃을 사랑하라'는 말씀의 다의적 의미의 차이점을 나누며 행동화로 이어간다. 이렇게 복음의 진리는 이성만이 아니라 감정, 상상, 직관처럼 보다 확장된 인식을 통해 우리 안에 체화된다.

대화의 과정: 질문

근대교육을 답습하여 교육의 목표를 '의견의 일치'에 둔다면 학습에 참여한 학생들과의 대화가 성립되기는 어렵다. 이러한 환경에서는 특정한 가치의 압력으로 차이나는 의견을 제거하기에 관계의 균형이 깨진다. 진리를 이해하기 위해서는 관용과 존중의 마음으로 서로의 의견을 조정하면서 협력하는 과정을 거쳐야 한다. 그 이유는 민주주의 의사소통의 과정에서처럼 모든 사람들이 차이를 가로질러 대화를 창조하는 가운데 다름의 가치가 깨달아지기 때문이다.[37]

대화의 과정에서 질문의 형태는 어떤 명백함을 정하지 않는 특징을 갖는다. 다시 말해 '아직 규명되지 않은 상태'에 대해 묻는, 개방되고 열린 형태의 질문하기인 것이다. 따라서 이것은 미지의 세계에 대해 묻기를 계속하는 관계로, 여러 가능성에 개방된 질문이라고 할 수 있다. 여기서 리더가 해야 하는 일은 이 질문하기를 계속하도록 돕는 것이다. 즉, 학습자가 확실하고 진실하게 응답하도록 가능성을 열어놓는 일이다. 이 때 그는 '이타주의'와 같은 어떤 도덕적 행동을 지시해서도 안 된다. 지도자는 정답을 준비하는 교사가 아니라 오히려 질문하는 교사이어야 한다. 그는 문제들에 대해 뻔한 질문 이상의 질문을 던져야 한다. 문제를 풀려고 하지 않고 우선 그 문제의 정당성을 분석해서 결과적으로 문제를 제기하라는 말이다.

비에스타(G. Biesta)는 이러한 질문하기를 '대화의 과정'이라고 파악한다.[38] 참여자들은 어떤 지배적인 관습에서 나온 물음들을 제기하지 않는다. 왜냐하면 이러한 물음은 이미 해답을 규정하고 있기 때문이다. 이들은 임의적인 전제 없이 생기는 사유, 즉 '해방된 사유'의 방식을 통해 새로운 문제를 발견한다. 선입견 없는 문제 제기만이 독자적인 존재로서 여성을 유일하게 만든다. 이렇게 의미를 발견하는 과정은 과거에 결정된 무엇에 관한 질문을 던지는 것이 아니다. 자유로운 대화의 과정을 이끄는 가운데 발현하는 문제제기는 지금 현재에서 말씀을 행동화로, 그리고 미래적 비전을 불러오는 기회를 제공할 것이다.

일반적으로 교회 사역자들은 예배의 설교와 성경공부를 통해 성도가 배운 것을 삶의 도덕적 기준으로 삼아 적용하라고 권고한다. 그런데 그것은 학습자와 대화의 과정을 거치지 않은 경우가 많다. 이런 방식으로 주어진 재현인 규범화(legitimizing)는 성도의 본래 생각에 담긴 가능성과 복합성을 보지 못하도록 우리의 눈을 가린다. 학습이란 그녀가 왜 그러한 판단을 내렸는지를, 그 안에 내포된 신념은 무엇인가를 묻는 것이기 때문이다. 만일 지도자가 하나님의 창조의 대리인으로서 여성 학습자가 그렇게 거기 있다는 사실을 자신의 가치 인식보다 우선시 한다면 그녀의 얼굴에서 익숙하지 않은 물음을 읽고 대화의 관계로 들어설 수 있을 것이다. 그것은 교사가 그동안 구축하고 영토화했던 익숙한 접근으로부터 자발적으로 물러나려는 의지를 요구한다.

지속적인 대화 과정에서 나는 타자의 요청을 느끼고, 드러나는 주체로서의 자아를 발견한다. 드디어 주체된 여성의 자율성이 작동한다. 그렇지만 그것은 타자와 분리된 의미의 개인의 자율성을 의미하지 않는다. 여기서 자율성은 타자로부터 주어진 것으로서 그것은 타인의 자율과 갈등을 일으키지 않는, 상호주체적 존엄성을 담보하는 것이다. 이렇게 우리는 타인과의 관계 안에서, 주체의 '주체됨'으로 나를 자발적이게 하는 힘을 얻는다. 대화의 학습과정은 세상과 타자와 여성의 관계를 창조적 긴장 속에 머물도록 함으로 기독교의 풍성한 가치관은 물론, 보다 확장된 책임성을 갖도록 한다.

예수님으로부터 배우는 이웃되기

'선한 사마리아인(눅 10:25-37)' 비유의 학습과정을 통해서 예수님이 어떻게 '차이' 생성으로 안내하는가 살펴보자. 이 메시지를 오늘날 상황에 적용하기 위해 몇몇 등장인물을 바꿔보도록 한다. 예수님께 질문하는 율법 교사를 한 교회의 존경받는 권사님으로 설정할 수도 있고, 제사장과 레위인을 목사님으로, 사마리아인을 타 문화권에서 온 이주여성으로 가정할 수 있다.

- 율법교사가 황금률을 익히 알고 있었음에도 왜 그는 또 다시 예수님께 질문했을까?: "그러면 내 이웃이 누구니이까?"(29절) 그는 상대방의 신분에 대해 '알고' 싶다.
- 제사장과 레위인의 태도를 보아 그들에게 '이웃'이란 어떤 존재인가?: 피하여 지나가고(31절, 32절)
- 사마리아인이 우연히 만난 곤경당한 낯선 사람을 대하는 태도를 살펴보자: 불쌍히 여겨, 가까이 가서(33절, 34절)
- 왜 예수님은 당시 유대인에게 멸시받던 사마리아인을 이야기에 등장시켰을까?
- 율법교사를 자아발견으로 이끈 질문은 무엇인가?: "네 생각에는 이 세 사람 중에 누가 강도 만난 자의 이웃이 되겠느냐?"(36절) 이 질문의 초점은 이웃이 '되기'에 있다. 우리

는 이웃으로 어떻게 살아야 할까?

- 예수님의 교육에 참여하기 이전과 이후에 달라진 율법교사의 이웃에 대한 시각의 변화를 비교해 보자: 일반성 vs. 고유성, 이성의 차원 vs. 감성의 차원

- 기독교인(우리 민족)에게 이웃은 누구인가? 당신에게 이웃은 누구인가?: 우리들의 이웃 vs. 나의 이웃

이웃되기: '차이' 생성의 과정

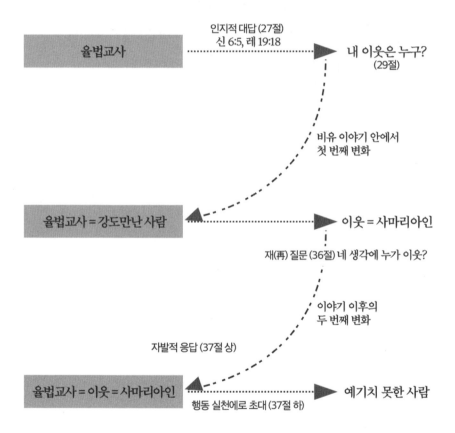

자기 발견

예수님은 머리로만 답을 알고 있던 율법교사(권사님)를 비롯한 우리 모두를 비유 이야기의 '말하기(saying)'를 통해 삶의 현장으로 끌어들인다(30-35절). 곤경에 처한 이름 없는 한 낯선 이가 이 이야기의 중심에 있다. 우리는 그의 직업이나 사회적 지위에 대해서 알지 못한다. 본문은 그가 어떤 사람인지 분명하게 드러내지 않는다. 그것은 아마도 여기서 말하고자 하는 바와 별 상관이 없기 때문일 것이다. 피투성이로 팽개쳐진 그는 열두 해 동안 고치지 못한 혈루병을 앓던, 그래서 부정하다고 낙인찍힌 한 여인과 겹쳐진다(막 5:25-34). 한편, 이 장면 안에 등장하는 처음 두 인물은 각기 사회적 신분이 분명한 자들이다. 예수님으로부터 이 이야기를 듣고 있는 율법교사와는 같은 민족이며 동등한 사회계층이고 이웃 관계인 사람들이다. 게다가 이들은 율법을 모르는 자들이 아니다. 그럼에도 누군가의 도움을 요청하는 긴급하고도 절박한 상황에서 종이에 새겨진 기록된 계명(신 6:5, 레 19:18)은 힘을 발휘하지 못한다. 계명과 현재 상황의 양자 사이에서 이들의 태도를 결정한 동인(動因)은 화석이 된, 예전에 '말해진(said)' 윤리적 명제일 뿐이다. 제사장과 레위인은 삶의 우선권을 자기가 맡은 직무, 혹은 평상시에 그에게 익숙한 이들에게 두었을 것이다. 그래서 타인의 부름을 알면서도 모른 채 지나친다. 주체인 '그'는 자아 중심적 판단을 내린다. 나는 이 낯선 자와 상관이 없다. 그 순간 타자는 망각된다. 아마도 불결한 상대방으로 인한 피해가 그들의 뇌리를 스쳤을지 모른다(레 21:1). 의식적 종교인에 불과한 이 두 사람은 타자의 나와 다름의 차이성, 즉 타자성의 문제를 인식하지 못한다. 이런 사람은 남의 처지와 고통에 공감할 수가 없다. 마치 안식일을 지키는 일이 성도의 의무이지만 그날 만난 병자를 살리는 일이 율법의 본질임을 간과한 것처럼(막 3:1-6). 마음이 움직이지 않은 결과 '네 자신같이 이웃을 사랑하라'는 계명(27절)은 행동으로 연결되지 않는다.

이 이야기는 세 번째 인물을 그저 '어떤' 사마리아인(이주여성)으로 우리에게 소개한다. 이 본문에서 예수님은 이야기의 주인공으로 혼혈이며 그리심 산에서 예배하는(요 4:20), 그래서 정통 유대인에게 이방인이라고 천대받던 사마리아인을 등장시켰다. 그녀는 어쩌면 우리가 평소에 스쳤을지라도 눈을 마주치지 않았던, 피부색도 다른 먼 나라에서 온 이방인일지 모른다. 그런데 그녀가 가던 길을 멈추고 자신을 비워 낯선 자가 당한 일에 기꺼이 개입하지 않는가? 그녀는 타자의 필요에 전적으로 헌신함으로 그의 진정한 이웃이 된다. 이 일은 최근 화재 현장에 겁내지 않고 뛰어들어 입주민들의 목숨을 구하고 자신은 화상을 입은, 한 불법체류자를 떠오르게 한다. 어디서 그러한 용기가 났느냐고 묻는 언론사 기자에게 그는 이렇게 대답했다. "생명을 구해야 한다는 것밖에는 아무런 생각이 나지 않았습니다!"

한편, 말씀을 잘 지키고 있다고 자부하던 율법교사는 질문한다 (그렇다면 내 이웃은 누구입니까? 29절). 아마도 그는 평소에 세리와 죄인을 이웃으로 삼았던 예수님을 이상하게 여겼을지 모른다(마 11:19). 그는 예상치 못한 불의한 인물(이주여성)의 '이웃됨'을 지켜보면서 강도 만난 사람 앞에서 자신도 제사장이나 레위인과 다름없음을 깨닫는다. 이웃을 철저히 대상화한 심장은 죽을 만큼의 처절함과 비참함에도 떨리지 않음을. 이러한 일련의 자기 발견의 과정을 통해 그는 하나님 앞에서 회개하기에 이른다(첫 번째 변화).

비유 이야기가 끝나고 율법교사(권사님)는 예수님이 묻는 질문(네 생각에는...누가 이웃이 되겠느냐 36절)에 답한다. "자비를 베푼 자니이다!(37절상)" 이러한 대답은 자기 안에서 스스로 나올 수 있는 것이 아니다. 타율적 주체성에 의해 즉, 한 주체가 타인과 관계 맺음을 통한 '주체됨'으로써 나올 수 있는 응답인 것이다(두 번째 변화).

처음 여성 학습자는 "그 피해 지나간 자가 설마 나는 아니겠지? 왜냐하면 나는 성경을 잘 알고, 교회도 열심히 다녔으니까"라며 자기 방어기제를 작동할 수 있다. 공부를 마치면서 율법교사(권사님)는 이방인은 물론 앞으로 만나게 될, 예기치 않은 '누구'까지 그의 이웃으로 포용하게 될 것이다. 이웃 개념이 확장되었기 때문이다. 더 나아가 그는 생명을 살리는 요청에 응하는 것이 이웃되게 하는 기준임을 발견하였다. 결과적으로 그는 예수님으로부터 "가서 너도 이와 같이 하라(37절하)"는 명령을 기쁘게 수용할 것이다. 보라! 그녀가 달라졌다.

이 학습의 과정에서 율법교사의 타자와의 관계성은 두 번 바뀌었다. 이성적 '앎'을 초월하는 신앙적 응답으로, 무관했던 처음의 상태에서 새로운 관계성이 창조된다. 그리고 이 관계성은 점차 그 깊이를 더하고 폭이 넓어진다. 하나님의 우리를 향한 사랑의 관계가 그러한 것처럼. 이 본문 연구를 통해 우리는 상호교환적 개념인 유대인의 황금률(마 7:12, 눅 6:31 남에게 대접을 받고자 하는 대로 너희도 남을 대접하라)을 능가하는, '타자성'에 기초한 그리스도의 사랑의 정신을 배운다. 그리고 이웃을 향한 사랑 실천이 곧 하나님에 대한 사랑임을 확인하게 된다(27절).

함께 나누는 신학적 성찰

율법사가 예수님께 묻는 처음 질문(내가 무엇을 하여야 영생을 얻으리이까, 25절)은 바로 기독교 윤리의 핵심적 질문인 동시에 교육적 질문이기도 하다. 대화로 이어지는 이 교육의 과정은 예수님의 답변(가서 너도 이와 같이 하라, 37절하)으로 마무리된다. 이 학습의 과정에서 지도자의 권위나 압력은 절대 작동하지 않는다. 쌍방이 각자의 생각을 소통하며 이 문제를 해석하는 가운데 학습자 스스로 해답을 찾아낸다(자비를 베푼 자니이다, 37절상). 성령의 순환 작용에 의해 진리가 드러난다. 예수님은 이야기의 주변에 자리하며 우리로 하여금 사람들이 타자에 개입하는 방식에 주목하도록 한다. 질문과 대답을 통해 모두가 이 예상하지 못했던 사건에 참여해서 함께 생각해 보도록 부른다. 그는 학습자의 반응을 주의 깊게 살피고 타인과의 상호작용을 이제 어떻게 해야 할지 되묻는다(네 생각에는 ... 누가 강도 만난 자의 이웃이 되겠느냐, 36절). 그리고 지금까지 우리가 살아왔던 삶의 방식이 어떠한지 돌아보라고 촉구한다.

여성 학습자는 예상 밖으로 상황이 전개되는 것을 보면서 그들이 기성세대와 사회로부터 물려받은, 무비판적으로 수용해 왔던 가치관에 대해 의문을 품는다. 무엇이 그녀를 제사장이나 레위인처럼 옥죄는지를 살핀다. 이렇게 대화하는 학습의 과정은 그들을 신학적 성찰로 이끌어 보다 포괄적이며 의미 있는 관점들을 추구하게 한다. 이러한 교수법은 기술적인 지식의 유희나 토론을 조장하는 것과 구별되는, 가치와 의미를 소통하는 '변환학습'이다.[39] 교사로서 예수님은 작은 일화를 통하여 전통이라는 아집으로 회칠한 우리들의 생각과 심장을 뒤집어서 하나님의 나라를 바라보게 하지 않는가? 그는 우리 여성들이 사유함으로 진리를 발견하길 바라신다. 예수님은 말씀을 인지적으로 아는데 그쳐서는 안 된다고(27-28절상), 그것을 실천하는 것이 곧 영원히 사는(永生) 길이라고(이를 행하라 그러면 살리라, 28절하) 가르친다.

복음의 원리는 리더 편에 의해 일방적으로 제공될 수 있는 정보가 아니다. 따라서 '기독교여성리더십교육'에서 교사와 여성 학습자들 사이의 상호주체적 관계성의 성립은 선결되어야 할 사항이다. 여기서 교사와 학습자들은 주체와 객체를 구별하는 이분법적인 관계에 놓이지 않는다. 여성 학습자들은 성경 본문이나 타자의 말하기로부터 질문을 제기하고 자기를 성찰한다. 이 '비판적 해석학적 대화' 속에 상호주체성이 자리한다. 이렇게 참여자들은 계속해서 서로로부터 통찰력을 얻는다. 본문의 경우처럼 성경의 이야기들은 그리스도인이 살면서 당면하는 윤리적 문제들에 대해 직접적인 방식으로, 혹은 즉각적으로 어떤 해결책을 제시하지 않는다. 다만 그것은 우리의 상상력을 자극함으로 책임 있는 행동을 하도록 이끈다. 더 나아가 미래에 대한 새로운 의미와 가능성을 열어준다. 여기서 각 개인은 본문과 그리고 타자와의 관계성 안에서 의사소통의 과정을 거치며 함께 협력할 수 있다.

이제 그에게 있어 주변의 타자는 더 이상 과거에 그러하다고 '알았던(known)', 어떤 고정 관념 안에 있는 존재들이 아니다. 타자성에 기초한 교육은 교사와 학습자들의 관계를 항상 새롭게 창조하기 때문이다. 이웃은 우리의 삶 가운데 미지의 존재 혹은 그동안 미처 몰랐던 형편에 처한 여성(unknown)으로 매번 신비롭게 다가온다. 그래서 리더는 그를 더 알기 원하며, 학습자의 변화에 주목하게 된다.

이 성경 본문을 고찰하면서 우리가 기대하는 여성은 말씀을 내면화하여 체득한 온전한 그리스도인이다. 그녀는 단순히 도덕적 태도를 생활에서 실행하는 수준에 그치지 않는다. 그 나름대로 사회와 세상을 복음의 눈으로 바라보고 언제, 어떤 상황에라도 이웃의 고민과 아픔에 개입할 수 있는 성숙한 주체이다.

오래 갇혀 있었던 선입견의 빗장을 풀고 타자를 인정할 때 우리는 자신을 깨뜨리는 용기가 생긴다. 이 과정에서 나와 다름의 고유한 '차이'가 드러나고 마침내 나는 그의 이웃이 된다. 차이나는 여성들은 '이웃되기'의 힘을 십자가로부터 얻는다. 그리스도가 우리에게 베푼 사랑이 타자의 이질성에 대한 두려움을 덮으므로. 기존의 문화나 율법으로 인해 타자와 분리되었던 자아의 껍질을 뚫고 나올 때 우리는 변한다. 내 방식으로 하는 사랑은 기독교의 사랑이라 볼 수 없다. 구체적인 정황에서 내 생각과 태도를 바꾸는 일이 곧 이웃되기이며, 이웃사랑인 것이다.

하늘 비전을 이 땅에서

다원화 사회는 한국 기독교를 향해 시간과 역사성을 가진 교회로 창조적인 전통을 만들 것을 요청하고 있다. 세상은 경직된 조직 하에 카리스마적인 교회 지도자보다는 목양적이며, 감성적인 지도자를 원한다. 새 시대에는 복음을 계승할 주역으로 여성이 큰 몫을 차지할 것이다. 여성 리더는 기준에 얽매이지 않은 자유로운 발상으로 또 다른 차이를 만든다(make a difference). 그녀는 머리로 판단하기보다는 타자의 마음을 읽어낸다. 리더는 여성이 하나님 앞에서 차이나는 고유한 존재임을 자각하고 타자를 달리 본다.

여성은 하나님 앞에서 독특한 주체이기에 어떤 경우에라도 그녀의 '다름' 때문에 차별받지 않아야 한다. 인간의 외모, 품성, 능력의 차이는 생물학적 혹은 환경적 차이에 기인하기보다는 개인차에 있기 때문이다. 그리스도인으로서 당당히 살아온 여성 주체는 그 주변의 다른 주체를 알아볼 수 있다. 타인이 홀로 감당해 온 질고를 나의 일처럼 느낄 수 있다. 그래서 우리는 자신의 틀어져 버린 운명에 순응하지 않고 세상의 편견에 도전하는 '동백씨'의 용기에 박수를 보낼 수 있다. "동백이는 동백이가 지키는 거다!", "나 이제 더 이상 착한 척 굳센 척 안 할거예요!" 그녀의 외침이 나의 마음에 울림을 전한다. 우리들의 '카멜리아'는 이제 현실을 자각하고 자신만의 목소리(in a different voice)를 질렀기 때문이다. 우리가 혼자라는 외로움을 덜고자 남의 것을 그대로 모방하는 짓은 하나님을 바라보지 않음이다. 너도 나도 우리 모두 똑같은 '명품백' 족(族)이 되고자 안달하지 말자. 이제는 하나님이 주신 보물 같은 개성을 짝퉁으로 둔갑시키는 어리석음을 범하지 말자. 유교 문화권에서 자의식이 '우리'라는 공동체 의식에 가려져 미처 발아하지 못하는 미성숙성을 반성하자. 예수님의 제자는 십자가를 바라보며 멀리 서서 그저 울고만 있는 유약한 여인네가 아니다. 누구보다도 선도적으로 부활의 복음을 세상에 알린 여성이다(마 28:1-11, 눅 24:1-10).

다른 피조물들과 달리 인간만이 시계를 차는 존재라고 한다. 인간의 자의식이 인생의 역사적 과정에서 타인과의 관계를 해석하고 평가하게 만든다. 그래서 우리는 종종 과거를 회상하며 실패와 교훈을 통해 현재를 해석하고 미래의 비전을 꿈꾸며 전진한다. 같은 맥락에서 기독교인이 창조론을 공부하는 것은 우리의 기원을 찾아 앞으로 어떻게 살아야 할까 방향을 탐색하고자 함이다. 또, 미래적 성격의 계시록을 공부하는 것은 지금 어떻게 살아야 할까에 대한 답을 찾기 위함이다. 본 연구를 통해 우리는 여성의 은사를 충분히 발휘할 수 없는 사회문화적 위계질서의 관계는 성역할에 고정된 관념 혹은 차별의식에서 비롯되었음을 발견하였다. 여성은 독립적인 주체로서 상호관계를 지향하는 가운데 무궁히 잠재된 은사를 발휘할 수 있음도 확인하였다. 모든 여성들이 이웃사랑의 연대성 안에서, 하나님의 자녀로서 본래의 주체성을 이 땅에 건설하리라는 비전을 키웠다.

주님이 우리를 덮어 싼 죄의 억압을 풀어주셨기에 여성은 이제 자유하다(진리를 알지니 진리가 너희를 자유롭게 하리라, 요 8:32). 그래서 남이 뭐라 하던 자신만의 꿈을 꾸고 현실에서 그것을 맘껏 펼쳐 나가리라. 만일 여성들이 연약함을 통해 나타나는 그리스도의 능력(고전 1:18-25)을 힘입는다면 그녀는 자유한 복음전도자로 날마다 새롭게 변화될 것이다. 이제 우리 앞에 다양한 선교의 현장에서 사역하는 여성들의 이야기를 수렴하고, 세계적이며 사회적인 시각에서 여성사역의 장(場)을 확대하는, 여성의 리더십 함양을 위한 교육과정을 체계화하고 다변화해야 할 과제가 남아있다.

'비혼세대'를
어떻게 이끌까?

박경옥

박 경 옥

'비혼세대'를
어떻게 이끌까?

힘껏 잘 키웠는데 왜 결혼을 하지 않을까?

요즘 방영되고 있는 TV 프로그램 중에 청년들의 비혼 생활을 보여 주고 그의 어머니들이 출연하여 결혼 문제를 함께 고민하는 내용이 있다. 결혼 적령기 전후의 청년들이 부모의 집을 떠나 독립적으로 경제활동을 하면서 살아가는 이야기이다. 이들을 통해 이 시대 젊은이들의 일상과 그 부모들이 겪는 현실적인 고충을 보고 들으면서 비혼세대의 삶을 살펴보게 된다. 그렇다면 동일한 문제에 관하여 교회 안 청년들의 상황은 어떠한지 시선을 돌려보자. 교회 청년들은 일반 사회 청년들의 경우보다 더 심각한 어려움을 겪고 있다. 말하자면, 결혼까지 가고 싶은 믿음 있는 배우자를 만나기가 매우 어렵다는 것이다. 이런저런 이유로 중년으로 접어들어 가는 비혼세대들이 많아졌다. 이들이 나름 신실한 배우자를 선택하려면 경제적이나 사회적인 위치에서 조건에 맞고 신앙까지 잘 갖추고 있어야 하는 이중적인 부담을 안는다. 교회에서 청년들의 결혼 문제가 고민거리로 부상한 지 오래다. 교회 마다 청년들의 비혼이 문제가 되고 있다. 그렇지만 한국교회는 이런 비혼세대들의 문제에 대하여 신앙적 관점에서 이렇다 할 대안이나 방향을 제시하지 못하고 있다.

비혼세대는 각 가정과 개교회의 다음세대 주인공들이다. 그렇기때문에 이들의 비혼 문제는 이들만의 고민이라고 볼 수 없다. 비혼세대들 역시 인격적으로 복음을 믿고 성경의 지혜를 따라 살아보려고 몸부림치지만 현실적으로는 비혼을 선택할 수밖에 없게 되었다고 말한다.[1] 그러므로 목회적인 관점에서는 좀 더 적극적인 접근이 요구된다. 시대의 흐름을 파악하고 부모 세대와 비혼세대를 아우르는 고민을 함께 나누어야 할 것이다. 비혼세대가 책임감 있는 어른으로 성장하고, 그리스도인으로서 주님의 제자로 자리매김하도록 돕는 사역에 힘과 지혜를 모아야 할 때이다. 현실적으로 비혼이 최선인지, 아니면 비혼세대들에게 대안적 희망을 줄 수 있는 돌파구가 있는지, 비혼세대의 과제를 성경의 시선을 따라 접근하여 풀어보고자 한다. 이 시대의 비혼세대들, 특히 기독청년의 비혼 현상에 대하여 심도 있게 다가가 보자.

비혼인가 미혼인가

주위를 둘러보면 혼자 사는 이웃을 쉽게 발견할 수 있다. 이제는 독거, 혼밥, 혼술, 혼행이라는 말이 어색하지 않다. 이런 변화에는 여러 요인이 있을 것이다. 그중에 하나는 사람들이 주위의 시선과 간섭에 불편을 느끼고 혼자살기를 소망한다는 것이다. 그들은 진정으로 혼자인 것이 좋은 것일까? 기쁜 일이 있어도 함께 기뻐할 사람이 없고, 무언가를 성취했는데 함께 나눌 사람이 없다면 과연 기쁘기만 하겠는가? 그들이 지금 혼자 있는 것이 편하다고 치부하는 것은 일시적인 감정과 상황일 수 있다. 좀 더 살펴야겠으나 그들이 혼자산다 해도 엄밀한 의미에서 진정한 혼자는 아니리라는 생각이 들기도 한다.

우리의 관심은 특히 비혼세대인 1인 가족에 있다. 오늘날 젊은 세대가 보여주는 비혼(非婚)과 미혼(未婚) 두 양상은 모두 결혼을 하지 않았다는 공통점을 갖는다. 외견상으로는 비슷해 보인다. 그러나 그 이면에는 전혀 다른 의지가 숨겨져 있다. 미혼은 아직 결혼하지는 않았으나 언젠가는 결혼을 하게 될 가능성을 내포하고 있는 상태이다. 이에 반해 비혼은 사전적 의미로도 확연한 차이를 드러낸다. 사전은 이렇게 적시한다. "미혼보다 주체적인 단어로 결혼을 인생에 반드시 거쳐야 할 단계가 아닌 개인적 선택이라는 인식이 담겨 있다. 결혼하지 않은 상태이거나 결혼하지 않기로 한 사람. 비혼을 선택한 사람은 비혼주의자라고 한다. 주로 개인의 가치관이나 경제적 부담, 결혼 후의 미래에 대한 불확실성 등이 그 요인으로 작용한다." 즉, 비혼은 결혼하지 않은 미혼 상태만을 뜻하지 않고, 그 보다는 의지적으로 결혼을 선택하지 않는 것을 의미하는 것이다.

한편, 비혼주의자도 자발적 비혼과 비자발적 비혼으로 나뉜다. 자발적 비혼은 스스로 결혼을 원하지 않는 경우이다. 자발적 비혼은 학교, 직장, 진로, 인간관계와 같이 결혼 역시 개인 스스로가 판단하고 결정을 내리는 선택사항일 뿐이라는 관점이다. 자유의지로 독신을 선택하기에 이에 대한 주위의 지나친 간섭과 참견은 개인의 자유를 침해하는 무례함으로 해석한다. 이에 비해 비자발적 비혼은 결혼을 원하지만 경제적 부담이나 이성간의 관계가 여의치 않아 그것이 지연되고 있는 경우이다.[2]

비혼주의자가 되는 원인은 다음과 같이 정리할 수 있다. 첫째, 현실적인 문제로 경제적인 면이 가장 큰 비중을 차지한다. 너무나 비싼 주택비용, 고가의 결혼비용, 결혼 후 출산 시 아기의 양육비 등 금전적인 문제 때문에 결국 결혼 자체를 포기한다는 것이다. 결혼으로 발생하는 경제적인 부양에 대한 책임부여가 걸림돌이다. 둘째는 과거 이성으로부터 받은 마음의 상처가 정리되지 않은, 심리적인 트라우마 때문이다. 세 번째는 결혼을 가족과 가족 간의 관계로 보는, 전통적인 가족체계 문화에서 발생하는 불합리한 부담감이다.

상담사례

목회상담사로서 필자는 여러 청년들의 결혼문제를 상담하면서 마주하게 된 사례를 통해 비혼세대를 이해해 본다. 부모의 관점에서 다룬 사례는 '결혼하고 싶어 하는 아들'이다. 청년세대 당사자의 미혼상담 사례는 '거짓정보로 혼란을 겪는 사이 결혼시기를 놓치다'는 경우이고, '이제는 기대하지 않겠어요'는 비혼 사례로 부모세대나 미혼 사례와 관점의 차이를 발견할 수 있다.

■ 부모 관점의 사례: 결혼하고 싶어 하는 아들

"딸아이가 1년 반 가까이 사귀던 사람과 서른여섯이 되어 우여곡절 끝에 결혼식을 마치게 되었습니다. 신혼여행에서 돌아와 우리 부부와 동생을 초대하여 딸아이의 신혼집에 다녀왔지요. 딸아이가 결혼하기까지 남편과 저는 남모르게 속을 끓였습니다. 딸아이는 이십 대 후반부터 여러 사람들을 만났지만 좀처럼 짝을 찾지 못했지요. 저희는 아이들을 좋은 대학에 보내면 자연스럽게 좋은 직장과 원하는 결혼이 이루어질 것으로 생각했습니다. 그 목표를 위해 자녀교육에 많은 노력과 투자를 해왔습니다. 유치원 때부터 각종 학원에, 과외에, 해외연수 등 많은 시간과 금전적인 투자를 했고, 좋은 대학에 들어가면 그것으로 좋은 부모 역할을 하는 것으로 생각했기 때문입니다.

아이들은 이름을 대면 알아주는 수도권의 수준 있는 대학을 나왔습니다. 특히 아들은 외국인 회사에 입사 했습니다. 결혼에 대한 적절한 자격요건을 갖추었다고 생각했는데 아들 결혼이 늦어지고 있습니다. 아들은 결혼을 안 하겠다는 것이 아닙니다. 제가 소개해 주는 사람도 만나 보았습니다. 연년생 동생인 아들 녀석이 아직 미혼이고 사귀는 사람이 없다고 합니다. 누나가 결혼하여 사는 신혼집을 다녀온 후에 아들은 매형을 부러워합니다. 그렇게 부러워하는 아들을 보니 아들 녀석도 곧 결혼을 하고 싶은 모양입니다."

서른다섯 살짜리 아들을 둔 어머니는 아들의 결혼이 늦어질까 안타까운 마음을 감추지 못했다. 좋은 학벌, 좋은 직장까지 다 갖추었는데 며느리감을 데리고 오지 못하는 아들이 걱정되어 부모가 어떻게 해야 하는지 알고 싶다고 상담을 요청한 사례이다.

■ 미혼 사례: 거짓 정보로 혼란을 겪는 사이 결혼 시기를 놓치다
"결혼을 하려고 결혼중개기관을 통해 사람을 소개받았습니다. 만남 초반에 이상하다고 느껴져 확인하니 신분이 거짓임이 드러났

습니다. 눈치채지 못하다 속아서 결혼이라도 했다면 '인생사기'를 당할 뻔했습니다. 알아차린 것이 다행이라는 생각이 듭니다. 그러나 저로서는 참담하고 억울한 마음입니다. 소개받은 사람과 몇 번 만나다가 뒤통수를 맞았다는 게 너무 부끄럽게 여겨지고 수치심이 생겼습니다. 친구들에게 얘기도 못 하겠습니다."

전문직에 종사하는 내담자 B씨(43세)는 미혼 친구들의 동창 모임에서 위로를 얻었었다. 일단 그녀는 결혼을 하지 않을 것처럼 이야기했다. 그러다 보니 함께 만나고 여행 다니던 친구들도 이제 모두 결혼을 하였다. 어느새 동창 모임은 자신만 빼고 결혼한 친구들의 동창 모임으로 바뀌게 되었다. 모임에 참여하기가 점점 어색해졌다. 무엇보다 친구 남편들의 직업군이 좋아 B씨는 아무나 하고 결혼을 할 수는 없다고 생각하게 되었다. 어느 정도의 수준 있는 직업을 갖고 있는 사람을 남편감으로 만나고 싶어 결국에 결혼정보회사의 도움을 받기로 결심하였다. 내담자 B씨는 "상대방이 안정된 직업을 갖고 있다"는 정보를 믿고 주선된 만남의 자리에 나갔다. 몇 차례 만남을 가져보니 의심스러운 생각이 들었다. 확인을 해보니 맞선자가 결혼정보회사에 제시한 신분, 직업 자체가 모두 거짓임이 밝혀졌다. B씨는 결혼정보회사에 항의했지만 별 소득이 없었다. 이미 들어간 경비도 아깝고 속이 상했다. 그 이후 결혼정보회사를 통한 만남에 두려운 마음이 들었다. 두려움보다 더 큰 문제는 수치심이었다. 그녀는 상담이 필요했다. B씨는 그렇게 거짓 정보로 혼란을 겪는 사이 나이가 많아졌고 결국에 이성 관계가 버거워져 상담을 받으러 온 사례이다. 상담사례의 경우처럼 결혼 배우자를 정하는데 여러 가지 어려움들이 도사리고 있다.

■ 비혼 사례: 이제는 기대하지 않겠어요

"부모가 이혼하고 헤어지면서 어린 나를 할머니 집에 보냈어요. 할머니는 나를 좋아하지 않았지요. 그래도 어린 마음에 할머니의 사랑을 받고 싶어서 할머니의 일손을 열심히 도왔습니다. 중학교에 들어갈 나이가 되었을 때, 엄마가 갑자기 나타나서 서울에 있는 이모 집으로 나를 데리고 왔습니다. 엄마와 사는 것이 아니어도 엄마와 함께 살게 될 때를 기대하며 이모가 경영하는 미용실에서 열심히 미용기술을 배웠습니다. 미용기술을 조금 배워갈 무렵 남자친구를 사귀게 되었지요. 그는 내게 이 세상에서 유일한 내편이라는 존재로 다가왔습니다. 결혼도 생각하고 경제적으로 자립할 수 있기까지 수년을 사귀었지요. 그러나 내게 너무 과분한 행복이었는지 그 친구가 사고로 죽었습니다.

그 후, 10여 년의 세월이 지나 주위의 소개로 결혼을 전제한 사람들을 만났습니다. 그런데 첫 번째 결혼은 폭력으로 인해 2년 만에 이혼하게 되었습니다. 그 다음은 혼인신고를 하지 않고 살았는데 그 사람은 경제활동을 하지 못하고 내게 돈을 요구했습니다. 결국 함께 할 수 없게 되었지요. 이제는 혼자 사는 것을 흉으로만

치부하지 않는 세상이 되었으니 혼자 살렵니다."

40대까지는 따뜻한 가정을 꾸리고 싶어서 열심히 노력하였다는 E씨의 상담사례이다. 40대를 넘기고 50대 초반에 들어서니 결혼에 대한 기대를 아예 포기하게 되었단다. 남들처럼 살아보려고 무던히도 애써온 E씨의 구구절절한 삶의 이야기는 비혼은 자신의 의지로 결정하는 것임을 확인하게 한다.

초혼연령이 평균적으로 높아지고 있다

결혼정보회사가 2년간 성혼시킨 기준으로 '2019년 혼인통계 보고서'를 보고했다. 결혼한 부부의 평균 초혼연령이 남성은 36.3세, 여성은 33.3세로 나타났다.[3] 이는 2017년 기준으로 대한민국 남성의 초혼 연령이 만으로 약 33세에서 3.3세가 증가한 것이다. 한국 나이로 약 37세가 대한민국 남성의 평균적인 초혼 나이가 되는 셈이다. 다시 말해 30대 후반의 결혼은 평균적인 결혼 연령이라고 볼 수 있겠다.[4] 이보다 더 나이 들게 되면 평균에서 점점 멀어지게 된다. 그러므로 일반적으로 30대 후반 이상의 나이일 때 결혼을 못했으면 노총각, 노처녀로 간주 된다. 어쨌든, 사회에 적응하고 결혼할 수 있는 기반을 만들기 위해 준비하는 과정이 길어지면서 초혼연령이 높아지고 있다.

부모에게 걱정을 끼친다는 조바심이 있다

이처럼 초혼연령이 계속 늦어지고 있는 상황에서, 결혼 당사자인 미혼 남녀들은 자신들의 결혼이 늦어짐에 따라 부모에게 어떤 영향을 미친다고 생각하는가에 대한 통계가 흥미롭다. 미혼남녀에게 "결혼이 늦어져 부모님께 미치는 안 좋은 영향은 무엇인가?"[5]라는 주제로 어느 결혼정보회사에서 설문 조사를 하였다. 미혼 남녀 506명(남녀 각 253명)을 대상으로 '본인의 결혼이 늦어져서(지금 당장 안 해서) 부모에게 불리한 점'을 물어보니 응답자들의 의견은 비슷했다고 한다. 남녀 모두 '결혼 걱정 끼친다'(남 39.5%, 여 45.8%)와 부모와의 '동거 및 양육 기간이 늘어난다'(남 36.4%, 여 32.8%)를 각각 1, 2위로 꼽았다. 설문 조사 결과의 분석에서 보듯 비혼세대는 남녀 모두 '결혼 걱정 끼치고', '동거, 양육기간이 늦어짐'으로 부모세대에게 걱정을 끼친다는 조바심이 크다고 나타났다. 결혼을 앞둔 미혼 자녀들이나 그들의 부모가 결혼에 대해서 함께 고민하는 셈이다. 결혼에 무관심하거나 차일피일 미루는 자녀들을 보면서 부모들의 마음은 착잡하다. 또, 겉으로는 태연한 척하지만 눈에 띄게 늙어가는 부모의 모습을 보는 자녀의 입장도 결코 편치 않다. 이것이 바로 통계가 말하는 포인트이다.

결혼관의 변화가 빠르다

앞에서 살펴보았듯 비혼이란 용어는 미혼보다 주체적인 개념이다. 요즘 젊은 세대는 결혼을 인생에서 반드시 거쳐야 할 단계가 아닌, 개인의 선택으로 인식한다. 이유가 자발적이든 비자발적이든 현대 사회에서 이런 식의 결혼에 대한 인식의 추세는 늘어나고 있다. 결혼에 방점이 찍힌 단어이기 때문에 혼인을 하지 않고 동거를 하는 사람도 비혼 상태라고 볼 수 있으며 이와 같은 점에서 이들의 인식은 '독신'과도 차이가 있다.

'결혼' 자체가 중요한 이슈에서 밀려나고 있는 작금의 현상을 통해 비혼세대의 결혼관을 엿볼 수 있다. 국내 사회문제 언급량 순위를 보면 '결혼'은 2014년 6위, 2015년 5위, 2017년에는 6위 등에 머물렀다가 2018년에는 15위로 크게 하락했다. 매년 SNS의 이용량이 급증하는 상황을 고려할 때 결혼에 대한 관심이 하락하는 속도가 매우 빠르다. 반면, 2015년을 기준으로 비혼에 대한 관심은 급증하고 젊은이들 사이에서 가족을 위해 희생하기보다는 혼자 살아도 괜찮다는 인식이 확산하는 추세이다.

다른 한편으로, 결혼이 외모지향주의 현상으로 쏠리고 있다. 어느 결혼정보회사 대표는 "요즘 젊은 남녀는 SNS로 외모, 재력 등의 '신상털이'를 최대한 한 뒤에 만나는 경향이 크다"고 한다. "전화번호만 있으면 톡 프로필 사진에서 얼굴을 확인하는 게 어렵지 않으니 외모가 마음에 안 들면 '교통사고가 났다'는 등 갖은 핑계로 만나기도 전에 거절하는 남성도 많다"고 한다.[6] 이는 결혼을 결정하는 데 외모와 조건에 많은 비중을 두는 외모지향주의 현상이 심화되고 있음을 입증한다. 결혼은 결코 외모와 조건으로만 성사될 수 있는 일이 아님에도 당사자들은 내면보다는 보이는 것에 치우치는 경향이다.

성경이 말하는 결혼은 어떤 것일까?

하나님께서 계획하신 결혼은 어떤 것일까? 성경이 말하는 결혼에 대해 살펴봄으로서 비혼세대 기독청년들이 현재 가지고 있는 결혼관과 비교해 보자. 구약성경과 신약성경의 관계에서 약속과 성취를 동시에 이루신 하나님의 계속적 활동이 나타나기에 결혼을 구속사적인 관점으로 조명해 볼 필요가 있다.[7] 창세기에서 결혼이 시작되고 요한계시록에서 공중 혼인예식으로 마무리되는 사실이 감동적이다. 하나님께서 "사람이 혼자 사는 것이 좋지 아니하니 내가 그를 위하여 돕는 배필을 지으리라(창 2:18)"고 말씀하시고, 아담을 깊이 잠들게 하셔서 그가 잠들자 그의 갈빗대 하나를 취하고 살로 대신 채우신다. 여기에서 '잠들다'란 우리들의 일상적인 잠이 아니라 죽음을 의미한다. 이것은 신약성경에서 교회를 사랑하시는 그리스도의 십자가 사랑과 연결된다.[8] 요즘은 시대적 흐름에 따라 부모와 웨딩 플래너 또는 인터넷 리뷰 정보 등의 도움을 받아 결혼예식에 관련된 준비(예식장, 드레스, 한복, 스튜디오 촬영 등)에 도움을 받는다. 하지만 하나님은 아담에게서 취하신 갈빗대만으로 여자를 만드시고 그를 아담에게로 이끌어 오셨다(창 2:22-23). 이와 같이 인류 최초의 결혼은 하나님께서 직접 진두지휘 하셨다.

우리는 구약성경에서 하나님이 설계하신 결혼이 아름답게 이루어지는 과정을 보여 주는 사례를 찾을 수 있다. 그중에 특히 두 커플을 눈여겨보자. 이삭이 리브가를 만나 결혼하는 과정(창 24:67)과[9] 이방 모압지방 여인 룻이 보아스를 만나 결혼하는 드라마틱한 결혼이다(룻 4:13).[10] 여기에서 결혼을 구속사적인 관점으로 조명해 볼 때, 이삭과 리브가의 결혼은 전통 유대인, 즉 이스라엘사람들과 주님과의 관계로 이해된다. 또한 룻과 보아스의 결혼은 유대인 외의 이방사람, 전 인류에 속하는 우리들과 그리스도의 관계로 확장된다.

이제 신약성경으로 시선을 돌려 보자. 예수님이 공생애를 시작하실 때 첫 번째 사역의 시작이 가나의 혼인잔치에서 물을 포도주로 바꾸는 사건이다(요 2:1-11). 또한 예수님은 공생애 동안 하나님 나라를 비유로 소개하면서 결혼에 대한 원리와 그 중요성을 천명하신다. 그런데 예수님이 가르쳐 주신 결혼은 단순하지 않다. 구약에 나타난 구속사적인 결혼은 개인의 구원과 교회와의 연합, 그리고 종말에 재림하실 주님과의 관계로 전개된다. 하나님은 성도가 신랑을 맞이하는 신부처럼 순결함과 거룩함을 유지하기 위해 기름을 준비하며 깨어있기를 원하신다.

혼인잔치 비유(마 22:1-14)는 혼인 예복 준비에 대한 필요 사항을 가르쳐주고 있다. 열 처녀 비유(마 25:1-13)는 늦은 밤, 어느 시각에 올지 모르는 신랑을 기다리는 신부가 그를 맞이하기 위해 등불을 밝힐 기름을 준비하는 슬기로움에 관한 내용이다. 한편 사도 바울은 다메섹으로 가는 길에서 예수님을 만난 후에 신랑 되신 예수님과 주님의 신부가 되어야 할 그리스도인 개인의 구원에 대한 관계를 설명한다. "내가 너희를 정결한 처녀로 한 남편인 그리스도께 드리려고 중매함이로다(고후 11:2)." 더 나아가 그는 주님의 신부된, 구원받은 그리스도인들의 공동체인 교회에 대해 말한다.[11] 주님의 몸 된 교회가 인격적인 관계를 맺는 기준은 그리스도가 교회를 사랑하심과 같이 자기 아내를 사랑하고, 아내는 남편을 존경하는 데서 발견된다. 이처럼 성도는 주님이 머리 되신 교회의 한 지체로서 그에게 순종하고 복종하는 비밀의 원리(엡 5:22-33)에 따라야 한다.

창세기에서 하나님이 제정하신 결혼이 신약성경의 마지막에 나오는 요한계시록으로 이어져 하나님과의 관계로 종결된다. 이것은 세상의 종말에 예수님 신랑과 성도 신부의 거룩한 결혼으로 구속사가 완성됨을 보여준다(계 19장). 이렇게 결혼은 놀랍고 엄청난 생명력을 지닌 위대한 일이다.

나 예수는 교회들을 위하여 내 사자를 보내어 이것들을 너희에게 증언하게 하였노라 나는 다윗의 뿌리요 자손이니 곧 광명한 새벽 별이라 하시더라 성령과 신부가 말씀하시기를 오라 하시도다 듣는 자도 오라 할 것이요 목마른 자도 올 것이요 또 원하는 자는 값없이 생명수를 받으라 하시더라(계 22:16-17)

하나님은 새 하늘과 새 땅, 새 예루살렘에서 구속사의 완성을 주님과의 영원한 결혼으로 설명하심으로써 신·구약성경을 예수 그리스도의 구속사로 일관성 있게 연결한다. 여기서 우리는 기쁨으로 주를 맞을 수 있도록 개인적인 구원의 완성과 교회 공동체로의 섬김의 훈련을 통해 성도를 신앙의 절정으로 이끄시는 주님의 계획과 섭리를 확인할 수 있다. 우리가 부르는 찬송에 이런 가사가 있다. "신랑 되신 예수께서 다시 오실 때 밝은 등 불 들고 나갈 준비 됐느냐~ 밝은 등불 손에 들고 기쁨으로 주를 맞겠네~"(찬송가 175장).

구속사적 관점으로 보면, 성경이 말하는 결혼은 이 시대가 추구하는 결혼관과는 판이하게 다르다는 것을 알 수 있다. 세속적 결혼관은 자신의 만족과 편리를 위한 쪽으로 기울고 있다. 이러한 현상은 비혼세대가 갖는 결혼에 대한 개념에 그리스도의 신부라는 관점이 배제되어 있음을 드러낸다. 결혼을 전제로 친밀한 대인 관계를 유지하는 일에 소요되는 헌신과 희생이 부담감으로 다가오는 데다, 그럴 자신감이 없다는 이유로 결혼을 인간 중심으로 상황화하여 해석하는 것이다. 이는 결혼의 본래 의미와 가치가 변질 되었을 뿐만 아니라 크게 왜곡되었음을 반증한다.

성경은 비혼세대의 결혼관이 전부가 아님을 분명히 제시하고 있다. 진정한 결혼은 재림하실 주님과의 영원한 결혼이다. 이 땅에서의 결혼생활은 하나님과의 관계를 위해, 영원한 주님의 신부가 되기 위한 과정으로서, 거룩함을 훈련하는 몸으로의 삶인 것이다. 예수님도 그의 공생애 삼 년 동안 영원한 결혼에 대해 가르쳐 주지 않았는가? 구속사적인 관점에서 결혼은 삼위일체 하나님이 그 결혼을 출발하도록 하시고 하나님과의 관계 안에서 그 결혼을 거룩하게 유지하는 가운데 하늘잔치에서 하나님과의 영원한 결혼으로 마무리된다.

그런 면에서 요즘 주례가 없는 결혼식을 종종 보게 되는데 이는 젊은이들이 하나님 없이 자신들이 주체가 되어 두 사람만의 관계로 결혼을 인지하는데서 기인한다. 하나님이 기뻐하시는, 거룩함을 이루어가는 언약관계로서 결혼생활을 다짐하는 것이 결혼예배이다. 그러므로 결혼식의 주례사에는 하나님이 결혼을 제정하셨음을 인정하고, 결혼이 하나님에 의해 이루어짐을 고백하는 내용이 내포되어야 한다.

결혼의 세 가지 원리

이러므로 남자가 부모를 떠나 그의 아내와 합하여 둘이 한
몸을 이룰지로다(창 2:24)

창조 때로부터 사람을 남자와 여자로 지으셨으니 이러므로
사람이 그 부모를 떠나서 그 둘이 한 몸이 될지니라 이러한
즉 이제 둘이 아니요 한 몸이니 그러므로 하나님이 짝지어
주신 것을 사람이 나누지 못할지니라(막 10:6-9)

위 본문에서 보듯 성경은 결혼의 원리를 명확하게 규정하고 있
다. 그것은 떠남의 원리, 연합의 원리, 한 몸의 원리이다. 부부가
진정한 하나가 되기 위해 남자와 여자는 각자가 부모를 떠나는 독
립을 전제해야 한다. 결혼은 하나님과의 인격적인 관계를 시작으
로 배우자와 하나가 되는 과업이다. 결혼생활의 모든 삶은 그리스
도의 십자가와 부활을 믿으며 거룩함을 이루어가는 여정인 것이
다. 하나님은 인간을 위해 결혼을 제정하시고 결혼을 통해 가정에
복 주시겠다고 약속하셨다. 이 복은 하나님과의 관계 안에서 거룩
하며 온전해짐에 기반을 둔다.

'떠나다'의 원리

결혼의 원리 중에 '떠남의 원리'를 성경이 기록된 시대 원어의 의미로 '결정권 주고받기'로 풀이한 것은 명쾌한 해석이다.[12] 그런데 부모를 떠난다는 말을 문자 그대로 해석해서 부모나 자식 양쪽에서 이 원리를 조금은 부담스럽게 여기는 경우가 있다. 부모를 떠난다는 말의 의미는 정신적, 경제적 그리고 인격적으로 부모로부터 분리되는 것을 의미한다. 이것은 부모와의 지정학적인 분리를 강조하는 것이 아니다. 결혼 전 부모의 자녀로서 양육과 돌봄을 받았던 안정감이나 가문으로부터 내려오는 모든 습관과 가치관으로부터 분리되어야 한다는 뜻이다. 여기에서 분리란 성인으로 그리고 그리스도인으로 부모와의 관계를 재정립해야 한다는 의미가 크다. 결혼 전에는 부모와 자녀로 일대일의 관계였다. 그러나 결혼 후에는 하나님의 결혼원리 안에서 양가부모와 부부의 관계로 확산하는 확대가족이 되었음을 인지해야 한다. 결혼 전에는 원 가족 상태에서 부모를 의존하면서 양육과 지지를 받는다. 그러나 결혼을 기점으로 그 이후에는 하나님이 인정하고 통치하는 신앙의 가정으로 새롭게 출발하는 것이다. 한국의 가부장적인 유교 문화는 성경이 말하는 '떠남'을 부모와의 완전한 난절로 오해하게 하였다. 부모와의 관계 단절은 효사상과 충돌되어, 부모를 떠나라는 성경말씀을 실천하기 어렵게 만들어 버렸다. 또한 부모도 자녀를 떠나보내지 못함으로 인해 미분화된 결혼형태가 파생된다. 최근에는 경제적인 급변화로 일인 가족 체계로 바뀌면서 비혼세대의 결혼관이 부상하고 있다. 그러므로 결혼에 대한 꿈과 계획도 품어보지 못하는 이들에게 부모로부터 독립하여 '떠나라'라는 결혼의 첫 번째 원리가 다음 단계로 이어지게 하는 교육과정이 마련될 필요가 있다.

'연합하라'의 원리

결혼은 그의 원 가족을 '떠나는 것'과 동시에 그의 배우자와 '연합하는 것'을 전제로 한다. 떠남이 없이는 연합이 불가능하기 때문이다. 예수님은 연합을 통해 일부일처의 원칙, 두 사람 간의 긴밀하고 유일한 관계의 원칙, 영원한 관계의 원칙에 굳게 서기를 원하신다. 연합한다는 것은 '사랑으로 하나 됨'을 의미한다. 하나가 된다는 것은 부부간의 헌신을 포함한다. 연합한 두 사람은 자기 자신 전부를 상대방에게 다 내어 주고, 서로 용납하는 관대한 태도를 갖는다. 하나님은 "사람이 독처하는 것이 좋지 못하다(창 2:18)"며 하와를 창조하셨고, "아내를 얻는 자는 복을 얻고 여호와께 은총을 받는 자(잠 18:22)"라고 말씀하셨다. 하나님은 "모든 사람은 결혼을 귀히 여기고 침소를 더럽히지 않게 하라, 음행하는 자들과 간음하는 자들을 하나님이 심판하시리라(히 13:4)"고 경고하신다. 이 말씀을 통해 우리는 결혼으로 맺어진 남편과 아내의 연합을 하나님께서 얼마나 기뻐하고 이 관계를 보호해 주시는지 알 수 있다.

> 예수께서 대답하여 이르시되 사람을 지으신 이가 본래 그들
> 을 남자와 여자로 지으시고 말씀하시기를 그러므로 사람이
> 그 부모를 떠나서 아내에게 합하여 그 둘이 한 몸이 될지니
> 라 하신 것을 읽지 못하였느냐 그런즉 이제 둘이 아니요 한
> 몸이니 그러므로 하나님이 짝지어 주신 것을 사람이 나누지
> 못할지니라 하시니(마 19:4-6)

부부관계는 부부가 연합되어 있을 때 생명력이 있다. 연합으로
인한 진정한 가치를 보여줄 수 있기 때문이다. 그리스도는 십자
가에서 죄를 대속하여 우리들을 하나님과 하나 되게 하심으로서
'연합하라'의 모범을 실행하셨다. 연합된 살과 뼈를 뗄 수 없는 것
은 그것을 떼어 놓으면 생명력을 상실하기 때문이다. 부부의 연합
은 십자가 사랑을 기반으로 한 인격과 인격, 정신과 정신, 육체와
육체, 경제와 경제, 관계와 관계의 연합이다. 상담을 하다보면 요
즘 결혼한 젊은 부부들 간에는 경제적인 연합을 이루지 않은 채,
각자의 수입을 각자가 관리하는 경향을 보게 된다. 혹시 이혼하게
되면 편하게 나누기 위함이라는 이유도 있다. 이들 부부를 연합된
부부라고 볼 수 없는 것은 이들이 이미 경제 영역에서 나뉘어 있
기 때문이다. 연합이란 아내와 남편이 가진 두 개의 결정권을 합

하는 데서부터 시작 된다.[13] 예수 그리스도를 부부의 결정권자로 모시고 각자의 의견을 하나로 일치시키는 과정에서 부부는 온전히 하나가 될 수 있다.

'한 몸 되라'의 원리

사람이 결혼함으로 둘이 한 몸이 되기 위해서는 '떠남'과 '연합'이 전제되어야 한다. '한 몸 됨의 원리'가 의미하는 연합의 일치는 죽음으로만 그 효력이 마치게 되는 견고성을 갖는다(롬 7:1-3). 하나님은 '한 사람의 인격'과 '한 사람의 인격'의 연합을 통해 둘이 하나가 되는 결혼제도를 만드셨다. 둘이 한 몸을 이룬다는 의미는 일차적으로 육체적 결합 외에 가치관, 감정, 재산, 종교 등 모든 삶에서 일치된 하나의 방향을 추구하기를 요구한다. 하나님이 부부를 한 몸이라 규정하였으므로 사람이 인위적으로 나누지 못한다는 말은 부부의 모든 소유물 또한 나눌 수 없음을 전제한다. 하나님은 부부가 일생 동안 기쁨과 슬픔, 행복과 고통도 함께 겪고 이기며 나누기를 원하신다. 부부가 한 몸을 이룬다는 것은 두 사람의 몸과 혼과 영이 완전히 하나의 방향을 향하는 것을 뜻한다. 아울러 결혼은 두 사람이 하나님의 창조원리에 따라 인격적인 존중하에 서로가 서로에게 헌신하는 관계이다. 이는 두 사람이 창조주 하나님의 창조원리에 따라 세우신 제도 안에서 서로가 재창조의 역할을 감당하는 파트너임을 인식하는 데서 시작된다. 이 점이 연합의 신비이다.[14] 예수 그리스도와 연합한 부부가 자발적인 헌신으로 '한 몸 됨'의 원리를 따를 때 그 가정은 행복이 충만할 것이다. 그러므로 기독청년들은 시대적 흐름에 밀려 결혼관을 왜곡하지 말아야 한다. 예수님은 젊은이들이 세태에 흔들리지 않고, 신앙에 기초한 결혼관으로 이 문제에 용기 있게 접근하길 기대하신다.

왜 결혼하는가?

결혼제도를 만드신 하나님의 뜻과 목적은 하나님의 창조질서를 따라 창조주가 인간에게 허락한 모든 복을 누리며 사는 데 있다. 하나님은 결혼제도를 창조하시고 축복하셨다. 결혼을 통해 허락하신 축복은 곧 하나님과 함께 하는 일이다. 하나님과 함께 결혼생활을 통해 부부의 관계를 나누고, 부부가 함께 하나님께 영광을 올리도록 하는 것이 기독청년들에게 베푸시는 은혜이다. 따라서 혹시 비혼을 선언한 기독청년이 있다면 그는 이 결혼의 목적을 다시 생각해 볼 필요가 있다. 세간에 남자는 돈이 없어 결혼을 포기하고, 여자는 돈 있는 남자가 없어 결혼을 못한다는 자조 섞인 푸념이 돌고 있다. 통계에 의하면 결혼의 목적이 남자의 경우 동반자, 성, 낭만, 가정과 자녀에 대한 욕망의 순서로 매겨지는데, 여자의 경우 낭만, 안락, 동반자, 자녀, 성욕의 순으로 나타난다.[15] 이 처럼 이 시대의 결혼의 목적은 사람의 필요에 따라 우선순위를 매긴다. 그러나 기독청년들은 하나님이 제정하신 결혼의 목적을 성경의 관점에서 재인식하고, 복음 안에서 희망을 발견하여야 한다. 청년들은 '결혼 예비지원그룹'에 참여하여 결혼이 인간의 욕구를 충족하는 것에 있지 않고 하나님의 목적을 성취하는 데 있다는 점을 깨달아야 한다. 이 선행요건을 바탕으로 그들은 하나님과의 언약의 관계를 치료하고 회복하는 변화를 경험할 수 있다.[16]

하나님 나라의 확장을 위해서이다

> 내 이름으로 불려지는 모든 자 곧 내가 내 영광을 위하여 창조한 자를 오게 하라 그를 내가 지었고 그를 내가 만들었느니라(사 43:7)

> 이 백성은 내가 나를 위하여 지었나니 나를 찬송하게 하려 함이니라(사 43:21)

하나님은 인간이 죄를 범하여 타락하기 이전에 결혼제도를 제정하여 인간에게 주셨다. 남자와 여자가 만나 결혼함으로 가정이 세워지고, 부부로 살아가게 하셨다. 이것은 가정을 통하여 신실한 백성을 생육하고 번성하도록 하기 위한 계획이었다. 인간 타락 이후에도 가정은 하나님이 구원 계획을 펼친 무대이다. 결혼은 그 자체에 목적이 국한된 것이 아니라, 하나님 나라의 확장이라는 더 폭넓고, 더 영원한 이상을 담은 하나님의 설계이다.[17] 성경은 결혼의 목적에 대해 분명한 방향을 제시하고 있다. 부부는 진정한 헌신과 언약에 기초한 사랑으로, 관계적으로도 풍성하고 영원한 삶을 누린다. 결혼의 최고 목적은 창조주 하나님을 영화롭게 하는 것이다. 그러므로 성도는 가정을 통해 하나님의 뜻을 이 땅에 실현하고자 노력해야 한다.

동반자적 관계를 위해서이다

하나님이 자기 형상 곧 하나님의 형상대로 사람을 창조하시되 남자와 여자를 창조하시고(창 1:27)

여호와 하나님이 이르시되 사람이 혼자 사는 것이 좋지 아니하니 내가 그를 위하여 돕는 배필을 지으리라 하시니라(창 2:18)

너희는 여호와의 책에서 찾아 읽어보라 이것들 가운데서 빠진 것이 하나도 없고 제 짝이 없는 것이 없으리니 이는 여호

와의 입이 이를 명령하셨고 주의 영이 이것들을 모으셨음이
라(사 34:16)

결혼의 우선하는 목적은 하나님과 관계 맺는 삶에 있다. 우리는
하나님과의 언약 관계, 그리고 사람들 사이에서 관계를 맺는 방법
으로 하나님께 영광을 돌리며 찬양할 수 있다. 결혼을 꿈꾸는 모
든 사람들이 간과하지 말아야 할 부분은 하나님이 구상한 결혼은
가장 완벽하게 인격적 관계를 이루는 중요한 제도라는 점이다. 인
간관계는 삶에 중요한 부분을 차지한다. 미혼남녀들 대부분이 결
혼하기 전에는 자신을 인내를 잘하는 사람이라고 생각하는 경향
이 있다. 희생도 잘하고 동정심도 있고 특히 사랑하는 사람을 위
해서는 모든 것을 희생해서라도 사랑을 실천할 수 있다고 생각한
다. 하지만 막상 결혼을 하고 나면 자신이 그 중에 아무것도 할 수
없는 사람임을 발견하게 된다. 결혼생활을 거치며 우리는 이상과
현실에 엄연한 차이가 있음을 뒤늦게 깨닫는다. 우리가 혼자 있을
때는 결혼관계에 필요한 관계의 지혜에 대해 하나님이 제시하는
기준을 잘 알지 못한다. 그러다가 부부로 살아가노라면 삶의 문제
를 해결하는 과정에서 각자의 성품이 드러난다. 결혼 전에 초기
양육자로부터 받은 삶의 방식들이 건강하지 않았을 경우, 결혼생
활에서 미숙한 방법을 적용하려고 한다.[18] 하나님은 관계성 속에
서 우리 자신을 들여다 볼 수 있게 해 주신다. 우리가 자비와 인애

를 터득하기 위해서는 자비와 인애의 하나님이 우리와 인격적으로 관계를 맺고 있어야 비로소 가능하다. 마찬가지로 우리가 다른 사람과 관계를 맺는 동안에 자신의 진면목이 드러난다. 결혼생활 속에서 내게 부족한 점이 발견되고, 무언가 돌파구가 필요하다는 것을 깨닫게 된다.

사실 하나님은 삼위일체의 관계성으로 우리에게 다가오셨다. 하나님은 사람을 창조하시기 전부터 관계성 속에 계셨다. 하나님께서 자신의 형상으로 인간을 창조하실 때도 관계성 안에서 창조하셨고, 인간을 남자와 여자로 만드신 것이다. 그렇기 때문에 우리는 결혼이 내포하는 관계성의 본질을 바르게 이해할 필요가 있다.[19] 동반자적인 결혼생활에서 '함께' 하는 두 사람으로만은 해결 방법이 미흡하다는 결론을 얻게 된다. 더 중요한 것은 두 사람이 각자 주님을 만날 뿐 아니라 지속적으로 자신을 그분께 드림으로써 깊은 만족감을 얻는 일이 선행되어야 한다. 다시 말해서 각 사람이 그리스도와 개인적인 교제를 하는 가운데 연합해야 결혼이 영원한 관계로 이어질 수 있다. 이러한 결혼생활은 오래갈 뿐만 아니라 기쁨의 결실을 맺으며 번창할 수 있다. 동반자적인 관계가 더욱 견고해지는 것은 부부가 하나님의 거룩하신 성품, 사랑의 성품을 닮아 거룩함을 향하여 나아갈 때 누리게 되는 축복인 것이다.

생육하고 번성하게 하기 위해서이다

하나님이 그들에게 복을 주시며 하나님이 그들에게 이르시
되 생육하고 번성하여 땅에 충만하라, 땅을 정복하라, 바다
의 물고기와 하늘의 새와 땅에 움직이는 모든 생물을 다스
리라 하시니라(창 1:28)

네 샘으로 복되게 하라 네가 젊어서 취한 아내를 즐거워하
라(잠 5:18)

하나님은 생육하고 번성하는 창조의 연속성 가운데 그 완성을
결혼으로 이룬 가정에 두시고, 인간의 성적 욕구를 건강하게 해소
하고 보호할 방법을 마련하셨다(고전 7:3-9). 결혼으로 맺은 소중
한 관계는 부부에게 주신 하나님의 비밀스런 선물이다. 성욕은 하
나님이 부여한 창조법칙으로서, 하와가 아담으로부터 취하여진
후 다시 한 육체로 연합하려는 동기를 제공한다. 이 동기는 바로
성적 결합으로 완성되고, 인간은 처음의 하나로 돌아가는 것을 경
험하게 된다.
성경은 젊어서 취한 아내를 '즐거워하라'는 명령어를 사용한다.
아내와 남편은 각자의 몸을 배우자가 주장하도록 규정하며, 부
부는 배우자의 성적요구를 충족시켜 주고 서로를 기뻐하라고 한

다. 이는 사단의 시험을 받지 않게 하기 위함이다. 인간의 죄성으로 인하여 성적 욕구가 부정적인 결과를 초래하게 되는 것을 미연에 방지하기 위함이다. 성경은 결혼이 인간적 욕구를 성취하는 것만이 아니라, 하나님의 목적을 성취하는 것임을 명백히 밝히고 있다. 하나님은 결혼을 통하여 인류가 생육하고 번성하여 그의 백성이 이 땅에 충만해지기를 원하신다. 이로써 하나님의 나라가 확장된다. 따라서 자녀출산은 인간의 계획대로가 아니라 하나님 나라의 확장 차원에서 이해되어야 한다. 그렇다고 결혼하여 반드시 자녀를 낳아야만 하나님의 뜻을 이루는 것이라는 오해는 하지 말아야 한다. 무엇보다도 하나님은 인간이 혼자라는 문제를 해결하고자 이 땅에 결혼제도를 제정해 주신 것이다.[20]

예수님을 경험하게 함이다

> 남편들아 아내 사랑하기를 그리스도께서 교회를 사랑하시고 위하여 자신을 주심 같이 하라 이는 곧 물로 씻어 말씀으로 깨끗하게 하사 거룩하게 하시고 자기 앞에 영광스러운 교회로 세우사 티나 주름 잡힌 것이나 이런 것들이 없이 거룩하고 흠이 없게 하려 하심이니라 이와 같이 남편들도 자기 아내 사랑하기를 제 몸 같이 할지니 자기 아내를 사랑하는 자는 자기를 사랑하는 것이라 (엡 5:25-28)

에베소서 5장 25절부터 28절, 그리고 베드로전서 3장 1절부터 7절까지의 말씀을 보면 '이와 같이'라는 표현이 남편과 아내에게 사용된다. 특히 베드로전서 3장의 '이와 같이'는 앞 장인 2장 21절부터 24절까지를 통해서 재해석 되어야 한다. 2장은 그리스도의 고난에 대해서 언급한다. 주님은 고난 속에서도 보복하거나 죄를 짓지 않고 하나님께 모든 것을 맡기셨다. 그 결과 인간에게 은혜로운 구원의 길이 열렸다. 에베소서 5장과 베드로전서 3장의 가르침의 핵심은 부부가 그리스도께 초점을 맞추고 살아야 한다는 데 있다. 그리스도의 사랑의 원리는 결혼한 부부의 거룩한 삶을 위한 원리와 일치한다. 예수 그리스도가 우리를 지극히 사랑하시기에 고난 가운데서도 믿음을 지키며 하나님께 순종하는 주님의 모습이 그것이다. 하나님과의 관계 속에서 거룩한 백성으로 보존되고, 거룩함을 유지하기 위한 언약의 관계로 맺어진 것이 결혼이다. 하나님과의 언약에 기반을 둔 사랑의 관계가 뗄 수 없는 관계이듯, 하나님이 허락하신 부부도 결혼생활의 과정을 통해 그리스도의 복음을 경험하며 살아간다.[21]

비혼 세대, 기독청년을 향한 희망

비혼을 선택하게 만드는 이유는 다양하다. 안정된 좋은 일자리를 구하는 것이 어렵다. 청년실업이 급증하니 연애도 결혼도, 자녀도 포기한다는 삼포세대, 오포세대가 등장한 지 오래다. 그 표면적 변명은 경제적 어려움에 있다. 그런데 그것보다 더 불편한 요인은 제도적 결혼이 요구하는 과도한 책임감이다. 제도적 결혼으로 엮여서 확대된 가족 구성원과의 대인관계가 버겁다. 이렇게 우리 사회에는 가정이나 직장에서의 인간관계로 인한 스트레스를 피해 홀로 사는 세대가 점점 더 많아지고 있다. 아마도 혼자인 것이 편하다고 말하는 사람은 인간관계 속에서 상처를 받았기 때문일 것이다. 가장 가까운 가족관계에게 상처를 받더라도 그의 상한 감정을 회복하고 토로할 곳이 마땅히 없다. 그런데 잠시 생각해 보자. 우리가 가족 또는 가까운 사람에게 받는 상처의 순간보다 가족 덕분에 위로받고, 기쁘고 행복했던 순간이 훨씬 더 많지 않은가?[22] 그럼에도 상처가 더 오래 남는 것은 인간의 기억이 나쁜 일을 더 오래 담아두는 구조이기 때문이다. 이렇게 나쁜 기억이 그동안 갖고 있던 좋은 기억들을 상쇄시키며 나타나는 증세를 '트라우마'라고 한다. 트라우마가 생기면 사람들은 본능적으로 그 상황을 재현하기를 피하려는 경향이 있다. 그래서 이런 성향의 사람들을 '회피성 인간'이라고 부른다.[23] 그러한 성향의 사람들이 "혼자이고 싶다"고 말하면 우리는 아마도 그 말이 "잠시 혼자이고 싶다"는 뜻이기를 내심 바란다.

　인간관계가 어려워 혼자가 되어가는 우리 사회의 현상은 교회 안의 청년들의 상황과 비슷하다. 오히려 기독청년들은 하나님과의 관계를 인격적으로 정립하는 시기에 있으므로 신앙의 관점에서 결혼을 고려해야 하는 무게가 더한다. 이들도 마찬가지로 '인간발달주기'[24]에 따라 사람들과 친밀한 관계를 유지하는 일이 어려워 결혼 시기가 지연되고 있다. 비혼세대 중에는 청년부에 머물러 있기엔 나이가 많고, 그렇다고 기존의 여전도회나 남전도회에 합류하기에는 어색한 이들이 늘어난다. 그래서 어느새인가 비혼세대가 교회 공동체로부터 슬그머니 사라지고 있다. 사회경제적 병목현상도 한몫하겠지만 기독청년들 마저 혼자이기를 고수하는 악순환의 위기를 교회는 어떻게 극복해야 할까?

하나님을 인정하기

천지창조는 하나님이 남자와 여자를 창조하시고, 남자와 여자를 부부 한 팀으로 만드신 결혼으로 완성된다. 결혼은 단순히 이 땅의 삶만을 위해 설계된 것이 아니다. 하나님이 준비하신 새 하늘과 새 땅은 마치 신부가 신랑을 위하여 단장한 것 같다고 한다(계 21:2). 그만큼 결혼은 중요하고 의미가 있는 특별한 제도로서 인간에게 주신 선물이다. 결혼은 하나님 창조사역의 연장선에 놓여 있다. 어린양 그리스도의 혼인잔치에서 예수님은 신랑의 모델이다(계 19:7). 주님은 신부인 우리를 취하기 위하여 십자가에서 죗값을 치르셨다. 그러나 예수님이 죗값을 다 치르셨다고 해서 우리가

다 신부가 되는 것이 아니다. 흘리신 보혈의 잔을 내가 인정하고 믿어야만 나와 예수님과의 구속의 관계가 시작된다. 마치 유대인 결혼풍습에서 최종 선택권이 있는 신부될 여자가 신랑이 내민 포도주를 마시지 않으면 결혼이 성립되지 않는 것처럼 말이다.[25]

예수님이 부활하신 후에 승천하시며 제자들에게 하신 말씀이 있다. "내가 너희를 위하여 처소를 예비하러 가노니 가서 너희를 위하여 처소를 예비하면 내가 다시 와서 너희를 내게로 영접하여 나 있는 곳에 너희도 있게 하리라(요 14:2-3)" 비혼세대의 기독청년들도 그리스도의 신부이다. 이들은 주님과의 영원한 혼인잔치를 기대하면서 바른 행실로 흰 세마포를 준비해야 한다. 신랑을 기다리는 신부처럼, 어느 때 오시던지 "찬송하리로다 주의 이름으로 오시는 이여!" 찬양하며 주님을 기쁘게 맞이할 수 있는 재림신앙을 품어야 한다.

"이는 남편이 아내의 머리됨이 그리스도께서 교회의 머리됨과 같음이니 그가 바로 몸의 구주시니라 그러므로 교회가 그리스도에게 하듯 아내들도 범사에 자기 남편에게 복종할지니라(엡 5:23-24)." 그리스도는 교회를 악으로부터 구원하기 위하여 교회 위에 역사하신다. 그리스도가 교회를 위해 자신을 주신 이유는 보혈로 죄를 씻어 깨끗하고 거룩하게 하여 영광스러운 교회로 세우기 위함이다. 이것이 교회와 그리스도의 연합의 관계 안에 감춰진 신비한 비밀이다. 하나님은 결혼을 통하여 남편과 아내가 피차 복종함으로 그리스도의 교회를 향한 사랑을 배우길 원하신다.

세상의 가치관은 청년들로 하여금 결혼을 회피하고 비혼으로 지내는 것이 정신적인 스트레스나 경제적인 측면에서 유리하고 효율적인 것으로 착각하게 한다. 그러나 성경은 하나님의 형상으로 지음 받은 인간에게 특별한 가치를 부여하고 있다.[26] 기독청년들은 그리스도인이 됨으로 그 존재의 소중함과 사랑을 받을 자격이 주어진다. 그러므로 교회 청년들은 이제 그리스도의 신부라는 개념의 결혼관을 정립해야 한다.

약속을 믿고 나가기

> 주의 종들의 자녀는 항상 안전히 거하고 그의 후손은 주 앞
> 에서 굳게 서리라(시 102:28)

하나님은 그의 백성들이 주 안에서 굳게 설 수 있도록 협력하는, 돕는 배필인 결혼 배우자를 만나기를 원한다. 결혼은 예수 그리스도의 인격을 닮으려고 다듬어지는 가운데 영적성장이 일어나는 훈련장소이다. 하나님은 항상 부부가 결혼생활에 안전히 거하고 그 후손들이 주 앞에서 굳게 서기를 기대하신다. 그런데 이 약속의 말씀을 믿고, 천국을 미리 맛보는 결혼이 이루어지기를 구하는 것은 우리의 몫이다. 유대인 신부가 포도주잔을 비워야 비로

소 결혼이 성사되는 것과 같이 연합하고자 하는 마음의 고백은 우리에게 달렸다.

혹자는 개인의 여유로운 삶을 위해 비혼을 선택하고, 여행하면서 숨은 맛집을 찾아다니며 즐겁게 사는 것이 시대적 조류에 맞는 합리적 판단이라고 주장한다. 그러나 결혼을 재조명해보니, 진정한 그리스도인이라면 하나님의 말씀에 의지하여 결혼을 선택하고자 하는 마음의 결단이 서야 함을 알 수 있었다. 결혼을 통해 예수님처럼 헌신과 사랑이 넘치는 삶으로 인도하시는 하나님의 마음에 공감할 수 있었다. 이제 하나님이 선포하신 말씀을 믿고, 결혼생활에서 안정감과 소속감과 친밀감을 누리는 주의 백성으로 주 앞에 굳게 설 수 있는 은혜를 구할 때이다. 약속의 말씀을 온전히 이루시는 하나님을 기대하자.

> 너희는 너희가 거주하던 애굽 땅의 풍습을 따르지 말며 내가 너희를 인도할 가나안의 풍습과 규례도 행하지 말고 너희는 내 법도를 따르며 내 규례를 지켜 그대로 행하라 나는 너희의 하나님 여호와이니라 너희는 내 규례와 법도를 지키라 사람이 이를 행하면 그로 말미암아 살리라 나는 여호와이니라(레 18:3-5)

하나님은 오늘날 기독청년들에게도 "나는 너희의 하나님 여호와이니라"고 동일하게 말씀하신다. 너희가 거주하는 현실의 풍습을 따르지 말며 세상의 가치를 따르는 풍습과 규례도 행하지 말라고 하신다. 부모나 가까운 지인들로부터 들은 결혼생활의 역기능적 부분만 보고 미리 겁먹지 말라는 것이다. 하나님은 기독청년들이 기성세대의 결혼생활 패턴이나 신념, 그리고 이 시대의 결혼 세태에 기가 눌려 비혼을 선택하지 않기를 바라신다. 결혼은 거룩한 하나님의 백성들을 보호하고, 삶을 풍성하게 하려는 하나님의 섭리에 속하기 때문이다.

포기하지 않기

> 여자와 약혼하고 그와 결혼하지 못한 자가 있느냐 그는 집
> 으로 돌아갈지니 전사하면 타인이 그를 데려갈까 하노라
> (신 20:5-7)

신명기 20장 말씀에 근거하여 유대인은 '남성은 결혼하기 위하여 먼저 집을 마련하고 포도원을 가꾸고, 그 다음에 결혼하는 것이 바람직한 순서'라고 가르친다.[27] 남성이 아내를 보호하고 사랑할 위치에 이르지 못하였는데 결혼하는 것은 바람직하지 못하다는 것이다. 이런 맥락에서 현재의 비혼세대 중에서는 청년실업, 부동산 가격 상승 등의 여러 현실적인 상황 때문에 결혼을 결정

하기를 망설이는 이들이 많다. 한편, 이들이 비혼을 선택하는 이유 중에 하나로 사도바울도 독신이었으니(고전 7:7), 자신도 바울처럼 결혼하지 않겠다고 말하는 사람도 있다. 그러나 사도바울이 고린도전서 7장에서 가르치는 바는 모든 사람이 결혼하지 말라는 뜻이 아니다. 오히려 독신생활로 인해 파생될 우려가 있는 인간의 음행을 막기 위해 하나님이 마련하신 결혼의 섭리에 대해 말하는 것이다. 바울은 극단적인 금욕주의나 독신주의자가 아니다. 그는 하나님의 뜻을 이루기 위하여, 오직 하나님을 전심으로 섬기기 위한 독신의 은혜에 대해 가르친다.[28]

비혼세대들의 현실이 어렵고 버거운 것은 사실이다. 그럼에도 불구하고 하나님은 인간이 결혼함으로 거룩함을 지켜나갈 수 있는 축복을 주신다. 믿음으로 구하는 이들이 누리게 될 은혜에 대해 계속 말씀하신다. "여호와 하나님이 이르시되 사람이 혼자 사는 것이 좋지 아니하니 내가 그를 위하여 돕는 배필을 지으리라(창 2:18)." 하나님은 사람이 혼자 사는 것을 기뻐하지 않으신다. 하나님이 기뻐하는 돕는 배필을 만나기를 간구하는 것은 성도가 구할 마땅한 일이다. 그러므로 극복하기 힘든 여건이라 해도 포기하지 않고 결혼 배우자를 기대해야 한다. 약속을 이루시는 신실한 하나님을 믿기에!

결혼을 결심하며

비혼세대는 결혼에 대한 달콤한 환상을 꿈꿀 수 있다. 그런데 간혹 비현실적인 기대를 품은 이들도 보게 된다. 이들 중에는 자신의 희망을 채울 수 없어 비혼을 선택하는 이도 있다. 안타까운 일이다. 교회는 자신만의 생각과 가치관에 갇혀서 결혼 시기를 놓치거나 포기하는 젊은이들을 어떻게 교육해야 할까? 필자가 제안하는 '결혼 자격 교육프로그램'은 기초과정과 심화과정, 그리고 개별적인 상담과정 이렇게 삼단계의 교육과정으로 구성된다.

기초과정은 다섯 번의 강의를 통해 결혼에 관한 기본적 생각을 정리한다. 첫째 시간에 자신이 생각하는 결혼 동기를 확인하고 결혼에 대한 기대치와 목표를 세운다. 둘째 시간에 결혼 배우자를 선택하기 위한 기준과 동기를 탐색한다. 셋째 시간에 인격적인 의사소통의 기술과 방법들을 배운다. 넷째 시간에 남성과 여성의 차이를 바르게 이해하고, 결혼의 가치관을 정립한다. 다섯째 시간에는 각자의 가족관계와 가정문화에 대해 살펴보고, 왜곡되거나 역기능적인 부분을 바르게 수정한다.

심화과정은 첫째 시간에 자신의 사랑관과 결혼관이 복음적인지 성경 말씀에 비추어 본다. 두 번째 시간에 자신의 자존감을 발견하고 회복하는 과정을 갖는다. 세 번째 시간에 가족관계의 특성을 분석한다. 이때 가족의 순기능과 역기능적인 면을 발견한다. 네 번째 시간에 관계를 바르게 이해하고 홀로서기를 위한 떠남을 준비한다. 다섯 번째 시간에 이르러 하나님을 향한 거룩한 가정으로의 출발을 선언한다.

이렇게 기초과정과 심화과정을 마친 후에는 개별적인 상담과정을 갖는다. 결혼을 망설이게 하는 어려움은 각자마다 상황이 다르기에 개별상담이 요구된다.

우리는 결혼의 목적이 영원한 주님의 신부로 맺어지는, 구속사적인 결혼관이 희석되는 시대를 산다. 많은 젊은이들이 이 땅에서만 살다가 죽을 것처럼 보이는 것에 현혹되어 결혼이나 비혼을 선택한다. 오늘날 기독청년들에게 세상의 문화풍조를 거슬려 하나님이 보시는 관점에서 결혼을 선택하는 믿음과 용기가 촉구된다. 왜냐하면 결혼은 재림의 주님을 기다리는 성도들의 영적 성장을 위해 하나님이 믿음의 장치로 주시는 선물이기 때문이다.

낯섦을 마주하며
여성의 자리를 생각해 봄

현영옥

낯섦을 마주하며
여성의 자리를 생각해 봄

    내 인생에서 가장 의미 있는 공간은 학교와 교회였다. 나는 이 세상의 많은 직업 가운데서 교사로 부름받은 것에 대해 늘 감사하며 살았다. 더구나 오지랖이 넓어서 동네를 돌아다니며 다양한 놀이를 즐겼는데, 구슬치지, 딱지치기, 소꿉놀이, 전쟁놀이, 홀짝놀이, 학교놀이, 교회놀이 등등 안 끼는 데가 없었다. 그런데 우리 부모님이 가장 좋아하는 놀이는 학교놀이와 교회놀이였다. 어머니는 학교와 교회놀이를 할 때면 간식, 장소, 비품 제공을 넉넉하게 해주셨다. 그러다 보니 우리 집은 학교놀이와 교회놀이를 위한 주된 장소가 되었다. 내가 진로문제로 고민할 때 어머니는 명쾌하게 답을 주셨다. "신학대학을 가라. 그러면 중등학교 교사도 될 수 있고 교회에서 주일학교 교사가 되어 성경을 가르칠 때도 전문성을 갖게 되니 권위가 생기지 않겠니?" 이 한마디로 내 삶의 방향이 정해졌다. 필자는 학교와 교회를 빼놓고는 나의 삶을 생각할 수 없다. 그러다 보니 인생의 절반 이상 몸담던 교직을 은퇴할 무렵 참 많은 생각들이 주마등처럼 지나갔다. 하나님께서는 일하는 동안 나에게 큰 기쁨과 잊지 못할 추억을 선물로 주셨고, 순간순간을 돌이켜 보면 행복했던 일들이 참 많았다. 일하는 동안 그곳에서 많은 것을 배우고 익히며 세상을 보는 안목을 넓혀 갔다. 하지만 교회는 직장 생활한 것보다 더 많은 시간을 보냈음에도 불구하고 아쉬움이 마음 한자리에 남아있다. 이 두 공간은 '여성의 자리'에 대한 인식의 차이가 커서, 이 공간에서 저 공간으로 들고 날 때마다 '낯섦'을 경험할 수밖에 없었다. 예전에는 교회가 '여성의 자리'를 주도하였는데 지금은 교회가 사회보다 확실히 더디게 걷고 있다.

낯섦과 마주함

'자리가 사람을 만든다'는 말이 있다. 자리는 한 사람의 정체성을 나타낸다. 40여 년 전 필자가 신학대학에 입학할 때를 회상해 보면 교육과정과 프로그램은 확실히 남학생 중심이었다. 여학생들은 남학생들과 똑같은 등록금을 내고 학교에 다녔음에도 불구하고 그 꿈을 키우는 방식은 남학생과 달랐다. 당시 여학생들은 졸업하면 '여성의 자리'가 남학생과 다르다는 것을 인지하고 있었다. 그럼에도 그것을 공론화하거나 문제기를 할 수 있는 사회적 분위기는 마련되지 않았다. 일부 여신학생들은 교회의 '여성의 자리'에 대해 불만을 토로하기도 했지만, 대체적으로 현실을 받아들였다. 여성이 신학을 공부하는 데 따르는 불이익을 감수해야 했다. 강남순 박사의 다음과 같은 언론 인터뷰는[1] 한국에서 신학을 공부한 여성이라면 누구나 공감할 것이라고 생각한다.

한국에서 신학 공부를 마치고 결혼을 했다. 그리고 아이를 기르며 독일로 유학을 갔다. 나는 한국에서 공부하는 동안 여자 교수에게 배운 적이 없었다. 결혼 후 독일에서 공부하는데, 나의 학문적 열정이 사라진다는 생각을 했다. 왜 그런지는 그때 몰랐다. 나중에 생각해 보니 나를 분석할 수 있는 언어가 없었던 것이다. 결혼 후에 계속되는 배움의 과정에서 남편은 결혼 전과 연속선상에 있는데, 나는 불연속선 속에 있었다. 우울했고, 그 이전에 가졌던 학문적 열정이 무의미하게 느껴지고, 학교에 다니는데 마음 한구석에 늘 회의가 있었다.

그때로부터 오랜 세월이 지난 지금도 '여성의 자리'에 대한 인식이나 그에 따른 제도는 크게 달라진 것이 없다. 그나마 여성목사와 여성장로가 제도적으로 인정됐다는 점은 고무적이라 할 수 있다.[2] 하지만 교회 안에서 여전히 여성목사와 여성장로의 역할이 미흡하다는 문제가 제기된다. 심지어 한 대형 교회 목회자는 목회학 석사과정(M.Div.)이나 목회대학원을 마친 여전도사가 목사 안수를 받게 되면 그 교회에서 사역할 수 없게 하는 경우를 직접 목격하기도 했다. 여성목사가 점점 늘어나고 있지만 현실적으로는 교회에서 일할 수 있는 역할이나 의식이 확장되지 못하고 있어 안타깝다. 그럼에도 불구하고 신학을 전공하는 여학생은 물론이고 여성목사와 박사학위를 취득한 여성 신학자들의 점점 늘어나고 있다. 늦은 감은 있지만 앞으로 이들이 일할 수 있는 물리적 환경을 마련하기 위해 머리를 맞대야 할 시점이다.

학교는 교육을 위하여 일정한 시설과 설비를 갖추고 교육하는 사회의 제도적 단위로서 계획된 내용에 따라 일정 기간 학생들을 가르치는 곳이다. 한편 교육은 인간에게 어떤 영향을 끼쳐 변화를 일으키는 일이다. 교회도 가만히 살펴보면 학교가 갖는 특징을 갖고 있다. 예를 들면 학교와 교회는 인간을 대상으로 하여 변화를 시도한다는 점이다. 그것을 위해 시스템과 설비를 갖추고 있으며 교육을 위해 프로그램을 운영하고 조직이 가지고 있는 역량을 총동원한다. 물론 교회는 학교와 도달하고자 하는 궁극적인 목표에 차이가 있을 수 있다. 학교는 이익집단이기 때문에 그것을 움직이는 주체인 교사, 학생, 학부모에 의해 사회변화에 역동적으로 움직인다. 학교가 기업이나 다른 조직에 비해 변화 속도가 느린 편이지만 그래도 사회 변화에 민감하게 반응하는 편이다. 교육현장은 학교의 본질을 벗어나지 않는 범위 안에서 시대의 요구를 담아내고 교육의 효과를 극대화하기 위한 노력을 끊임없이 시도한다. 기존의 교육 방식을 토대로 교육의 혁신을 이루고자 하는 각양각색의 실험을 도모하면서 시대와 발 맞추어 나가고 있다. 그에 비해 교회는 사회 변화에 더디게 반응하고 있다. 물론 교회가 갖는 본질이 사회 현상과 같을 순 없다. 하지만 콘텍스트를 잘 활용해야만 텍스트를 더 공고히 할 수 있지 않은가? 시대정신과 사회 현상을 무시한 채 종교의 본질을 지켜낼 수 있는지 의문이 생긴다.

오늘날 우리가 살고있는 사회, 정치, 경제, 제도 등은 괄목할 만한 변화를 가져왔다. 특히 여성들의 사회적 역할과 위상이 다양해지고 넓어졌다. 포스트모더니즘(post-modernism)[3]은 사고와 표현방식의 다양성을 존중하게 만들었고 서로 다름과 차이를 인정하는 사고의 틀을 갖게 했다. 이러한 포스트모더니즘의 등장은 변화를 촉진하는 일에 한몫했다. 이제는 사회사상의 변화는 남성들의 전유물이었던 정치권에도 여성들의 활발한 진출을 가져왔다. 따라서 성별의 차이에서 발생하는 부당함을 인정하지 않는다. 나라마다 국회위원, 고위 공직자 등에서 일정 비율을 여성에게 할당하는 여성 할당제가 자리 잡혀가고 있다. 아직까지는 OECD국가 평균인 27.8퍼센트에는 못 미치고 있지만, 이번 21대 여성 국회의원의 비율은 19퍼센트(지역구 29석, 비례28석)로 점차 증가하고 있다. 2002년에 만들어진 정치자금법 26조에 따라 '여성추천보조금'을 지급하고 있다. 성 평등 관점에서라도 지역구 공천중 여성 공천 30% 의무화로 여성 진입을 확대해야 한다는 주장이 확대되고 있다. 여성 국회의원 수도 점차 늘고있는 추세다. 21대 각 정당의 국회의원 '비례 대표' 여성 후보 비율이 50퍼센트를 넘고 있다는 점이 두드러진다. 2018년도에는 사법연수원의 여성 비율이 약 43퍼센트에 이르고 있다. 초등학교 여교사 비율이 87퍼센트를 넘어섰다. 이제는 직업 선택에 있어 금녀의 벽이 무너졌다. 이러한 현상을 촉진하는 데 일조한 배경에는 양성평등에 대한 인식의 변화도 한몫했다. 이제는 우리나라도 양성평등[4] 교육이 자리잡혀가고 있고[5] 이제는 남녀가 가사 일을 함께하는 것을 자연스럽게 생각하며, 직장에서도 젠더에 구애받지 않고 일하는 풍조가 자리 잡아가고 있다. 물론 선진국에 비하면 아직 멀었다고 비판하는 사람도 있지만, 과거에 비해 여성에 대한 인식이 많이 달라지고 있음을 실감한다.

한 예를 들어 보자. 지금으로부터 40년 전, 내가 교원으로 처음 발령받아 부임했을 당시에 교무실 풍경은 남성 교사가 여성에 비해 상대적으로 많았다. 그리고 학교 관리자들의 대부분은 남성들이었다. 심지어 교무실 안에서 쉬는 시간에 담배를 피우는 선생님들을 어렵지 않게 찾아 볼 수 있었다. 그런데 작금의 교육현장은 많은 변화를 보인다. 학교마다 여교사들이 더 많고 관리자들도 여성이 늘어나는 추세이다. 몇 년 전 내가 근무하던 학교의 졸업식 풍경을 스케치해보면 이렇다(훈화: 여성 교장, 학교연혁 발표: 여성교감, 사회: 여성 교무부장, 여성 학교운영위원장, 송사: 여성 전 학생회장, 답사: 여성 현 학생회장). 졸업식 내내 등장인물이 여성일색이었다. 남녀공학이었기 때문에 남성 교사와 남학생이 있었음에도 불구하고 이제는 이런 광경이 크게 낯설지 않다. 어느 순간부터 학교 현장은 일을 할 때 남 여를 구분하기보다 능력을 우선시 하게 되었다. 학교 현장에서는 오히려 여성이 차지하는 비율이 점점 커지고 있다. 여성발전기본법 제19조(가정교육), 제20조(학교교육), 제21조(평생교육)에 명시되어 있듯이[6] 가정, 학교, 사회는 남녀평등 의식을 제고하는 교육을 실시하는 노력을 하고 있다. 사회는 여성의 사회진출을 위한 법과 제도가 점차로 정비해 가고 있으며 그 결과 여성의 목소리가 점점 커지고 있다.

그렇다면 한국 교회에서 '여성의 자리'는 어떠한가? 현재 교회는 여성 신자의 수가 남성 신자에 비해 월등하게 많다. 대략 교회 구성원의 70%가 여성으로 이루어져 있다. 그런데 교회에서 중요한 정책 결정은 거의 대부분 남성들에 의해서 이루어진다. 그 이유는 정책을 결정하고 실행하는 목사, 장로 등 교회 지도자가 대부분 남성들로 이루어져 있기 때문이다. 교회의 중요한 일들은 대부분 당회에 의해 결정되는데, 당회 구성은 남성이 주를 이루고 있다는 현실을 누구도 부정하지 못할 것이다. 교회가 평신도들이 참여하는 민주적인 결정 방식보다는 당회의 결정에 따라 교회의 정책이 움직이다 보니 교회는 아직도 가부장적이고 관료적일 수밖에 없다. 사회는 여성의 사회 참여 기회가 제도적으로 확대되어가고 있다. 그럼에도 교회는 '여성의 자리'를 성찰하지 않으며 문제의식이 부족하다. 게다가 대부분의 여성 신자들은 전통적으로 내려오는 교회의 관습에 순응하려는 경향이 있다. 우리나라 역사를 살펴보면 기독교는 여성의 사회 참여에 큰 영향을 미쳤다. 교회를 다니는 여성들의 사회 참여가 근대화를 촉진시키고 여성들의 지위 향상에 기여한 바 있다. 교회에 다니면 다니지 않는 사람 일반적으로 앞서 있고 의식이 깨어 있는 사람으로 여겨지던 때가 있었다. 그런데 오늘날은 어떤가? 여러 정황을 미루어 볼 때 교회를 다니는 여성의 의식은 결코 깨어있지 못하다. 교회 안에서 여성 신자의 역할과 덕목은 희생과 봉사를 실천하는 것이다. 그러다 보니 교회 생활을 오래한 여성 신자일수록 남성 중심의 지배구조를 자연스럽게 받아들일 수밖에 없다. 만약 그렇지 않다면 교회 안에서 적응하기 어렵다. 그러다 보니 의식이 깨어 있는 여성들이나 사회생활을 한 여성들은 교회를 갑갑하게 여길 수밖에 없게 된다. 필자도 모태신앙으로 직장보다 교회가 지극히 낯익은 데도 이런 모습의 교회가 점점 낯설어지고 있다. 세상에 비해 교회는 아직도 '여성의 자리'가 답보 상태에 있는 까닭이 무엇일까?

무 사유(thoughtlessness)

요즈음 상부의 명령을 따라 행동하고 조직의 안위를 위해 일을 하다가 구속되는 정치권 사람들을 매스컴을 통해 심심치 않게 접할 수 있다. 이들은 상부 조직의 명령에 따라 행동했기 때문에 이를 억울하게 생각할 수도 있을 것이다. 그러나 적어도 정책을 세우거나 그것을 집행 하는 위치에 있는 사람은 그것을 수행하기 전에 먼저 생각을 해봐야 한다. 왜냐하면 본인은 물론이거니와 다른 사람들에게 큰 피해를 줄 수 있기 때문이다. 한나 아렌트(H. Arendt)[7]가 저술한 『예루살렘의 아이히만』에서 '악의 평범성'(banality of evil)이라는 개념이 나오는데 이 말에는 누구나 생각 없이 주어진 시스템에 충실하다 보면 도덕적으로 악하지 않은 사람이라도 악한 행동을 할 수 있다는 의미가 담겨 있다. 마가레테 폰 트로타(M. von Trotta) 감독이 제작한 영화 <한나 아렌트>에서 재판을 지켜 본 후 강의실에서 자신의 생각을 토로하는 아렌트는 다음과 같이 말한다.

자신이 의도한 것도 없었다. 선의든 악의든 없었고 명령에 복종했을 뿐이다. 평범한 사람이 저지른 악, 동기도 없이 행해진 악, 신념도 악의도 없이 악마의 의지도 없었다. 사람이 기를 거부한 인간의 행위였다. 나는 이 현상을 '악의 평범성'이라 이름을 붙인다.

아돌프 아이히만(Adolf Eichmann)은 독일의 나치스 친위대 장교인데 그에 의해 체포되어 강제 수용소에서 희생된 유대인의 수는 약 600만 명에 이른다. 그는 독일 패망 후 아르헨티나에서 가족과 함께 가명을 쓰면서 숨어 지내다가 마침내 1960년 5월 이스라엘 비밀경찰에게 체포되었다. 아이히만이 재판정에 섰을 때 세계 언론은 '인간의 얼굴을 한 악마'를 보기 위해 열띤 취재 경쟁을 벌였다. 그러나 그에게서 '괴물'을 기대했던 사람들은 지극히 평범한 그의 모습을 보고 깜짝 놀랐다. 그는 가장으로서 아내를 사랑하고 자식을 끔찍이 아끼는 지극히 평범한 사람이었다. 아이히만은 유대인을 수용소로 보내는 총책임자로서 상부에서 시키는 일을 했을 뿐, 오히려 나치 독일의 군인 공무원으로서 상부에서 시키는 것을 하지 않고 국가의 일을 게을리했다면 오히려 그것이 불법이라며 자신의 행동이 신 앞에서는 죄가 될지 몰라도 법 앞에서는 무죄라고 주장하였다.

나는 괴물이 아니다, 나는 오류의 희생자일 뿐 사악한 동기에서 행동 하지 않았다. 누구를 죽일 어떠한 의도도 결코 갖지 않았으며, 유대인을 증오하지 않았다. 단지 나는 그것과 다르게 행동할 수 없었고, 또한 죄책감을 느끼지 않는다.

아이히만은 지극히 평범한 사람이었다. 그저 아무 생각 없이 상부의 명령만을 따랐으므로 양심의 가책을 느끼지 못했다. 그는 일상생활에서 아주 근면했고 무능하지도 않았다. 한 가족을 부양하는 가장으로서 흠잡을 데가 없었지만, 그에게는 치명적 무능력이 있었다. 그것은 말하기의 무능력, 사유의 무능력, 타인의 처지에서 생각하지 못하는 무능력, 타인에게 공감하지 못하는 무능력이었다. 아이히만은 자기가 무엇을 하고 있는지 깨닫지 못하였다. 아렌트는 아이히만이 유죄인 이유는 '아무 생각 없이 사는 것'(無-思惟, thoughtlessness)이라고 말했다. 『예루살렘의 아이히만』은 누구나 생각지도 못할 악을 저지를 수 있고 따라서 참혹한 비극은 언제든지 반복될 수 있다는 것, 그리고 그 아이히만이 나 자신이 될 가능성이 있다는 점을 성찰하게 해준다. 필자는 이 책을 읽고 난 후 지나온 나의 삶을 돌아보았다. 살아오면서 내가 속한 집단의 시스템에 길들어진 채로 행동하면서 나도 모르게 다른 사람에게 해를 끼치지 않았는지, 아니면 아무 생각 없이 학생들에게 잘못을 저지르지는 않았는지? 지금 와서 생각해 보면 별것도 아닌

제도와 교칙에 의해 희생된 학생들은 없었는지? 그때 나는 무엇을 하고 있었는지? 학교장의 지시에 따라 무심히 행동으로 옮겼는지? 곰곰이 생각할수록 부끄러워 한동안 힘든 시간을 보낼 수밖에 없었다.

하나님은 나에게 좋은 직장을 허락해 주셨고 그 직장을 통해 마음껏 역량을 발휘하며 학생들과 희로애락을 함께 나누며 뜻깊은 시간을 보냈다. 대학을 졸업하고 교편을 잡은 후부터 교회에서 사역하는 여성들에 대해서는 깊이 생각할 기회를 갖지 못했다. 시간이 흐르면서 언제부터인가 나에게 숙제로 남아있던 생각들이 자꾸 뇌리를 스쳐갔다. 그것은 교회와 교단 더 나아가 신학대학 안에 남아있는 '여성의 빈자리'에 대한 것이었다. 필자는 영향력을 갖게 되면 교회의 '여성의 자리'에 대해 목소리를 낼 뿐 아니라 그것과 관련한 제도를 만들어보고 싶었다. 그런데 정작 나는 아무 생각 없이 시간만 보내고 있었다. 한 직장, 한 자리에 머무르다 보니 내가 속한 시스템에 익숙해졌고 거기서 양산된 규범, 관례, 전통 양식들을 습관적으로 따를 수밖에 없었다. '익숙함'은 '낯선 것들'을 멀리하게 만든다. '낯섦'을 받아들인다는 것은 '익숙함'을 포기하는 것이다. 나는 어느새 익숙함에 길들여져 낯선 것들을 거부하고 있었다. 내가 일하는 환경에 익숙해지다 보니 나에게 가장 중요하게 생각하고 실천해야 할 것을 잊고 살았다. 이제 교회는 공동체 안에 존재하는 '낯섦'을 생각해 봐야 한다. 교회가 익숙해진 시스템에 안주하고 지금의 모습을 답습한다면 우리는 사회로부터 무능력하다는 비판을 받을 수밖에 없다. 교회가 '여성의 자리'에 대해 아무 생각이 없고 이것에 대해 공감하지 않으며 이에 대한 비전을 제시하지 못한다면 교회는 더 이상 설 자리를 잃게 될 것이다.

적절한 비율(mesotes)

정의는 사회를 유지하기 위한 최고의 덕목이다. 정의롭다는 것은 어느 한쪽으로 치우치지 않고 공정하게 '각자의 몫'을 분배해 주는 것이다. 분배 정의는 사회의 혜택과 부담이 분배되는 방식에 관심을 갖는다. 가치와 부담을 구성원들에게 공평하게 분배하는 기준은 다양하다. 아리스토텔레스에 의하면 공정한 분배는 '다른 것은 다르게 부여하는 것'이며, 마르크스에 의하면 '능력에 따라 일하고 필요에 따라 분배하는 것'이라고 한다. 롤스는 절차가 공정해야 정의롭다고 주장한다. 공자는 나라를 다스리는 사람은 부족함을 걱정할 것이 아니라 고르지 못함을 걱정해야 하며, 맹자는 국가가 적극적으로 개입하여 균형과 조화의 원리에 따라 공평하게 재화를 분배함으로써 백성들에게 최소한의 항산(恒産)[8]을 보장해 주어야 한다고 주장한다. 아리스토텔레스는 덕(arete)의 본질을 중용(mesotes)라 하는데, 그에게 있어서 중용이란 지나치거나 모자라지 않아 '적절한 비율'을 의미한다. 공동체는 재화, 권력, 성비, 능력 등이 '적절한 비율'을 이루고 있을 때 균형과 조화를 이룰 수 있다. 더 나아가 자연의 질서는 물론이고 공동체는 적절한 비율을 유지할 때 서로서로 바른 관계를 갖게 된다.

이 세상에 존재하는 모든 것들은 상호 관계성을 갖고 있다.[9] 이 관계성은 바른 관계와 굽은 관계로 구분될 수 있다. 여기서 올바른 관계란 이성의 지시에 따라 맺어지는 관계이며 우리는 이런 관계를 합리적 관계라고 말한다. 한편 굽은 관계는 그 반대의 관계를 말한다. 구부러진 관계가 맺어진다는 것은 관계를 맺는 둘 사이에 무언가 비본질적인 것이 개입되기 때문이다. 이 굽은 관계는 이치에 따라 관계를 맺지 않기 때문에, 즉 이성에 따르지 않기 때문에 비합리적 관계이다. 이성의 지시에 따르지 않고 감성적 요소에 의해 이성이 혼란스러워짐으로 관계가 구부러진다. 여기서 올바른 관계에 대해 생각을 나누어 보려고 한다. 다른 사람들과 올바른 관계를 맺을 때 우리는 그것을 '의'(義, righteousness)라고 말한다. 정의(正義, justice)는 의가 실현되기 위한 필연적 전제이다. 따라서 의가 이루어지기 위해서는 정의가 우선되어 있어야 한다. 플라톤(Platon)에 의하면 사람이 가지고 있는 고유한 덕은 지혜, 용기, 절제, 정의인데, 이 덕목들 가운데 최고의 덕목은 정의라는 것이다. 모든 사람이 그의 것과 그에게 적합한 것을 가지고 행하는 것을 본질로 하는 정의는 모든 덕들이 조화롭게 발휘할 수 있는 근거이다. 플라톤에 의하면 정의는 지혜, 용기, 절제가 발생하고 보전되도록 해준다. 그러면 왜 정의가 최고의 덕인가? 둘 사이의 관계가 올바르게 맺어지기 위해서는 둘 사이의 관계가 정확해야(just)한다. 둘 사이의 이런 '관계의 정확함'이 바로 정의이다. 그렇다면 그 관계가 정확하기 위해서는 둘 사이의 관계가 적절한 비율에 의해 조화를 이루어야 한다. 이때 '정확함'과 '적절한 비율'은 같은 의미로 이해되어야 할 것이다. 아리스토텔레스에게서 '중용'은 '적절한 비율'(mesotes), 즉 '지나치거나 모자라지 않음'을 의미하는데, 이것은 플라톤의 정의와 같은 의미로 볼 수 있다.

합리적(rational)이란 '비율(λόγος, ratio)에 합치됨', 즉 '적절한 비율'을 의미하는데, 적절한 비율을 중용(μεσοτες)이라고 한다. 적절한 비율에 근거해 형성된 바른 관계를 의(義), 또는 조화(ἀναλογία)라고 말한다. 모든 존재하는 것들은 적절한 비율을 이룰 때 조화를 가져온다. 그러면 적절한 비율은 얼마인가? 여기서 황금비율에 대해 생각해 보자. 피보나치 수열[10]에 따르면 앞의 수와 뒤의 수 사이의 가장 적절한 비율은 1:1.618이다. 피보나치 수열이란 인접한 두 수의 합이 그 다음 수가 되는 수열을 말한다. 즉 1, 1, 2, 3, 5, 8, 13, 21, 34, 55....... 로 이어지는 수열이다. 자연의 섭리가 피보나치 수열에 잘 나타나 있다. 지구상 생명체는 모두 피보나치 수열을 따르고 있다. 피보나치 수열에 의하면 황금비율은 1:1.618이다. 따라서 '조화와 균형'은 반드시 1 대 1의 비율을 의미하는 것은 아니다. 종교적 차원이 아닌 인륜적 차원에서 해석해 보면 상대방보다 0.618만큼 손해를 보는 것이 적절한 비율의 자기부정이라 할 수 있다. 나와 너 사이에는 0.618만큼의 '틈'이 있어야 한다. 이 '틈'이 바로 나와 너는 인격적으로 만나는 점(tangent)이라 할 수 있을 것이다. 따라서 공동체가 성비(性比)를 1 대 1로 구성해야 하는 것은 아니다. 남자와 여자가 0.618 정도 더 많을 수도 있고 적을 수도 있다. 성경에도 '좌로나 우로나 치우치지 말라'는 가르침이 있다(신 5:32-33, 잠 4:27). 인간 사회는 좌우로 흔들리면서 지속한다. 그러나 이 흔들림은 적절한 비율에 따라야 한다. 흔들림이 어느 한쪽으로 치우치면 사회는 붕괴된다. 공동체는 성비도 '균형과 조화'를 이루어야 한다. 성의 특성이 분명히 드러나는 특별한 집단이 아니라면 남녀 구성원들의 역할은 황금비율에 따라 분배되어야 할 것이다. 공동체는 남녀 간의 '적절한 비율'을 이룰 때 바른 관계가 만들어지고 공동체의 정의가 이루어질 수 있을 것이다. 다시 말해 공동체의 구성원이 공동체 안에서 역할이나 자리 등에서 '균형과 조화'를 이룰 때 그것을 비로소 정의로운 공동체라고 부른다면 과연 교회 안에서 성비가 합리적이며 적절한 비율을 이루고 있는지 반문하고 싶다.

다시 낯섦을 만남

기성세대와 그와 전혀 다른 세대가 만났을 때를 생각해 보았는지? 인류 역사에서 세대 차이는 늘 존재해왔다. 그런데 지금까지 익숙해진 사고와 생활방식을 완전히 해체시키는 세대, 90년생이 우리를 찾아왔다. 사회는 LTE급으로 변하고 있고 생활 패턴이 달라도 너무나 다른 세대가 등장했다. 기성세대는 자신들이 경험하고 익숙해진 대로 사고하고 행동하기 때문에 그들 앞에 나타난 너무나 낯선 이들 '90년생'을 이해할 수 없다. 이제 교회는 이들과 대면해야만 하고 그들을 통해 '낯섦'을 경험하게 될 것이다. 낯설다는 사전적 의미는 "전에 본 기억이 없어 익숙하지 아니하다", "사물이 눈에 익지 아니하다"이다. 두 문장에서 나타나는 공통된 단어는 "익숙하지 않다"이다. 이제 교회는 익숙하지 않은 것들과 대면할 준비를 해야 할 때가 왔다.

이들은 기성세대와는 다른 세상에 산다. 임홍택이 쓴 『90년생이 온다』에 의하면 이 세대는 다음과 같은 특징을 가지고 있다.[11] 90년생은 인터넷에 능숙하고 모바일 라이프를 즐기는 '앱 네이티브'이기 때문에 웹툰, 온라인 게임, 인터넷 커뮤니티 등에서 자연스럽게 소통한다. 90년생은 조금이라도 긴 문장을 읽기를 싫어하고, 그나마도 관심 없는 것은 제목과 댓글만으로 내용을 파악하고 알고 싶은 정보만 받아들이고 다른 사람의 충고를 귀담아듣지 않는다. 이들은 짧고 간결한 메시지를 좋아하기 때문에 설교가 조금만 길어져도 들으려고 하지 않는다. "오늘 설교의 결론이 뭐야?" 청년들이 나누는 대화이다. 그들에게 설교의 내용은 궁금하지 않다. 단지 결론만 중요하다. 간결한 영상 메시지나 자신들이 직접 참여하는 예배를 좋아한다. 90년생들이 가지는 이러한 특성은 한국교회의 현재와 미래와도 밀접한 연관이 있다. "90년생이 얼마나 교회에 남느냐에 따라서 한국교회의 미래가 좌우될 것"이라고 예견하는 학자들이 있다.[12] 90년생은 앞으로 사회는 물론 교회를 이끌어갈 다음 세대이다. 이들이 20년 후에 어떤 사회 혹은 교회 공동체를 이루고 살아갈 지가 너무 궁금하다.

필자가 특히 90년대 생을 언급한 것은 이들이 기성세대의 가치관이나 생활패턴과 명확한 평행선을 긋는 세대이기 때문이다. 90년생은 가부장적이고 관료적인 사회구조에 익숙한 기성세대와는 전혀 다른 세대이기 때문에 우리에게는 그들이 매우 낯설게 느껴질 수 있다. 기성세대 중 자신의 경험을 일반화해서 자신보다 지위가 낮거나 나이가 어린 사람에게 일방적으로 강요하는 사람을 '꼰대'[13]라고 부른다. 90년대 생은 기성세대들이 답습해 온 교회 시스템을 맹목적으로 받아들이지 않는다. 기성세대와 달라도 너무 다른 이들을 보고 교회의 어른으로서 훈수를 두지만, 이들은 기성세대의 경험을 더 이상 판단의 근거로 삼지 않는다. 우리 때도 그랬으니 너희들은 무조건 따라야 한다는 식의 설득력 없는 지시는 단순히 꼰대질하는 것으로 밖에 받아들여지지 않는다. 이들은 자신이 납득 되지 않는 것은 인정하지 않는다. 결과적으로 그 어느 때보다 세대 간의 소통이 어려워질 수밖에 없다. 이들을 주목해야 하는 또 다른 이유는 이들이 가진 젠더의식에 있다. 90년 대생 여성들의 사회 참여 인식에 큰 변화가 생겼다. 각 사람이 가진 능력을 중요시하기 때문에 젠더에 얽매이지 않는다. 따라서 채용 및 기타 사회생활에서 젠더로 인한 어떤 불이익도 용인하지 않는다. 1999년부터 우리나라는 양성 교육을 시작했기 때문에 이들은 양성평등의식이 자연스럽게 스며들어 있는 세대이다. 이들은 남녀의 역할을 굳이 구분 짓지 않는다. 90년생은 남녀 할 것 없이 일을 수행하는데 능력을 우선시하며 자신들의 미래를 더 중시하고 자기의 권리를 행사함으로써 자신의 존재감을 확인한다. 그녀들은 사회 부조리를 보면 참지 못하고 자기의 목소리를 낸다. 인터넷을 자유자재로 활용하는 세대답게 비대면으로 자신의 생각을 마음껏 표출한다. 여성도 남성과 동등한 자리에서 한 목소리를 낸다. 교회공동체는 수직이 아닌 수평적 관계 속에서 타자를 존중하는 공동체여야 하지만 교회 안에는 여전히 직분에 의한 상하 관계는 물론 남녀 간의 위아래가 존재하고 있다. 교회가 지금까지 가진 여성에 대한 생각이나 시스템에 변화가 없다면 그녀들은 자연스럽게 교회를 떠날 수밖에 없다. 혹시 남아있을 그녀들이 교회 안에 영향력을 가질 나이가 되면 교회는 젠더 문제로 세대 간의 심각한 갈등을 경험하게 될 것이다. 언젠가 남성 위주의 시스템에 대해 여성들이 반기를 들 때가 반드시 올 것이다. 여성이 사회적으로 불이익을 받을 경우 시민단체나 그 밖의 통로를 통해 목소리를 낼 것이다. 여성이 마이너리티가 되는 사회구조를 받아들이지 않을 것이다. 지금 교회에서 '여성의 자리'에 대해 함께 고민하지 않는다면 미래의 교회는 사회적으로 인정받기 어려워질 것이다. 이제 교회공동체는 젠더를 넘어서야 한다. 남녀가 동등한 인격체로서 서로 인정하고, '다름'을 존중하는 관계로 발전시켜 나가야 한다. 교회공동체는 다음세대의 소리를 바르게 해석해서 미래를 준비하는 수순을 밟아야 한다. 다시 한번 강조하면 한국교회의 미래는 '90년대생'이 얼마나 교회에 머물러 있느냐에 달려 있다고 해도 과언이 아닐 것이다. 이제 우리는 교회에서 '여성의 자리'를 어떻게 마련할까? 그리고 교회를 떠나려는 그녀들을 교회 안에 머무르게 할 수 있는 구체적이며 납득할 만한 방안을 고민해야 한다.

풍경

시인과 촌장이 불렀던 '풍경'이라는 노래가 있다. 이 노래는 "세상 풍경 중에서 가장 아름다운 풍경은 모든 것들이 제자리로 돌아가는 풍경", "세상 풍경 중에서 제일 아름다운 풍경 모든 것들이 제자리로 돌아오는 풍경"이라는 가사를 반복하고 있다. 아주 간결하면서도 메시지가 담겨 있어 생각이 복잡해질 때면 즐겨 듣는 음악이다. 살다 보면 길을 잃어버릴 때가 있고, 그 자리에 있어야 할 것이 무질서해지고 혼돈을 가져올 때가 많다. 세상에서 '가장 아름다운 풍경'은 본래의 자리를 찾아가는 것이다. 세상에 존재하는 모든 것이 본연의 자리에 있고 본래의 모습이 회복할 때에 비로소 세상은 가장 아름다운 풍경이 펼쳐질 것이다.

세상 풍경 중에서 제일 아름다운 풍경
모든 것들이 제자리로 돌아가는 풍경
세상 풍경 중에서 제일 아름다운 풍경
모든 것들이 제자리로 돌아오는 풍경
우~ 우~ 풍경 우~ 우~ 풍경
세상 풍경 중에서 제일 아름다운 풍경
모든 것들이 제자리로 돌아오는 풍경
우~ 우~ 풍경 우~ 우~ 풍경
세상 풍경 중에서 제일 아름다운 풍경
모든 것들이 제자리로 돌아가는 풍경
세상 풍경 중에서 제일 아름다운 풍경

'시인과 촌장'의 노래 '풍경' 가사

이 노래는 짧고 간결한 가사로 이루어져 있지만 따라 부르다 보면 복잡하게 흩어진 생각들이나 행동들이 정돈되면서 지나온 삶을 성찰하게 만들어 준다. 남녀의 불평등, 환경 파괴, 인권 탄압, 경제적 불평등, 사회적 약자에 대한 무관심, 전쟁에 대한 공포 등은 창조질서에 위배되는 사례들이다. 이것들이 원래의 자리로 돌아가는 것은 창조질서를 회복하는 것이다. '회복'은 희년이[14] 갖고 있는 대표적인 키워드이다. 희년을 이해하기 위해서는 이스라엘이 담지하고 있는 땅에 대한 이해가 있어야 한다. 이스라엘 사람들은 땅에 대해 특별한 생각을 갖고 있다. 이스라엘은 어떤 상황 속에서도 땅과의 긴밀한 유대관계를 포기한 적이 없었다. 이스라엘 사람들에게 땅은 생산 및 생활의 원천이었고, 언약 백성의 상징적인 장소였다. 땅은 단순히 인간이 사는 공간이 아니라 하나님과 인간들이 소통하는 장소이며, 인간을 에덴으로 회복시키기 위한 구원계획의 새로운 출발점이다.[15]

바벨탑 사건 이후 온 인류를 사방으로 흩으신 하나님은 창세기 12장에서 새로운 구속역사를 시작하셨다. 그것은 하란에서 아브라함을 불러내어 새로운 땅 가나안을 약속하신 것에서 구체화되었다(창 12:2-7). 온 인류의 흩으심 속에서 이루어진 아브라함의 부르심은 원심에서 구심으로의 방향전환이었다. 인간 스스로 설정한 바벨탑이라는 중심을 없애버리신 하나님께서는 새로운 중심지인 가나안을 선택하시고 아브라함을 그곳으로 부르신 것이다. 그런 점에서 아브라함에 주신 새로운 땅 가나안의 약속은 단순히 그와 그의 후손인 이스라엘이 살아갈 생활공간이라는 세속적 의미를 넘어선다. 아브라함의 부르심은 범죄로 인하여 에덴에서 추방당한 인간을 다시 에덴으로 회복시키기 위한 구원계획의 새로운 출발점이다. 가나안 땅은 인간 전체에게 회복될 에덴의 참모습을 보여주는 모형이다.[16]

하나님은 출애굽 이후 약속의 땅 가나안에 들어간 이스라엘 백성들에게 각 지파의 가족 수에 따라 정확하게 땅을 분배하였고, 사람들은 서로 평등한 관계를 이루며 삶을 살아갔다. "수(數)가 많은 지파에게는 넓은 땅을 주었고, 수가 적은 지파에게는 작은 땅을 주었다"(민 26:54). 이렇게 분배받은 땅의 주인은 하나님이고, 민족 전체를 위한 공유물이었으며, 모든 개인은 평등한 권리를 갖고 있다. 그러나 시간이 지나면서 땅 주인이 바뀌고 가난한 사람들이 발생하게 되었다. 그럼에도 땅의 주인이 바뀌는 과정에서 사회적 약자가 등장하였다. 모세는 땅에 평등한 권리를 보호하기 위해 희년을 선포한다. 땅은 사람의 것이 아니라 하나님의 것이기 때문에 그 누구도 땅에 대한 절대 소유권이 없다. 땅은 매매 대상이 될 수 없었고 어려움으로 인해 팔게 되어도 희년이 되면 원래의 땅 주인에게 돌려주어야 한다. 50년마다 희년이 돌아오는데 희년이 되면 노예로 팔렸던 사람들은 노예에서 풀려나고 조상의 재산을 저당 잡혔던 사람들은 재산을 돌려받았다. 가난하여 종으로 팔렸던 사람도 자유를 얻고 자기 가족에게 돌아간다. 이렇게 희년이 되면 노예는 해방되고, 채무는 탕감되며, 토지는 원래의 주인에게로 되돌아가게 되어, 토지를 잃었던 사람들은 자신에게 주어진 정당한 몫을 되찾게 된다. 희년이 되면 공동체 구성원간의 경제적 평등권을 회복하게 되며 경제 질서와 사회질서가 원점에서 시작한다.

> 오십 년째 해를 거룩하게 하여 모든 주민에게 자유를 공포하라 이 해는 너희에게 희년이니 너희는 각각 자기의 소유지로 돌아가며 각각 자기의 가족에게로 돌아가며 그 오십 년째 해는 너희의 희년이니 너희는 파종하지 말며 스스로 난 것을 거두지 말며 가꾸지 아니한 포도를 거두지 말라(레위기 25장 10-11절)

희년의 의미를 '여성의 자리'와 관련지어 생각해 보자. 교회 안에서 바람직한 '여성의 자리'를 마련하는 것은 하나님의 창조 질서를 회복하고 그분의 창조 목적을 이루는 것이다. 성경의 역사적 배경을 살펴보면 여성의 정치적, 사회적, 경제적 위치는 남성에 비해 매우 적었다. 남성 중심으로 기업을 이어갔다. 땅을 소유한다는 것은 경제적 행위를 통해 사회적 주도권을 가질 수 있으며 자신의 목소리를 낼 수 있다는 뜻이 내포되어 있다. 이러한 역사적, 문화적 배경을 가지고 있는 당시의 상황에서 특이하게도 여성이 땅을 상속받는 두 장면을 구약성경에서 발견할 수 있다. 첫 번째 장면은 슬로브핫의 다섯 딸들의 이야기이다. 다섯 딸들의 이름은 말라, 노아, 호글라, 밀가, 디르사였다. 당시 고대 근동에서는 '여성의 인권'에 대한 개념조차 없었고 여성이 족보에 올라갈 수 없던 상황이었는데도 다섯 여자의 이름이 성경에 기록됐다. 모세가 하나님의 명에 따라 땅을 나누는 계획을 수립하던 중에 슬로브핫의 딸들이 모세를 찾아온다. 자신들의 아버지가 아들 없이 광야에서 죽어 땅을 받지 못하게 되었으니 율법을 바꾸어 딸들인 자신들에게 땅을 기업으로 받게 해달라고 요청한다. 모세는 그녀들의 요구를 하나님께 전하였고 하나님은 슬로브핫의 딸들의 말을 받아들여 아들이 없는 경우 땅을 딸들에게 주라고 명한다. 하나님은 슬로브핫의 딸들에게 기업을 상속받을 수 있도록 율법을 새롭게 적용시켜 주었다.

요셉의 아들 므낫세 종족들에게 므낫세의 현손 마길의 증손 길르앗의 손자 헤벨의 아들 슬로브핫의 딸들이 찾아왔으니, 그의 딸들의 이름은 말라와 노아와 호글라와 밀가와 디르사라. 그들이 회막 문에서 모세와 제사장 엘르아살과 지휘관들과 온 회중 앞에 서서 이르되 우리 아버지가 광야에서 죽 었으나 여호와를 거슬러 모인 고라의 무리에 들지 아니하고 자기 죄로 죽었고 아들이 없나이다. 어찌하여 아들이 없다고 우리 아버지의 이름이 그의 종족 중에서 삭제되리이까 우리 아버지의 형제 중에서 우리에게 기업을 주소서 하매 모세 가 그 사연을 여호와께 말씀하여 이르시되 슬로브핫 딸들의 말이 옳으니 너는 반드시 그들의 아버지의 형제 중에서 그 들에게 기업을 주어 받게 하되 그들의 아버지의 기업을 그 들에게 돌릴지니라. 너는 이스라엘 자손에게 말하여 이르기 를 사람이 죽고 아들이 없으면 그의 기업을 그의 딸에게 돌 릴 것이요. 딸도 없으면 그의 기업을 그의 형제에게 줄 것이 요 형제도 없으면 그의 기업을 그의 아버지의 형제에게 줄 것이요. 그의 아버지의 형제도 없으면 그의 기업을 가장 가 까운 친족에게 주어 받게 할지니라 하고, 나 여호와가 너 모 세에게 명령한 대로 이스라엘 자손에게 판결의 규례가 되게 할지니라(민수기 27장 1-11절)

하나의 장면은 욥기에서 발견할 수 있다. 욥기 42장에 보면 욥 이 고난을 이겨낸 후 하나님께 큰 축복을 받는 장면이 나온다.[17] 하나님께서는 욥에게 잃었던 아들 일곱과 딸 셋을 선물로 주셨 다. 그런데 인상적인 것은 그 딸들에게 오라비처럼 기업을 주었다는 장면이다. 욥기의 배경은 족장시대이다. 당연히 여성의 권리나 '여성의 자리'에 대해 사회적인 관심이 없을 때였다. 그럼에도 욥은 아들과 똑같이 딸들에게도 기업을 유산으로 물려주었다. 유대 율법에 따르면 아들들이 없는 경우에만 예외적으로 딸에게 유산을 상속할 수 있다고 규정했는데(민 27:1-11), 딸들이 아들들과 동등한 상속자가 되었다는 것은 매우 이례적이고 특별한 경우이다. 여기서 생각해 볼 수 있는 것은 욥이 하나님으로부터 받은 축복은 물질의 회복 뿐 아니라 관계의 회복까지 가져왔다는 점이다. 한 예로 욥은 남성과 여성의 관계를 동등하게 인정하고 있다는 것을 알 수 있다.

> 또 아들 일곱과 딸 셋을 두었으며 그가 첫째 딸은 여미마라 이름하였고 둘째 딸은 굿시아라 이름하였고 셋째 딸은 게렌 합북이라 이름하였으니 모든 땅에서 욥의 딸들처럼 아리따운 여자가 없었더라. 그들의 아버지가 그들에게 그들의 오라비들처럼 기업을 주었더라. 그 후에 욥이 백사십 년을 살며 아들과 손자 사대를 보았고 욥이 늙어 나이가 차서 죽었더라(욥기 42장 13-17절)

앞서 언급한 성경의 두 가지 장면은 여성도 하나님이 주신 기업을 상속받을 수 있다는 점을 시사해주고 있다. 당시의 땅은 사회, 정치적, 역사적 배경에서 살펴보면 하나님과의 관계를 규정지어주고 하나님과 회복을 상징하며 하나님의 구속사에 동참하는 것이다. 여성이 기업을 이어가는 것은 여성도 남성과 동등한 자리에서 이스라엘이 가지고 있던 땅이 주는 의미를 공유한다고 볼 수 있다. 따라서 여성도 하나님의 언약 백성이 될 수 있고 구속사에 참여할 수 있다. 당시에 여성도 '여성의 자리'를 가지고 있었다고 볼 수 있다. 그녀들은 경제 활동뿐 아니라 사회 활동도 했을 것이라고 유추할 수 있다. 당시에 남성 중심 사회에서 여자가 동등하게 기업을 받을 수 있다는 기록은 지금 되돌아가야 할 '여성의 자리'에 대한 방향을 제시해 주고 있다. 지금까지 교회는 '여성의 자리'에 대해 긍정적인 시각을 갖지 않았고 남녀가 불평등한 사례를 쉽게 찾을 수 있다. 오늘날 교회 안에 자리잡고 있는 '여성의 자리'에 대한 편견이나 그릇된 생각들은 성경의 가르침과 배치된다. 지금까지도 교회는 '여성의 자리'에 대한 제도나 정책에 대해 구체적인 목소리를 내지 못하고 있다. 그러나 세상에서 가장 아름다운 '이 세상 풍경'은 원래의 자리로 돌아가는 것이다. 하나님이 바라는 가장 아름다운 '이 세상 풍경'은 인간이 만들어 놓은 왜곡된 된 세상이 하나님이 만들어 놓은 본래의 자리로 돌아가는 것이다. 이는 하나님이 보시기에 가장 아름다운 풍경~~~

되새기기

필자는 이 글을 통해 교회의 '여성의 자리'에 대한 문제를 제기하면서 그 해답을 찾기보다는 그동안 성찰하고 경험한 것들을 정리해 보았다. 현재 교회에서 수면 아래로 깊게 내려가 있는 '여성의 자리'에 대해 함께 생각을 나누면서 문제의식을 공유하고, 해결을 위한 방법들을 모색하기 위한 단초를 마련하고자 하는 목적으로 글을 썼다.

우리나라 역사를 살펴보면 기독교는 여성의 사회 참여에 큰 영향을 미쳤고 여성들의 지위 향상에 기여한 바 있다. 한때는 교회 여성은 의식이 깨어 있다고 평가를 받기도 했다. 그런데 오늘날은 어떤가? 교회 안에서 여성의 역할은 과거를 답습하고 있는 수준이다. 교회 생활을 오래 한 사람일수록 관료적이며 남성들에 지배구조를 자연스럽게 받아들인다. 만약 그렇게 하지 않으면 교회 생활에 적응하기 어렵다. 그러다 보니 의식이 깨어 있거나 사회생활을 경험한 여성들은 교회 일에 참여하면 할수록 '낯섦'을 경험할 수밖에 없다. 세상은 '여성의 자리'가 점차 넓어져 가고 있는 것에 비해 교회는 아직도 답보 상태에 머무르고 있다. 그 이유는 교회 안에서 '여성의 자리'에 대한 공감대가 형성되지 않았기 때문이다. 공감대는 문제를 함께 공감하고 생각을 나누다 보면 자연스럽게 형성된다. 지금부터라도 교회에서 정책을 입안하고 실행하는 교회의 리더들은 '여성의 자리'에 대해 깊이 생각해 봐야 한다. 우리는 아무생각 없이 살다보면 뜻하지 않은 어려움을 겪게 된 역사적 사례를 쉽게 찾아볼 수 있다. 아돌프 아이히만은 독일 나치의 친위대 장교로서 제2차 세계대전 중 600만 명의 유대인을 집단 학살하고 해외로 강제 이주시키는 계획을 실행한 인물이다. 그는 아르헨티나에서 체포 당시 "저는 억울합니다. 저는 남을 해치는 것엔 아무 관심이 없습니다. 제가 관심이 있는 건 맡은 일을 잘 해내는 것뿐입니다"라고 말했다. 1961년, 예루살렘의 법정에 선 아이히만은 결코 자신의 죄를 인정하지 않았다.

저는 지시받은 업무를 잘 처리하기 위해서 열심히 일했을 뿐입니다. 제가 제작한 '열차' 덕분에 우리 조직은 시간 낭비 없이 일을 처리할 수 있었죠. 저는 잘못이 없습니다. 단 한 사람도 제 손으로 죽이지 않았으니까요. 죽이라고 명령하지도 않았습니다. 제 권한이 아니었으니까요. 저는 시키는 것을 그대로 실천한 하나의 인간이자 관리자였을 뿐입니다. 월급을 받으면서도 주어진 일을 열심히 하지 않았다면 양심의 가책을 받았을 것입니다.

아이히만의 법정을 지켜 본 아렌트는 아이히만이 유죄인 이유를 다음과 같이 말한다.

그는 아주 근면한 인간이다. 그리고 이런 근면성 자체는 결
코 범죄가 아니다. 그러나 그가 유죄인 명백한 이유는 아무
생각이 없었기 때문이다. 그에게는 치명적 무능력이 있었는
데 타인의 고통을 공감하지 못하는 생각의 무능은 말하기의
무능을 그리고 행동의 무능을 낳는다.

익숙해진 시스템에 길들여지다 보면 낯선 것을 거부할 수밖에
없다. 교회의 시스템도 예외는 아니다. 특히 교회는 '여성의 자리'
에 대해 함께 생각해 봐야 한다. 아무 생각 없이 주어진 시스템을
답습하다 보면 교회는 사회로부터 무능력하다는 비판을 받을 수
밖에 없다. 교회가 '여성의 자리'에 대해 아무 생각이 없고 공감을
하지 못한다면 교회는 앞으로 설 자리를 잃게 될 것이다.

정의가 사회를 유지하기 위한 최고의 덕목이라는 것에는 누구
도 부인하지 못할 것이다. 공자는 나라를 다스리는 사람은 부족함
보다 고르지 못함을 걱정해야 하며 맹자는 균형과 조화의 원리로
공평한 재화를 분배해야 한다고 말한다. 아리스토텔레스는 중용
이란 양극단의 평균이라기보다는 두 사이에서 '균형과 조화'를 이
루는 것이라고 말한다. 정의로운 공동체는 재화, 권력, 성비, 능력
등이 '적절한 비율'을 이루어야 한다. 모든 존재는 적절한 비율을
이룰 때 조화를 가져온다. 황금비율은 1:1.618이다. 이를 성비와 관
련하여 생각해 보면 공동체는 남자와 여자의 구성원이 0.618 정

도 더 많을 수도 있고 적을 수도 있다. 성경에도 좌로나 우로나 치우치지 말라는 가르침이 있다. 교회 공동체도 남녀 간의 '적절한 비율'을 이룰 때 바른 관계가 만들어 질수 있다. 그렇다면 지금 교회 더 나아가 교단, 신학대학 안에서 여성과 남성의 역할과 권한이 적절한 비율을 이루고 있는지 되묻고 싶다.

90년대생이 우리를 찾아왔다. 이제 교회는 이들과 대면해야 만 할 것이고 그들을 통해 '또 다른 낯섦'을 경험하게 될 것이다. 이들은 가부장적이고 관료적인 사회구조에 익숙한 기성세대와는 전혀 다른 세대이기에 그들이 매우 낯설 것이다. 90년대 생은 인터넷 커뮤니티에서 소통하는 것이 자연스럽고, 긴 문장을 읽기를 싫어하며, 알고 싶은 정보만 받아들인다. 요즘 '라떼는 말이야'[18]로 시작하는 말은 '꼰대'를 상징하는 유행어이다. '라떼는 말이야'라고 시작하는 충고나 권면은 꼰대질하는 것으로 여긴다. 그렇기에 그 어느 때보다 세대 간의 소통이 어려워질 수밖에 없다.[19] 90년대 생은 능력을 중시하기 때문에 젠더에 얽매이지 않는다. 이들은 양성평등 교육을 받은 세대이다. 이들은 남녀의 역할을 굳이 구분 짓지 않는다. 90년대 생은 능력이 우선되며 자신들의 미래를 더 중시하고 자기의 권리를 행사함으로써 자신의 존재감을 확인하려고 한다. 여성도 남성과 동등한 자리에서 목소리를 낸다. 교회가 이런 생각을 갖고있는 90년대 생을 어떻게 맞이할지에 대한 밀도 있는 논의를 하지 않는다면 교회의 미래는 불투명하다. 이제는 "라떼는 말이야"라고 하며 젊은이를 설득하는 꼰대들은 교회 안에서 설 자리를 잃는다. 언젠가 남성위주의 교회 시스템에 대해 반기를 들 때가 반드시 올 것이다. 앞으로 교회는 '여성의 자리'에 대해 지금, 함께 고민하지 않는다면 교회의 역할이나 존재 이유가 사회적 동의를 얻기 힘들게 될 것이다. 그렇다면 교회는 다음세대를 위해 '여성의 자리'에 대해 생각하고 준비하고 있는지 묻고 싶다.

세상에서 제일 아름다운 이 세상 풍경은 본래의 자리를 찾아가는 것이다. 이 세상에 존재하는 것 중에서 하나님의 창조질서와 배치되는 것들은 원래의 자리로 되돌려놓아야 한다. 희년은 원래의 자리로 돌아가는 성경의 대표적인 사례이다. 땅은 단순히 인간이 사는 공간이 아니라, 하나님과 인간들이 소통하는 장소이며 인간을 에덴으로 회복시키기 위한 구원 계획의 새로운 출발점이 된다. 50년을 주기로 희년이 돌아오는데 희년이 되면 노예는 해방되고, 채무는 탕감되며, 토지는 원래의 주인에게로 되돌아가게 되어, 공동체 구성원간의 경제적 평등권을 회복하게 되고 원점에서 시작한다. 희년이 되면 하나님께서 창조하신 인간과 자연이 본래의 위치와 역할로 회복된다. 희년은 회복과 자유, 희망을 떠오르게 한다. 성경이 기록된 시대는 남성 중심 사회였기 때문에 남성이 땅을 상속받아 기업을 이어갔다. 그런데 구약성경에 보면 여성이 기업을 상속받는 장면이 나온다. 하나는 슬로브핫의 다섯 딸들의 이야기로 아들이 없는 집의 딸들이 기업을 상속받는 장면이다. 또 하나는 욥이 딸들에게 아들과 똑같이 기업을 상속해 주는 장면이다. 땅은 하나님과의 관계를 규정해 줄 뿐 아니라 하나님의 구속사에 동참하는 것이다. 여성이 땅을 상속받는다는 것은 여성도 남성과 동등한 자리에서 땅이 주는 의미를 공유하는 것이다. 여성도 남성과 동일하게 하나님의 구원 계획에 속해 있다. 교회 안에서 바람직한 '여성의 자리'를 마련하는 것은 하나님의 창조 질서를 회복하고 그분의 창조 목적을 이루는 것이다. 세상에서 가장 아름다운 이 세상 풍경은 모든 것이 원래의 자리로 돌아가는 것이다. 하나님이 보시기에 가장 아름다운 풍경~~~

생각 나누기

■ 우리나라 역사를 살펴보면 기독교는 여성의 사회 참여에 큰 영향을 미쳤고 여성들의 지위향상에 기여한바 있다. 오늘날은 어떤가? 세상에서는 '여성의 자리'가 점차 넓어지고 있는데 교회는 아직도 답보 상태에 머무른 까닭이 무엇일까? 교회 안에서 '여성의 자리'와 관련된 제도나 정책, 의식의 변화가 자리 잡지 못하는 이유를 생각해 보자.

■ '낯섦'을 받아들인다는 것은 '익숙함'을 포기하는 것이다. 교회가 '여성의 자리'에 대해 아무생각을 하지 못하고 지금의 모습을 답습한다면 교회는 설자리를 잃게 될 것이다. 그렇다면 앞으로 교회 안에서 '여성의 자리'를 확보하기 위하여 교회의 리더가 갖추어야 할 덕목과 해야 할 일은 무엇일까 생각해보자.

■ 공동체는 재화, 권력, 성비, 능력 등이 '적절한 비율'을 이룰 때 조화($\grave{\alpha}\nu\alpha\lambda o\gamma\acute{\iota}\alpha$)를 가져온다. 황금 비율은 1:1.618이다. 따라서 남자와 여자의 공동체 구성원이 0.618 정도 더 많을 수도 있고 적을 수도 있다. 과연 지금 교회 안에서 여성과 남성의 역할과 권한이 적절한 비율을 이루고 있는지 함께 생각을 나누어 보자.

■ 한국교회의 현재와 미래는 '90년대생'이 얼마나 교회에 남느냐 좌우될 것이다. 교회가 남성보다 상대적으로 숫자가 우월한 '여성의 자리'에 대해 지금, 함께 고민하지 않는다면 교회의 역할이나 존재 이유가 사회적 동의를 얻기 힘들게 될 것이다. 이제 교회는 젠더를 넘어 남녀가 동등한 인격체로서 서로의 다름을 공감하고 존중하는 관계임을 인정하는 공간이 되어야 한다. 교회는 미래세대를 맞이하기 위하여

어떻게 '여성의 자리'를 마련해야 할지에 대해 생각해 보자.

■ 땅은 하나님과의 관계를 규정지어주고 회복을 상징하며 하나님의 구속사에 동참 하는 것이다. 여성이 땅을 상속받았다는 것은 여성도 남성과 동등한 자리에서 땅이 주는 의미를 공유하는 것이며 부언하면 여성도 남성과 동일하게 하나님의 구원 계획에 속해 있다는 것을 의미한다. 교회 안에서 바람직한 '여성의 자리'를 마련하는 것은 하나님의 창조 질서를 회복하고 그분의 창조 목적을 이루는 것이다. 교회에서 '여성의 자리'에 대한 편견과 부정적인 시각은 성경의 가르침과 배치된다. 교회에서 남녀불평등 사례를 찾아보고, 교회 안에서 원래의 자리로 되돌려야 할 것들이 있다면 무엇이 있을지 생각해 보자.

■ 이 글을 읽고 자신의 생각을 요약해 보자.

미주

오늘날의 성화: 함께 오르는 거룩한 길

1) 본회퍼, 『저항과 복종: 옥중서간』, 손규태역(서울: 대한기독교서회, 2010), 227.

2) "'오직 믿음' 무너뜨리는 '적당히', 신앙생활을 취미로 여기기 때문", 크리스천 투데이, 2019.6.14. https://www.christiantoday.co.kr/news/323219

3) 성경에 '성도'라는 말이 61회 사용된다(마 27:52, 행 9:41, 롬 12:13, 고전 6:2, 고후 8:4, 빌 4:22, 골 1:4, 몬 1:5, 계 14:12 등). '신도' 1회(행 2:41), '신자' 1회(행 10:45).

4) 이는 325년 니케아 공의회에서 일치성, 거룩성, 사도성을, 381년 니케아 콘스탄티노플 공의회에서 보편성을 추가해서 425년 니케아 공의회가 추인했다.

5) 창시자는 몬타누스(Montanus)로 몬타주스주의(Montanism) 혹은 몬타누스파(Montanist, 몬타니스트)라고도 한다. 2세기 후반 로마령 아프리카의 프리지아(Phrygia)에서 발생한 종말론적 이단 운동으로 크게 파급되었으나 5-6세기에는 거의 모두 사라졌다. 원시교회의 소박성으로의 복귀, 성령에 대한 기대와 영적 선민의식 등으로 특징지어진다. 이들은 특히 금욕적 특성으로 유명한데, 재혼을 금하고 박해 시 도망가는 것을 배교로 간주하였다. 이러한 몬타누스 운동은 교회개혁 운동의 성격을 가졌다.

6) 후안 곤잘레스, 『기독교교리사』, 이후정역(서울: 컨콜디아사, 2016), 16.

7) 필립 샤프, 『교회사전집 3』, 이길상 옮김(고양: 크리스찬 다이제스트, 2004), 338.

8) 정홍렬, "아우구스티누스의 교회론", 한국조직신학회 엮음, 『교회론』, (서울: 대한기독교서회, 2017), 53-54.

9) 위르겐 몰트만, 『성령의 능력 안에 있는 교회』, 이신건역(서울: 대한기독교서회, 2017), 466.

10) 조종남, "웨슬리의 신학적 공헌과 그 의의", 서울신학대학교 웨슬리신학연구

소 편, 『웨슬리신학의 현대적 이해』, (서울: 도서출판 공감마을, 2018), 24-42.

11) 루돌프 오토, 『성스러움의 의미』, 길희성역(서울: 분도출판사, 1990): 오토는 거룩의 체험이 종교의 본질임을 드러내며, 성스러움의 의미를 고찰하고 있다.

12) 루터는 죄인 된 인간이 그리스도의 의로 말미암아 의롭다 칭하여진 것의 현실적인 측면을 분명하게 직시하면서 우리의 의가 전가된 낯선 의라고 부른다.

13) 싱클레어 퍼거슨외 4인, 『성화란 무엇인가?』, 이미선역(서울: 부흥과 개혁사, 2010): 이 책에서 각 교파별 입장에서 성화에 대해 토론한 내용을 참고할 것이다.

14) 앞의 책, 97.

15) 이강학, "기독교 영성학 방법론과 그 적용 - 샌드라 슈나이더스(S. M. Schneiders)와 Graduate Theological Union의 기독교 영성 박사과정의 경우", 「한국기독교신학논총」, 102(2016.10), 221-245.

16) 존 웨슬리, "그리스도인의 완전", 『웨슬리설교전집 3』, 조종남·김홍기·임승안 외 공역(서울: 웨슬리학회 편, 2006), 162.

17) F. Baker(ed.), *The Works of John Wesley* VI, 383: 웨슬리는 그리스도인의 완전을 죄로부터의 탈출만이 아니라 의도의 순수성과 사랑이라고 보았다.

18) 존 웨슬리, "그리스도인의 완전", 『논문집』, (서울: 한국웨슬리학회: 2009), 335.

19) 존 웨슬리, "마음의 할례", 『웨슬리표준설교집 1』, 마경일 역(서울: 기독교대한감리회홍보출판국, 1999).

20) 앞의 책, 174.

21) K. Collins, 『존 웨슬레의 신학: 거룩한 사랑과 은총』, 이세형역(서울: 도서출판 kmc, 2012), 19.

22) J. Wesley, "A Plain Account of The People Called Methodists", in *The Works of John Wesley*, 8:259.

23) J. Wesley, "Preface to Hymns and Sacred Poem," *Works*(I), 14:321. in 『웨
슬리신학의 현대적 이해』, 87에서 재인용.

24) 박창훈, 『존 웨슬리, 역사비평으로 읽기』, (서울: 대한기독교서회, 2007), 24-
28: 17세기 후반 영국은 영적 각성이 필요한 시대였으며, 당시 영국 전역에서
소사이어티(society)라 불리는 '작은 모임'들이 일어났다. 이 모임들의 목표
는 "심령과 삶에 있어 진정한 성결의 증진"(real holiness of heart and life)이
었다.

25) P. W. Chilcote/ 김성원, "지속적인 개혁: 웨슬리 형제의 갱신", 『웨슬리신학
의 현대적 이해』, 88.

26) 조종남, 『요한 웨슬레의 신학』, (서울: 대한기독교서회, 2003), 28.

27) 박창훈, 『존 웨슬리, 사회비평으로 읽기』, (서울: 대한기독교서회, 2014), 143.

28) 위르겐 몰트만, 『생명의 영』, 김균진역(서울: 대한기독교서회, 2017), 268-
272.

29) 앞의 책, 273: 이것이 주는 분명한 의미를 더욱 중요하게 생각해야 한다.

30) 앞의 책, 275.

31) 송용섭, "라인홀드 니버의 죄 개념에 대한 미국 윤리학계의 수직적 수평적
논쟁과 이에 대한 비판적 분석 - 한인 이민 여성들의 경험을 중심으로", 「신학
논단」, 76(2014.6).

32) 로즈마리 류터, 『성차별과 신학』, 안상님역(서울: 대한기독교서회, 1985): 제7
장 죄의식-개종의 길.

33) J. Plaskow, *Sex, Sin, and Grace: Women's Experience and the Theologies
of Reinhold Niebuhr and Paul Tillich*, (London: University Press of
America, 1980).

34) 엘리자베트 몰트만 벤델, 『젖과 꿀이 흐르는 땅』, 김윤옥역(서울: 대한기독교
서회, 1991), 30.

35) 위르겐 몰트만, 『살아계신 하나님과 풍성한 생명』, 박종화역(서울: 대한기독 교서회, 2017), 48: 몰트만은 오늘날에도 나치 전범인 아이히만과 같은 자가 얼마든지 나올 수 있음을 경고한다.

36) 위르겐 몰트만, 『생명의 영』, 292-293.

37) 앞의 책, 304.

38) 앞의 책, 281-301.

39) 레티 러셀, 『인간화: 여성신학적 인간론』, 장 상역(서울: 이화여자대학교출판 부, 1985): 러셀은 오늘날의 구원은 인간이 되는 자유라고 말한다.

40) 최유진, "레티 러셀의 교회론 - 정의와 환대의 공동체", 「장신논단」, 48(2016.3): 러셀은 교회는 철저하게 가난하고 소외된 사람들을 위한 그리 스도의 메시아적 사역에 그 정체성이 있기에 그것은 '정의'를 위해 투쟁하는 공동체임을 밝힌다. 이러한 러셀의 '공정한 환대'의 신학은 다음세대를 위한 교회론을 제공한다.

사랑하는 자야 함께 가자!

*이 글은 "고난 받는 자에게 미치는 사회적 관계성(social relationship): 아가서 2장-4장을 중심으로"란 제목으로, 「구약논단」 제62집 (2016.12), 102-128에 실 린 글과 "히브리산파들의 저항과 '시편 언어'의 친연성(親緣性)"이란 제목으로, 「구약논단」 제66집 (2017.12), 42-73에 실린 글을 발췌 정리한 것이다.

1) 차준희, 『창세기 다시보기』, (서울: 대한기독교서회, 1998), 25.

2) H. Gunkel, *Genesis*, (Macon: Mercer University Press, 1997), 11.

3) 고든 웬함, 『창세기 1-15』, *WBC* 1, 184; C. 베스터만, 강성열 옮김, 『창세기 주 석』, (서울: 한들출판사, 1998), 44-45; 게르하르트 폰 라드, 한국신학연구소

역, 『창세기』, (서울: 한국신학연구소, 1983), 86-87; Gunkel, 앞의 책.

4) C. 베스터만, 앞의 책, 32.

5) K. Butting, *Die Buchstaben werden sich noch wundern*, (Uelzen: Erev-Rav, 1998), 133.

6) M. Buber, *Schriften zur Bibel*, (München/Heidelberg: Kösel-Verlag, 1964), 892.

7) J. Scharbert, *Genesis*, (Würzburg: Echter Verlag, 1986), 130.

8) 게르하르트 폰 라트, 앞의 책, 182; J. Scharbert, 앞의 책.

9) 비교. C. 베스터만, 앞의 책, 165.

10) J. Scharbert, 앞의 책, 131.

11) B. S. Childs, *The Book of Exodus*, (OTL; Louisville: Westminster John Knox Press, 1975), 17.

12) L. Schottroff; S. Schroer; M-T. Wacker, *Feministische Exegese: Forschungserträge zur Bibel aus der Perspektive von Frauen*, (Darmstadt: Wissenscahftliche Buchgesellschaft, 1995), 152.

13) J. Scharbert, *Exodus*, (Würzburg: Echter Verlag, 1989), 5; 필립 뮐러, 『아우슈비츠는 불타는가?』, 김인숙 역(서울: 종로서적 1981), 7ff; 프리모 레비, 『이것이 인간인가』, 하워드 진·앤서니 아노브, 『미국 민중사를 만든 목소리들』, 황혜성 역(서울: 도서출판 이후, 2011), 77ff.

14) 존 더햄, 『출애굽기』, 손석태·채천석 옮김(서울: 솔로몬, 2000), 61-62.

15) L. Schottroff; S. Schroer; M-T. Wacker, 앞의 책.

16) F.-L. Hossfeld & E. Zenger, *Die Psalmen* I, J. G. Plöger & J. Schreiner(ed.), *Die Neue Echter Bibel* 29, (Würzburg: Echter Verlag, 1993), 213.

17) E. S. Gerstenberger, "anaw", *ThWAT* VI (1977), 260.

18) F.-L. Hossfeld & J. G. Plöger, 앞의 책, 210.

19) K. Butting, 앞의 책, 133.

20) O. Keel, "Deine Blicke sind Tauben. Zur Metaphorik des Hohen Liedes", *Stuttgarter Bibelstudien*, (Stuttgart, 1984), 114-115.

21) 이경숙, 『생존과 희망의 구약성경』, (서울: 대한기독교서회, 2014), 205-206; M. D. Goulder, "The Song of Fourteen Songs", *JSOT* 36, (Sheffield, 1986), 79-80; 박지은, "이상한 여자를 찾아서: 아가와 잠언의 여성읽기를 통한 이원론적 여성관의 재조명", 「구약논단」, 47(2013.2), 160.

22) G. Gerleman, *Ruth · Das Hohelied*, BK XVIII, (Neukirchen-Vluyn: Neukirchen, 1965), 123; 비교. E. Burck, "Das Paraklausithyron.", *Die Entwicklungsgeschichte Gymansium* 6, (1932) 186-200.

23) E. Zenger u.a., *Einleitung in das Alte Testament*, (Berlin: W. Kohlhammer GmbH, 1995), 346; 두안 가렛·폴 R. 하우스, 채천석 옮김, 『아가·예레미야애가』, *WBC* 23, 33: 아가서의 신학적인 주제와 관련하여 항상 반영되는 문제는 쿨(C. Kuhl)의 견해로부터 출발할 수 있다.

24) K. Butting, 앞의 책, 122.

25) P. J. Griffiths, *Song of Songs*, (Grand Rapids: Brazos Press, 2011), 66.

26) 비교. M. D. Goulder, 앞의 글, 23.

27) B. S. Childs, *Introduction to the Old Testament as Scripture*, (London: SCM, 1987), 574-579.

28) O. Keel, 앞의 글, 100.

29) P. J. Griffiths, 앞의 책, 67.

30) O. Keel, 앞의 글.

31) P. J. Griffiths, 앞의 책, 75.

32) G. Gerleman, 앞의 책, 126-127.

33) G. Krinetzki, *Hoheslied*, (Würzburg: Echter Verlag, 1986), 15.

한 걸음 앞서 간 초기교회 여성들

* 이 글은 "교회와 여성 – 1세기 초기교회의 여성 리더십 회복"이란 제목으로 「대학과 선교」 제38집(2018), 133-161에 실린 논문을 수정 보완한 것이다.

1) 카르타고의 교부, Tertullian, *On the Dress of Women*, 1.1.

2) 알렉산드리아의 교부, Clement, *Instructor (Paidagogos)*, 3.19.

3) 마콘회의, 585년.

4) Ambrosiaster, *Quaestiones Veteris et Novi Testamenti*, 45.3.

5) 창세기 1-11장은 하나님의 천지창조와 인간 창조 , 그리고 인간의 타락으로 시작한다. in 강성열, 『창세기 강해』, (서울: 한국장로교출판사, 1998), 16. 쉴레 (A. Schüle)는 1-11장이 아담과 하와, 가인과 아벨 , 노아 홍수 , 바벨탑 사건 등 네 가지 연결된 이야기 구조 하에, 하나님의 창조 속에서 '인간은 무엇을 의미 하는가'를 반영하고 있음을 주장한다. 참조. A. Schüle, *Die Urgeschichte(Gen. 1-11)* (Zürich: TVZ, Theolog. Verl., 2009), 11.

6) 창세기 2-3장에 대한 여성신학적 연구는 신문학 비평을 통하여 남자와 여자 의 본질을 새롭게 규정하고, 여성의 역할과 그들의 순위를 회복하는데 관심을 기울인다. 참조. D. L. Carmody, *Biblical Woman. Contemporary Reflections on Scriptural Texts*, (New York: Crossroad, 1988), 9-14; K. D. Sakenleld, "The Bible and Women: Bane or Blessing?", *Theology Today*, Vol. XXX/l. No.3, (Princeton: Theological Princeton Seminary, 1975), 2231; 이경숙, 『생 존과 희망의 구약성서』, (서울: 대한기독교서회, 2014), 130.

7) 김정우, "창세기 1-3장에 나타난 여성의 위치에 대한 새로운 조명," 『구약해석학 논문집』, (서울: 한국신학연구소, 1994), 153.

8) 참조. 장상, "여성신학과 창조신학의 의의," 『여성신학의 과제』, (서울: 한국여 신학자협의회, 1983), 55; 이경숙, 앞의 책.

9) '케네그도'는 전치사가 합쳐진 단어로서 '네게드'(neged)는 상대자를 뜻한다.

10) 차준희, 『창세기 다시 보기』, (서울: 대한기독교서회, 1998), 24-25.

11) 참조. H. Gunkel, *Genesis*, (Göttingen : Vandenhoeck & Ruprecht, 1964), 11.

12) B. J. Brooten, "Early Christian Women and Their Cultural Context: Issues of Method in Historical Reconstruction," A. Y. Collins, ed., *Feminist Perspectives on Biblical Scholarship*, (Atlanta: Scholars, 1985), 67. 이런 점에 비추어 볼 때 성경에는 상대적으로 많은 여성들의 이야기가 문헌으로 남아있다.

13) 참조. H. L. Strack und P. Billerbeck, *Kommentare zum Neuen Testament aus Talmud und Midrasch* III, (München: Beck, 1979), 562-563.

14) 예수의 부활을 증언한 사람들은 모두 여성으로서 막달라 마리아와 요안나, 야고보의 어머니 마리아다(눅 24:1-12).

15) 요즘은 전통적인 기독교 역사 기술이 '남자의 이야기'(his story)를 중심으로 이루어졌다면 이제 '여자의 이야기'(her story)도 찾아내어 들어야 한다는 목소리가 높아지고 있다.

16) 사역.

17) 김경희는 갈라디아서 3:28의 평등성을 예수 그리스도의 인간 존엄 사상에서 찾아야한다고 주장한다. 참조. 김경희, "갈라디아 3장 27-28절을 통해 본 원시기독교의 평등의 비전," 「신약논단」, 7(2000), 48-82. 74.

18) 곽호철은 모든 인간이 누구도 예외 없이 하나님의 형상을 통해 하나님이 주신 신성함과 존엄함을 가진다고 말한다. 곽호철, "Solidarity of Marriage Migrant Women and Their Husbands based on Christian Theology — A Crucial Way of Addressing Human Rights Violation of Marriage Migrant Women in Korea," 「대학과 선교」, 23(2012), 134-135.

19) 여성에게 있어 가장 암흑기는 아마도 중세사회였을 것이다.

20) 참조. 최영숙, 『고린도후서』, (부천: 서울신학대학교출판부, 2014), 127.

21) 최영숙, 앞의 책.

22) 초기 그리스도교 교회 내에서의 평등의 실천은 2세기 초에도 이어졌다는 것을 확인할 수 있다. 참조. G. Lohfink, "Weibliche Diakone im Neuen Testament", in G. Dautzenberg, H. Merklein, & K. K. Müller, *Die Frau im Urchritentum*, (Freiburg/Basel/Wien: Herder, 1992), 332-334.

23) 로마서 16장에는 총 26명의 동역자들이 언급된다.

24) J. Beutler, *EWNT* I, (1992), 72.

25) E. Käsemann, 『로마서』, (서울: 한국신학연구소, 1982), 661. 이런 주장에 대해 Zahn, Kühl, Michel, H. W Schmidt가 있고, 그 반대 입장으로는 Micaelis, "Kenchrea," 146; Delling, *Gottesdienst*, 141 등이 있다.

26) 고전 3:5; 고후 3:6; 6:4; 11:23; 빌 1:1.

27) 언약/계약('디아테케')은 히브리어 베리트('언약')와 상응하는 단어이다. 언약은 시내 산에서 하나님의 뜻을 알리는 표지(출 34:27; 신 4:13; 5:2ff)로 두 돌판에 기록한 글(신 9:9ff.; 출 31:18; 참조. 히 9:4)에 그 근원을 두고 있다. '새 언약'은 예레미야 31:31-34에서 비롯되었고, 신약에서는 성만찬 전승으로 거슬러 올라간다. 하나님은 예수 그리스도를 통해 이루신 새 백성인 교회와 '새 언약'을 맺으셨다(고전 11:25; 참조. 겔 11:19-20; 36:26-27).

28) 참조. K. Romaniuk, "Was phoebe in Romans 16:1 a Deaconess?", *ZNW* 81(1990), 134-143.

29) 바울은 뵈뵈를 추천한 다음 로마인들에 대한 인사(16:3-16)에서 아홉 명의 여자들과 열일곱 명의 남자들의 이름을 언급한다.

30) E. Käsemann, 앞의 책.

31) C. E. B. Cranfield, *Romans* 9-16, (London: T&T Clark, 1979), 782-783.

32) E. Käsemann, 앞의 책, 662. 케제만은 그 이유에 대해 여성은 법적 기능을

행사할 수 없었기 때문이라고 주장한다.

33) '브리스가'는 사도행전에서 '브리스길라'로 언급된다.

34) C. E. B. Cranfield, 앞의 책, 785.

35) 고전 16:19에서 '아굴라'가 먼저 언급되지만 고린도교회의 상황을 반영한 것으로 보인다. 고린도교회는 여성 예언자와 은사자가 많았기 때문에 바울이 교회 질서를 위해 그들을 자제시키려는 흔적을 볼 때(고전 11:2-16; 14:34-35) 이런 점을 의식했을 것이다.

36) B. J. Brooten, "'Junia ... Outstanding among the Apostles'(Romans 16:7)," L. Swidler and A. Swidler, eds., *Women Priests: A Catholic Commentary on the Vatican Declaration*, (New York: Paulist, 1977), 141-144; J. Thorley, "Junia, a Woman Apostle," *NovT* 38(1996), 18-29.

37) P. Lampe, "Roman Christianity of Romans 16," in *The Romans Debate*, Edited by K. R. Donfried (Peabody, MA: Hendrickson, 1991), 139-140.

38) P. Lampe, 앞의 글, 222-224.

39) F. J. Matera, *Romans*, (Grand Rapids: Baker Academic, 2010), 339-340.

40) W. Schrage, *Der Erste Brief an die Korinther(1Kor 15,1-16,24)*, (EKK VII/4; Neukirchen-Vluyn: Neukirchener Verlag, 2001), 466-468.

'차이'나는 그녀, 공감하는 리더십

1) 조남주, 『82년생 김지영』, (서울: 민음사, 2019), 177.

2) 세계경제포럼(WEF)이 발표한 바에 의하면, 2018년 세계 성 격차 보고서 (Global Gender Gap Report 2018)에서 한국이 젠더 격차지수 0.657로 전체 149개국 중 115위이다. 참고. 최근 실시된 한국 개신교인의 성 평등 인식에 관

한 조사에서 "여성이 불평등하다(33.9%)"는 응답이 남성의 경우(8.9%)보다 3
배 이상 높게 나타난 결과가 교회에서의 여성의 위치를 가리켜 준다: 정재영,
"성 평등에 대한 개신교인의 인식", in 송인규 외 5인, 『페미니즘 시대의 그리
스도인』, (서울: IVP, 2018), 192.

3) Lee Min Sun, "Narrative Pedagogy and Self-Agency of Korean Christian
   Women", *Journal of Christian Education in Korea,* 53(2018), 80.

4) 김세윤, 『그리스도가 구속한 여성: 성경적 남녀 관계와 여성 리더십』, (서울:
   두란노서원, 2016), 14-18.

5) 한스 큉, 『그리스도교 여성사』, 이종한·오선자 역(왜관: 분도출판사, 2011),
   157-165.

6) 기독교윤리실천운동, 지앤컴리서치 조사, 2020년 1월.

7) P. Gisel, "하나님: '차이' 혹은 '전체성'의 원리인가?", 웨스트민스터신학대학
   원대학교 초청강연록(2011. 4. 26).

8) J. Smith, *Who's afraid of postmodernism?*, (Grand Rapids: Baker
   Academic, 2006).

9) 크리스티앙 료슈 & 장 자크 바레르, 『도덕에 관한 에세이』, 고수현 옮김(서울:
   동문선, 2002), 81-82.

10) E. Lévinas, *Autrement qu'être ou au-delà de l'essence,* (La Haye: Martinus
    Nijhoff Publishers, 1978), 59-61.

11) G. Deleuze, *Différence et répétition*, (Paris: PUF, 1968), 1.

12) G. Deleuze, 앞의 책, 7-9.

13) R. Due, *Deleuze*, (Cambridge: Polity Press, 2007), 22.

14) G. Deleuze, 앞의 책, 9-11.

15) R. Braidotti and P. Pisters(Ed.), *Revisiting Normativity with Deleuze*,
    (London & New York: Bloomsbury Academic, 2012), 14-15.

16) 서동욱, "질 들뢰즈, 이데아의 별들이 무너진 내재성의 평원", 한국프랑스철학회 엮음, 『현대프랑스 철학사』, (서울: 도서출판 창비, 2015), 324-326.

17) 클레어 콜브룩, 『들뢰즈 이해하기』, 한정헌 옮김(서울: 그린비, 2008), 179.

18) T. Lorraine, *Irigaray & Deleuze: Experiments in Visceral Philosophy*, (Ithaca and London: Cornell University Press, 1999), 99.

19) 신경원, 『니체, 데리다, 이리가레의 여성』, (서울: 소나무, 2004), 220-222.

20) A. Sauvagnargues, *Deleuze et l'art*, (Paris: PUF, 2006), 181-183.

21) 이진경, 『노마디즘 1: 천의 고원을 넘나드는 유쾌한 철학적 유목』, (서울: 휴머니스트, 2011), 91-97.

22) G. Deleuze et F. Guattari, *Mille plateaux*, (Paris: Editions de Minuit, 1980), 15-16.

23) 서동욱, 앞의 책, 320-326.

24) K. Roy, *Teachers in Nomadic Space: Deleuze and Curriculum*, (New York: Peter Lang, 2003), 48.

25) M. Peters, "Derrida, Pedagogy, and the Calculation of the Subject". in P. P. Trifonas, *Pedagogies of Difference: Rethinking education for social change*, (New York & London: RoutledgeFalmer, 2003), 61-65.

26) G. Deleuze, 앞의 책, 278.

27) B. Massumi, *A user's guide to capitalism and schizophrenia: Deviations from Deleuze and Guattari*, (Cambridge: MIT Press, 1992), 17.

28) K. Roy, 앞의 책, 45.

29) G. Deleuze et F. Guattari, *Qu'est-ce que la philosophie?*, (Paris: Editions de Minuit, 1991), 180.

30) N. Slee, *Women's Faith Development: Patterns and Processes*, (Aldershot & Burlington: Ashgate, 2004), 135.

31) F. 바렐라 외, 『몸의 인지과학』, 석봉래 역(서울: 김영사, 2013), 67-69.

32) N. Nodding, *Philosophy of Education*, (Oxford: Westview Press, 1995), 74.

33) A. Hickey-Moody and P. Malins(Ed.), *Deleuzian encounters: studies in contemporary social issues*, (New York: Palgrave Macmillan, 2007), 91.

34) P. Patton(Ed.), *Deleuze: A Critical Reader*, (Cambridge: Blackwell Publishers Inc. 1996), 219-220.

35) K. Roy, 앞의 책, 51.

36) P. P. Trifonas, 앞의 책, 110-111.

37) G. Jay, "Service learning, Multiculturalism, and the Pedagogies of Difference", *Pedagogy: Critical Approaches to Teaching Literature, Language, Composition, and Culture*, 8:2(2008), 255.

38) G. Biesta, "Learning From Levinas: A Response", *Studies in Philosophy and Education,* 22(2003), 65.

39) B. J. Fleischer, "Practical Theology and Transformative Learning: Partnership for Christian Religious Education", in J. M. Lee(Ed.), *Forging a Better Religious Education in Third Millennium*, (Birmingham: REP, 2000), 217-218.

'비혼세대'를 어떻게 이끌까?

1) 안정혜, 『비혼주의 마리아』, (서울: IVP, 2019), 27.

2) 이선배, 『선택하지 않을 자유』, (서울: 허밍버드, 2016), 제 2장.

3) 인터넷뉴스 : 2019. 6. 28. 결혼정보회사 듀오, '2019 혼인통계 분석 보고서' 공개.

4) 파이낸셜뉴스 : 2019. 6. 27. "결혼 골인 男 36세·5000만원대.. 女는?"

5) 파이낸셜뉴스 : 2015. 6. 11. kjy1184@fnnews.com "결혼이 늦어져 부모님께 미치는 안 좋은 영향은 무엇인가?"

6) http://naver.me/xv7Um6hD 세계일보, "결혼이든 출산이든 '문제는 돈'."

7) 최종진, 『이스라엘의 종교』, (서울: 소망사, 1996), 26.

8) 조관호, 『보배롭고 존귀한』, (부산: 지혜로운, 2013), 107.

9) 조관호, 『믿음의 조상이라고 불리운 사람』, (서울: 그리심, 2009), 337.

10) 카일 델리치, 『구약주석 룻기 7』, (대구: 기독교문화출판사, 1981), 303.

11) 존 파이퍼, 『결혼을 앞둔 당신에게』, 박상은 옮김(서울: 생명의 말씀사, 2019), 85.

12) 조현삼, 『결혼설명서』, (서울: 생명의 말씀사, 2009), 76.

13) 앞의 책, 153.

14) 앞의 책, 190.

15) 홍일권, 『준비된 결혼이 아름답다』, (서울: 생명의 말씀사. 1997), 91.

16) 박경옥, "기독청년을 위한 결혼예비지원그룹 프로그램 개발과 효과", 한영신학대학교 박사학위논문(2011), 110.

17) T. B. Maston, 『성서 그리고 현대가정』, 이석철 역(서울: 요단출판사. 1991), 10.

18) 제리 스카지로 & 피터 스카치로, 『정서적으로 건강한 여성』, 강소희 역(서울: 두란노서원, 2016), 101.

19) 존 패터 & 브라이언 H. 차일즈, 『기독교인의 결혼과 가족』, 장성식 역(서울: 한국장로교출판사. 1998), 89.

20) 잭 스캅, 『결혼, 하나님의 본래 의도』, 지선희 역(인천: 도서출판 예향, 2002), 35.

21) 존 파이퍼, 『결혼을 앞둔 당신에게』, (서울: 생명의 말씀사, 2019), 87.

22) 하재성, 『강박적인 그리스도인』, (서울: 이레서원, 2011), 38.

23) 오카타 다카기, 『나는 왜 혼자가 편할까?』, 김해용 옮김(서울: 동양북스, 2015), 9.

24) 노안영·강영신, 『성격심리학』, (서울: 학지사, 2018).

인간발달주기: 정신분석 이론 중에서 에릭슨은 프로이드의 개념과 함께 인간 발달에 있어서 사회적 관계, 사회적 맥락을 강조한다. 인간은 성장과정에서 개인적 욕구나 능력을 사회적 기대나 요구와의 조정을 통하여 발달하고 자아 정체감이 전 생애를 걸쳐 이루어진다.

① 만 1세 (기본적 신뢰감 vs. 불신감)-아동이 주 양육자와의 상호작용을 통해 신뢰감을 형성한다.

② 1세~3세 (자율성 vs. 수치심)-배변훈련 등을 통해 자신에 대한 통제, 조절을 통해 자율성을 획득한다.

③ 3세~6세 (주도성 vs.죄책감)-자기 나름의 세계를 구축하게 되고 책임의식을 가지고 새로운 것을 추구하고 목표를 세우고 그를 달성하기 위해 추진하며 성공하려고 노력하면서 주도성이 발달한다.

④ 6세~11세 (근면성 vs. 열등감)-학교생활을 통해 사회와 문화를 폭넓게 이해하게 되고 다양한 학문적 기술을 습득하고 자아성장을 이루는 결정적 시기이다.

⑤ 12세~20세 (정체성 vs. 역할혼미)-성인기로 전환하기 위한 복잡하고도 혼란스러운 시기이다. 자신에 대한 다양한 이미지에 개인이 획득한 주관, 신념, 가치관 등을 통합시키면서 자신에 대한 확신을 형성해 간다.

⑥ 20~30대: 성인 전기 (친밀성 vs. 고립감)-자아 정체감을 바탕으로 타인과 사회적 관계를 형성하고 배우자 선택, 직업선택 등이 주요과제이다. 타인과 원만한 관계를 형성하지 못하게 되면 자신에게만 몰두하여 고립감에 빠지게 될 수도 있다.

⑦ 30~60대: 성인 중기 (생산성 vs. 침체감)-가정을 이루고 그 가정을 유지할 뿐

아니라 사회에서 자신의 위치를 자리매김하고 생산적인 일에 몰두하는 시기이다.

⑧ 60대 이후: 노년기 (자아통합 vs. 절망감)-전반적인 자신의 생애를 통해 이룩한 성취와 그것을 위한 자신의 노력을 반성하고 완성해 나가며, 자신의 신체와 인생에 대한 무력감, 무의미함에 대한 좌절과 절망을 겪으며 죽음을 고려하는 시기이다.

25) 최명덕, 『유대인 이야기』, (서울: 두란노, 1997). 49.

26) 하재성, 앞의 책, 158.

27) 변순복, 『탈무드가 말하는 가정』, (서울: 도서출판 대서, 2012), 49.

28) 앤서니 C. 티슬턴. 『고린도전서: 해석학적 & 목회적으로 바라 본 실용적 주석』, 권연경 옮김(서울: SFC, 2018), 220.

낯섦을 마주하며 여성의 자리를 생각해 봄

1) "한국기독교 내 여성신학자의 지위", 일다, 2005.3.21.

2) 기독대한성결교회(2005), 감리교(1930), 기장(1974), 예장 통합(1994), 예수교 성결교회(2003), 침례회(2013), 성공회, 루터교, 예장 대신(백석, 2009), 기하성(교단 설립 때부터), 하나님의 성회(순복음: 교단 설립 때부터), 구세군, 브니엘 교회, 독립교회 등이 여성 안수를 시행 중이다.

3) 포스트모더니즘은 지난 20세기에 걸쳐 서구의 문화와 예술, 삶과 사고를 지배해 온 모더니즘에 대한 반동으로서 1960년대 중반부터 나타나기 시작했다. 하나의 통일된 사조나 운동은 아니지만, 그 중심적 동기는 모더니즘을 통해 수립된 고급문화와 저급문화의 엄격한 구분, 예술 각 장르 간의 폐쇄성에 대한 반발이다.

4) '양성평등'이란 성별에 따른 차별, 편견, 비하 및 폭력 없이 인권을 동등하게 보장받고 모든 영역에 동등하게 참여하고 대우받는 것을 말한다: 양성평등기본법 제3조 제1호.

5) 1995년에는 제4차 세계여성대회(북경 개최) 행동강령으로 성 주류화 전략의 채택과 함께 젠더 트레이닝(=양성평등교육)이 성 주류화의 도구 및 방법으로 선정되었고, 1999년에는 한국 주재 UNDP의 후원으로 한국여성개발원이 「성 주류화 워크숍」을 개최하면서 우리나라에서 최초로 양성평등교육이 시작되었다.

6) 여성발전기본법 제19조 (가정교육) 국가 및 지방자치 단체는 가정에서부터 남녀평등에 관한 교육이 이루어지도록 노력하여야 한다. 제20조 (학교교육) 국가 및 지방자치 단체는 학교교육에 있어서 남녀평등 이념을 고취하고 여성의 교육기회를 확대하여야 한다. 제21호 (평생교육) 국가 및 지방자치 단체는 국 공립연수기관 및 평생교육시설과 그 밖의 연수교육과정에서 남녀평등 의식을 제고하는 교육이 실시되도록 노력하여야 한다고 명시되어 있다.

7) 독일 태생의 유대인 철학사상가이며 나치를 피해 미국으로 이주하였다. 1,2차 세계대전 등 세계사적 사건을 두루 겪으며 전체주의에 대해 통렬히 비판했다. 사회적 악과 폭력의 본질에 대해 깊이 연구하여 『폭력의 세기』를 집필하였다.

8) 일정한 재산 또는 생업(生業). ≪맹자(孟子)≫의 등문공장(文公章)에 나오는 '항산이 있는 자가 항심이 있다. [有恒産者有恒心]'에서 유래함.

9) 오희천, 『한권으로 읽는 서양철학』, (서울: 종문화사, 2011), 89-159.

10) 이탈리아 수학자 피보나치(Fibonacci)가 발견한 피보나치 수열이란 인접한 두 수의 합이 그 다음 수가 되는 수열을 말한다. 즉 1, 1, 2, 3, 5, 8, 13, 21, 34, 55....... 로 이어지는 수열이다. 피보나치 수열은 2÷1=1, 3÷2=1.5, 5÷3=1.61, 8÷5=1.61... 황금비율 1.618이 나온다. 피보나치 수열을 통해 자연은 균형과 조화를 이루고 있다는 것을 알 수 있다. 인간은 피보나치의 황금비율에 맞는 것을

아름답다고 생각한다. 단순한 이 수열은 자연계의 일반 법칙을 나타내고 있다. 자연계에 존재하는 수많은 생물의 구조가 이 수열을 따르고 있다. 예를 들어 솔방울을 자세히 살펴보면 비늘 같은 조각들이 오른쪽 방향과 왼쪽 방향으로 나선을 이루며 교차하는데 그 나선의 수가 각각 8개와 5개로 구성되어 있다. 이 밖에도 많은 식물에서 꽃잎의 배열이 이 수열을 따르고 있다.

11) 임홍택, 『90년생이 온다』, (서울: 웨일북, 2018).

12) 성석환(장로회신학대학교 교수, 기독교문화전공), "90년생이 온다는데", Gospel Today, 2018.12.5.

13) 국립국어원 표준국어대사전에 따르면 꼰대는 은어로 '늙은이'를 이르는 말이자, 학생들의 은어로 '선생님'을 이르는 말이라고 정의한다. 즉, 권위를 행사하는 어른이나 선생님을 비하하는 뜻을 담고 있다고 있다. 이 단어는 영국 BBC방송에 의해 해외로도 알려진 바 있다. BBC는 2019년 9월 23일 자사 페이스북 페이지에 '오늘의 단어'로 'kkondae(꼰대)'를 소개하며, "자신이 항상 옳다고 믿는 나이 많은 사람(다른 사람은 늘 잘못됐다고 여김)"이라 풀이했다.

14) 희년(jubilee)은 50년마다 돌아오는 거룩한 해를 말한다. 유대인들은 7년마다 안식년을 지내면서 그해에 동족들의 빚을 탕감해 주고, 노예를 해방하고 휴식을 취하도록 했다. 그리고 이를 일곱 번 곱하여, 49년이 지난 그 다음 해를 희년으로 삼았다. 희년은 언젠가 도래할 메시아 시대를 의미하기도 한다.

15) 권혁승, "이스라엘의 역사에서 '땅'은 어떤 의미였나?" 크리스챤투데이, 2018.5.16.

16) 앞의 글.

17) 총 42장으로 구성되어 있고 잠언, 전도서와 함께 지혜문학에 속한다. 시대는 이스라엘의 족장시대, 즉 아브라함 시대 직후이다.

18) '라떼는 말이야'는 과거를 회상하며 "나 때는 말이야"를 외치는 밀레니얼 세

대가 풍자하는 언어유희. 유튜브 조회수 755만 건을 기록한 삼성생명 광고를 계기로 이 말이 대중화됐다. 밀레니얼은 미국에서 1982~2000년 사이에 태어난 신세대를 일컫는데 이들은 전 세대에 비해 개인적이며 소셜네트워킹서비스(SNS)에 익숙하다는 평가를 받고 있다. '라떼는 말이야'를 영어로 직역하여 'Latte is horse'로 쓰기도 한다.

19) 대한상공회의소(회장 박용만)는 2020년 4월 8일에 '한국기업의 세대갈등과 기업문화 종합진단보고서'를 발표했는데 최근 이슈가 되고 있는 '요즘 애들'과 '꼰대' 간 갈등을 세대별 특징과 갈등 상황, 원인분석을 통해 진단하고 조직관리 방향을 제시했다. 보고서는 30개 대 중견기업에 소속된 직장인 약 13,000명에 대한 실태조사를 기초로 세대별 심층면접(FGI)을 거쳐 작성되었다. 직장인 63.9%가 세대 차이를 느끼고 있는 것으로 나타났다. 특히 20·30대 등 아랫세대일수록 세대차이로 인한 애로를 크게 느끼고 있었다.